再也不當吼爸吼媽！

決定孩子一生的情緒教養課

suncolor 三采文化

兒童精神科 吳恩瑛 醫師／著

/目錄/ contents

Part 1 今天，你又在孩子面前發火了嗎？

Part 2 當孩子忍耐不了時的6種教養解方

/目錄/
contents

Part 3 當孩子惹父母生氣時的6種教養解方

／目錄／
contents

我好累，孩子別再吵我了！

我家孩子究竟為什麼會這樣？

Part 4 如何不讓孩子變成暴怒的大人？

Preface

前言

我不想讓孩子成為暴怒的大人

自從我成為研究大眾心理、特別是探討親子心理的醫師後，常常因為親子關係中普遍存在的「因情緒管理不佳，父母動輒暴怒」的現象深深困擾，猶如芒刺在背。在我擔任特別來賓超過十年的〈我家的孩子改變了〉節目中，儘管每集討論的主題都不同，但是核心也大多圍繞在父母或子女「因忍耐不了而起衝突」的問題。由於現代教養的關係，現在的孩子常動不動就和父母耍賴，有的甚至會出現攻擊性的行為。**如果眾人沒有順著他，孩子就無法接受。而在這方面，父母其實也和孩子相差無幾。**

為什麼孩子的忍耐度會如此低？我們做父母的，又為什麼會在深愛的孩子面前一再暴怒？在我下定決心要深入探討這個問題時，相關的個案竟如雨後春筍般（這樣的形容雖然有些不妥）大量出現。眼見此景，我心想不能再拖下去了，於是以《再也不當吼爸吼媽！》為題，著手撰寫本書。如今算來，著手寫書已經是四年前的事了。儘管已加快撰寫速度，希望盡快給予人們協助，然而每次一提筆，我又會聯想到相關的煩惱和案例，不斷增補內容，致使交稿時間一延再延。我也曾擔心會不會因此錯過了合適的出版時機。不過令人惋惜的是，現在的家庭情況倒是比四年前更糟。親子間的衝突事件與日俱增，家裡不再是我們最感到安全的地方。

二〇一六年，人工智慧程式AlphaGo對戰南韓圍棋九段的棋王李世乭，贏得勝利，引起全世界輿論譁然。這可是眾人始料未及的事。再說圍棋並非單純的計算作業，而是需要掌握複雜多變的策略模式的遊戲，因此更令人吃驚。而我們無時無刻都在使用的智慧型手機也日新月異，技術已非四年前所能比擬。由此可見，我們周遭的一切正快速走向高科技化，生活也變得更加便利、舒適。

然而令人不解的是，我們的心理狀態卻似乎逐漸朝負面的方向發展。近年來的社會新聞簡直慘不忍睹。彷彿我們本來就該那樣發洩情緒似的，「因難以忍耐而暴怒」的場景一而再、再而三地出現。不久前，我偶然看見的連續劇中，也出現類似的情況。該連續劇中原本要傳達的是「仗著家財萬貫而弄權橫行者，終將自食惡果」的信念，然而劇中主角每每遭遇不順時，總是大呼小叫、怒氣沖沖、摔毀物品、拳腳相向。無論是正派或反派角色，全都如此。

這樣的行為，是自然的情緒反應嗎？「暴怒」分明代表著此人情緒管理不成熟，是一種情緒管理障礙，顯示情緒發展的過程中出現了極大問題。

身處在因情緒控管不當導致意外頻生的社會中，我們的心理上又存在著哪些問題？我決定一一揪出其中的原因，並從受到暴怒的破壞力最為強大、危險的階段——「幼兒成長」時期開始。在「幼兒成長」階段中，如果一個人調適衝動與憤怒的情緒無法順利獲得紓解，恐將為此人帶來最壞的結果。

如果放任情緒忍耐度低的孩子不管，他長大後不僅沒有管理情緒的能力，甚至可能變成患有陣發性暴怒症（intermittent explosive disorder）**的大人**。因為孩子在成長過程中，會不停觀察並學習父母與旁人處理情緒的方式，直到管理與調適自我情緒的能力定型為止。所以孩子會從父母身上，耳濡目染地學到「原來負面情緒得用這種方式表達」。而那些連續劇、綜藝節目、家庭中所見的衝突，都會被孩子照單全收。尤其對育兒感到身心交瘁的父母，常因情緒控管不當而動不動對孩子大發脾氣，這對孩子而言是最糟糕的情況。

在日常生活中，負面情緒相當容易形成，如果累積的負面情緒不斷擴大至爆發，就是「暴怒」。由於人們對於自己的負面情緒，多未能仔細省察與區分，總希望以最簡單、迅速的方式解決，因此當不悅、怨恨與悲傷等各種負面情緒沒有妥善消化，日漸累積下來，就會超出個人容忍程度瞬間爆發。

在這本書中，我對於日復一日、頻繁上演的「因忍耐不了而產生衝突」的親子教養問題，挑選了各式各樣的案例，試圖分析這些案例中子女與父母的負面情緒為何，以及隱藏在此負面情緒中子女與父母真正的想法。

接著，再進一步探討各種教養問題，並提出執行建議，例如讓忍耐度低的孩子不再暴怒的方法、教導孩子等待的方法、讓孩子妥善處理負面情緒的方法、避免自己在不知不覺間暴怒的情緒控管法、對待暴怒配偶的方法等。如果你想在日復一日因忍受不了而大發生氣，如故障收音機般不斷重播的日常生活中，積極尋求解答，那麼本書必能提供許多幫助。

當子女懂得適時容忍自己的欲望時，親子教養的難度將瞬間降低。如果孩子懂得忍耐、等待，父母與子女的摩擦，將可大幅減少。

然而這一切的前提是，在無論任何一種情況下，父母都不會大發雷霆。一旦父母不失控發怒，子女身上先天或後天的問題，都將獲得更有效的預防與解決。也許有人會反問，我的孩子就是不聽話，怎麼可能不生氣呢？其實這是辦得到的，正確來說，是非得辦到不可。**因為我暴怒的原因不在於子女，而是在於我自己。**我的情緒管理能力不佳，情緒發展尚未成熟，才會暴怒。如果在非人神共憤的情況下，也就是非國破家亡或是有誰威脅自己或家人生命的情況下，出現暴怒的情緒，那必是由於自身情緒管理失敗所致。更何況面對來到這個世界上不到十年，還處於成長階段的幼兒面前，更不容許出現這樣的情緒。

身為父母，我們只想給孩子吃最好的、穿最好的、教給他們最正確的知識，把最好的一切留給他們。所以今天過得再怎麼辛苦、疲累，也要全力以赴。相信你也是抱持著這樣的想法，這本書才會出現在你的手上。但是，如果孩子受你影響最深的，不是你希望留給他們的美好一切，而是「暴怒」的行為時，該如何是好呢？

期望本書能讓家有子女的父母，深刻了解到我們的社會已常態性受到「暴怒」陰影的威脅，因此能幫助他們遠離「製造暴怒」的行為。藉此，期盼今日世上所有的父母與子女，都能過著比昨日更幸福的生活。

期盼我們能擁有一個更安全的家庭與社會。

吳恩瑛

Part 1

今天，
你又在孩子面前發火了嗎？

不少父母說：「生了小孩之後，才知道我是這麼容易生氣的人。」

教養對於每個人都是一項艱難的挑戰，

如果唯獨自己感到特別困擾、辛苦，那麼其中肯定存在某些原因。

而我們非找出這個原因不可，唯有如此，才能拯救子女與自己。

教孩子，讓我感到心力交瘁

陷在「生氣↓反省」的無限迴圈中

早上十點，送孩子去了托兒所（或是幼稚園、學校），如狂風暴雨般的早晨總算平息下來。泡好一杯咖啡後，媽媽坐了下來。她坐的位置可能是餐桌前，也可能是公司的辦公桌前。「唉，剛才應該忍下來的。」媽媽開始反省。其實每天早晨，媽媽總是在反省、懊悔的情緒中度過。

每天一早，家中的時鐘指針似乎轉得特別快。滴答滴答……。媽媽耳裡總是指針不停轉動的聲音，讓心裡越來越焦急。「要是出了差錯，上學就要遲到了。」每天一早當媽媽睜開眼睛，就開始煩惱早餐要吃什麼。一邊準備飯桌，一邊還得把孩子叫醒、餵孩子吃飯、幫孩子洗澡、準備書包、查詢今日天氣、決定今天穿什麼衣服、為孩子梳頭髮。

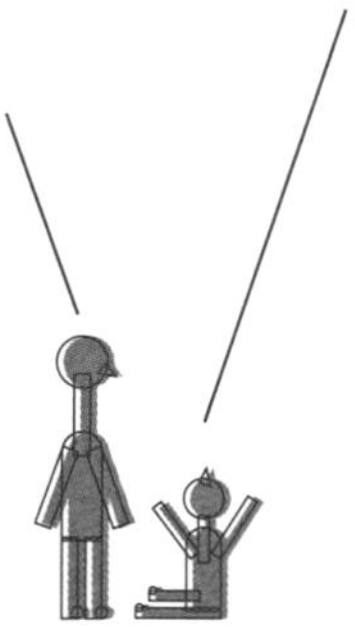

如果遇上孩子感冒的日子，更是焦頭爛額。這時候真希望自己會分身術。

偏偏越是這種迫在眉睫的時刻，孩子越不聽話。時間飛快流逝，孩子卻還停在「慢速模式」。早餐也是、盥洗也是、穿衣服也是，完全不願意加快速度。似乎到了早上，孩子的動作就變得特別慢。媽媽想著，好吧，畢竟只是孩子，動作慢吞吞本來就情有可原，可是當媽媽想幫孩子加快速度時，他也不願意配合。在好幾次的警告之後，媽媽心中終於燃起熊熊怒火。於是，今天又忍不住對孩子發脾氣了。

「你是第一次刷牙嗎？嘴巴張大一點，媽媽才能幫你刷啊！」

這種話其實可以不必說。

「吃快一點，把食物咬碎再吞進去！你現在該出門啦！看看指針轉到哪裡了？算了！不要吃了。」

這種話也不應該說。

「唉唷，我每天早上忙到都快斷氣了。都沒人肯幫忙！」

這也不是該對孩子說的話。

媽媽一邊啜飲咖啡，一邊反省自己。「從明天起，我絕對不再發脾氣。」於是帶著懊惱的心情，越翻看手機裡孩子的照片，愧疚的情緒也更加強烈。「面對這麼可愛的孩子，我竟然像怪獸一樣大發脾氣……。等一下孩子放學回家，一定要好好抱抱他。」

但是到了下午，類似的狀況又再度出現了。太陽下山後，越接近孩子上床睡覺的時間，媽媽暴怒的頻率與強度也越來越高。是因為下午還得陪著孩子玩耍和學習，還是因為媽媽的體力實在負荷不了了？

就這樣度過了如同戰爭的一天，看著孩子宛如小天使般安詳入眠的模樣，媽媽又後悔了。「啊，早知道就忍下來了。」媽媽輕撫著孩子的髮梢，回想起斥責孩子的那些話：你又和弟弟妹妹吵架了、搞得一團亂又不收拾、只會整天看電視、不寫作業、還不快點睡……等等。「孩子還這麼小，犯點小錯也無可厚非……。」也許是到了夜晚，人們會變得更感性吧。**「對不起，媽媽真的很抱歉。明天開始，絕對不會再這樣了。」看著熟睡的孩子，媽媽又再次反省自己。**

究竟媽媽隔天會有所改變嗎？很可惜的是，獨處時的反省，只有在下一次獨處時才會回想起；而和孩子在一起時，總是和前一天沒有兩樣。在孩子眼中，媽媽經常顯得不耐煩，總是大吼大叫。為什麼在如此令人厭倦的日常生活，媽媽們會像故障的收音機般無限重複地大發脾氣呢？而孩子在這樣的生活中，又是否受到了不良的影響呢？

面對孩子，理智線常莫名斷裂

一位找我諮商的媽媽，有著不輸明星的姣好外貌。談吐舉止出眾，任誰看來，都會驚嘆「那才是天生的氣質」。她對丈夫與孩子非常溫柔體貼，甚至到了犧牲奉獻的程度。

對孩子說話時，總是輕聲細語的，而聽我說話時，會不停點頭贊同，表示自己認真傾聽。那麼，這樣的人怎麼會找上我呢？

看起來如此完美的媽媽來找我諮詢時，邊抓著我的手，邊哭著說：「一般情況下我都很冷靜，可是我一旦發起脾氣來，就瞬間變成自己也不認識的怪物。」她說自己並不常發脾氣，可是一旦生氣起來，總是喪失理智，怎麼也控制不了自己。擁有如此美麗外貌的媽媽，生氣時卻會對孩子口出惡言、亂扔東西。她覺得自己就像是「惡魔」一樣。

這位媽媽有個就讀小學一年級的女兒。媽媽說，當女兒開始寫功課，會希望她盡快完成，速戰速決，可是孩子如果無法達到要求，拖拖拉拉，她就會大發雷霆。一開始，她會以平時溫和的口吻提醒女兒：「秀貞呀，快點寫功課喔。」即使孩子說「等一下再寫，我想先休息一下」，她也會順從女兒的心意。不久後，媽媽又說：「已經過了五分鐘，快點坐到書桌前。」結果孩子坐是坐了，不過才沒寫幾題，又拿著玩偶到處玩。此時，媽媽的怒氣猶如達到火山爆發般的極限。她說當孩子犯下不可原諒的錯誤時，不管那件事是否重要，自己都會出現相同的反應。這麼看來，這位媽媽生氣的時機點，都是在「孩子不能速戰速決的時候」。

孩子告訴我，媽媽生氣的時候非常可怕。不僅生氣，看起來也很傷心。「你認為媽媽為什麼會發脾氣？」對於我的問題，孩子認為是因為自己不聽話，媽媽才會生氣。「那麼，你能理解媽媽為什麼發脾氣嗎？」眼前這個小不點告訴我：「其實我不知道，這種事好像沒必要生那麼大的氣。」孩子希望媽媽不要生氣，因為不生氣的時候，她是非常好的媽媽。

這位媽媽有些微憂鬱的傾向，不過並非躁鬱症，只是無法忍耐瞬間竄起的怒氣而已。只有家人才知道她會不時暴怒，外人並不知道。她對丈夫偶爾也會大發脾氣，同樣是在「他處理事情沒有速戰速決的時候」，例如沒有按時繳費而產生罰款時、或忘記一些小約定時。

孩子因為看慣了媽媽的臉色，變成事事顯得退縮膽怯，且沒有自行決定某些事情的能力。媽媽很清楚，孩子變成這樣的原因在於自己。她說自己生氣時，孩子看起來驚恐不已。即便如此，她仍無法克制憤怒。媽媽在陳述這件事時，因為對孩子感到抱歉，又再度淚溼眼眶。這位氣質的媽媽究竟為什麼會變成這樣呢？

週末時，爸爸特別愛發火

單從媽媽的故事聽來，總覺得她相當委屈。**其實以真正暴怒的頻率和強度而言，男性爆發的情況更甚於女性。**而暴怒的定義相當廣，從心煩氣躁開始，到大吼大叫、大發雷霆、具有攻擊性、瞬間出現暴力行為等，都屬於暴怒的範疇。

表面看來，暴怒的行為似乎是根源於「憤怒」，然而真正的核心在於無法按捺情緒，因而出現性情焦躁的一面。雖然並非所有男性皆如此，不過忍受度低、性情焦躁的一面，較常在男性身上出現。由於女性在家庭中付出的時間較男性多出許多，因此多半會被認為是媽媽比較容易暴怒，但是如果教養的任務落在爸爸身上，那麼爸爸肯定會表現出比媽媽更強烈的怒火。

有時候若讓爸爸一個人照顧孩子，過不了多久，爸爸就會大發脾氣。這是因為爸爸忍受不了孩子三番兩次的需求。假設現在爸爸正做著自己的事，例如看電視或滑手機，這時孩子吵著要爸爸一起玩。爸爸停下了手邊的事，盡自己最大的誠意陪孩子玩，但孩子的需求是永無止盡的。最後爸爸因為不熟悉照顧孩子的方法，加上較重視個人欲望，結果就大發脾氣。

當爸爸教孩子功課時，也常出現暴怒的情形。當孩子不肯按部就班學習、不停頂嘴、不肯加快速度，或是年紀稍大的孩子，在極其簡單的問題上出錯時，都會讓爸爸的怒氣達到最高點。

另外，當孩子在公共場所做出令爸爸難堪的行為時，也會激起爸爸的怒氣。例如：爸爸即使多次阻止，孩子仍無動於衷，這時旁人開始露出不耐煩的表情；而媽媽儘管察覺出異狀，多次警告孩子，也同樣不見效果。這時在爸爸眼中，妻子宛若對失控的孩子束手無策。同時，孩子和妻子的形象，不斷刺激著爸爸的神經。爸爸感覺旁人看似責備的眼神，直直射向了自己。於是憤怒的情緒瞬間高漲，最後「轟」地一聲爆發出來。當然，自家孩子造成他人困擾的愧疚心情，也包含在其中。可是最後說出來的話，卻是「你們家就沒有小孩嗎？」說完，抓起自己孩子的手離開現場。走到外面後，對著孩子說道：「哼，都是你害我這麼丟臉。看我還會不會再帶你出來玩！」甚至一邊打孩子的屁股。那些向我求助諮商的爸爸們，經常這樣對我說：「醫生，我不是會到處惹是生非的人，可是和孩子去咖啡館時，卻會和其他爸爸吵架。」

下班後回到家，看到家裡亂七八糟，爸爸也會容易失控暴怒。原本想好好休息，家中卻是凌亂、吵鬧的景象；客廳裡堆滿玩具；未摺好的衣物四處散落；餐桌上依然放著晚餐吃剩的菜餚；洗碗槽內，用過的碗盤堆積如山；煩躁的妻子正對孩子嘮叨個沒完。原本想好好休息，家裡卻一刻也不得安寧。於是爸爸控制不了自己的情緒，最後在孩子面前爆發。

有些爸爸平時就特別容易出現暴怒的一面。當樓下住戶因為樓板間的噪音，上樓來按家中門鈴時；被超車時；餐廳人多而必須排隊等候時；電視中出現爸爸討厭的政治人物或藝人時，孩子總能看見爸爸對他人發怒的模樣。爸爸的暴怒，除了直接表現在孩子的面前，在與孩子全然無關的處境下，也都可能出現。

爸爸的暴怒，正是所謂的「週末生氣特輯」。偶一為之的親子互動，何必如此大動肝火呢？而在難得相處的孩子面前爆發怒火，對孩子真的沒影響嗎？

教孩子，為何如此辛苦？

父母與孩子之間的教養關係，經常被比喻為親子戰爭。許多人為人父母後，常常感到筋疲力盡，幾乎快要崩潰。當孩子年紀越小的時候，越是如此。

儘管如此，教養絕對不能被當作一場戰爭看待；戰爭中「你死我活」的殘酷，絕對不適用於在教養子女上。**對任何人而言，教孩子都不是一件容易的事。原因有二：第一，教孩子的經驗未必能累積；第二，教孩子是一個必須不斷付出自我的過程。**

即使帶過第一個孩子，也不代表能順利帶第二個孩子。每個孩子都有自己獨特的性格。即使順利帶大第一個孩子，帶第二個孩子時也會同樣順利嗎？那可不一定。又例如第一個孩子較難照顧，而第二個孩子較乖巧，那麼第二個孩子會比較好帶嗎？那也不一定。因為每個孩子本身的問題並不相同，個性也天差地遠，所以不論孩子有一個、兩個，還是三個，對待每個孩子永遠是全新的開始。至於幫孩子洗澡、準備斷奶、為孩子換衣服等照顧技巧，自然會比初次帶孩子時更為熟練。不過，與孩子之間的互動，永遠是全新的體驗，完全無法練習。即使生了十個孩子，情況也是一樣的。

其實，持續對孩子付出也不容易。何謂對孩子付出？就是指更愛子女、更能體諒子女、更願意為子女忍耐；付出個人的時間給孩子，將自己的體力留給孩子。兒時平安無恙、順利長大的人，在為人父母後，自然也願意為孩子付出自我。但是，他們並不認為這是為孩子犧牲，亦不認為自己有任何損失。因為自己同樣從父母身上獲得照顧而長大，為孩子付出自然是天經地義之事。

不過，卻也有人因為不懂得付出，以此為苦。**不懂得付出的人，將自己與孩子的關係視為人與人的關係，而非父母與子女的關係。**他們並非刻意如此，而是在潛意識中形成這樣的想法。因此他們暴怒時，便責備孩子：「你怎麼能對我這樣？」如果不能發自內心付出，情緒控管將變得更加困難。當情緒低落時，自然會對眼前的情況感到棘手。

當然也有讓父母十分頭痛的孩子。家有這類子女的父母，心裡經常暗想：「啊，這是上天為了考驗我的吧！」不就曾經出現過「媽媽殺手（Mother Killer）」的稱號嗎？這是部分學者對於過度折磨父母的孩子，例如愛找麻煩、愛哭、難以安撫的孩子、百般央求仍不肯吃飯的孩子、極度不聽話的孩子，所創造出來的詞彙。儘管如此，「Mother Killer」一詞仍言過其實。因為這樣的詞彙試圖傳達給父母的是「所有過錯並不在你身上」的訊息，從另一方面來看，等於將親子關係間出現的問題全部歸咎於孩子。

教孩子之所以困難重重，當然並非全在於父母錯誤的教養方式。不過，即使孩子問題再怎麼嚴重，只要父母肯多付出些心力，情況就能獲得改善。就算確實存在著父母盡了最大努力，仍難以管教的孩子，只要父母不放棄，經由能夠洞察問題癥結的人出面解決，仍是最好的辦法。

不少父母說：「生了小孩之後，才知道我是這麼容易生氣的人。」他們將「生氣」的原因單純歸咎於「子女」。其實對任何人而言，教養都不是一件容易的事。無論家中的孩子是獨子，抑或有多名兄弟姊妹，都不例外。是女兒，還是兒子，並無差別。教養對於每個人都是一項艱難的挑戰，如果唯獨自己感到特別困擾、辛苦，那麼其中肯定存在某些原因。而我們非找出這個原因不可，唯有如此，才能拯救子女與自己。

發脾氣，對教養的無限破壞力

對孩子生氣，阻礙他的情緒發展

每個人心中都有一個「情緒收納袋」，當負面情緒逐漸累積至滿載，最後瞬間溢出，便會造成「暴怒」的行為。這種暴怒通常伴隨作勢攻擊對方的衝動行為。父母的暴怒行為，大致可以分為兩類。第一類是先天「情緒收納袋」的容量狹小，只要有些許不愉快的情緒被激發，就會立刻發怒的人。這類人經常感到不耐煩，也顯得神經質。另一類是「情緒收納袋」容量大，平時頗能容忍，看起來性格溫和的人。然而，當「情緒收納袋」滿溢時，當事人會立刻變身為綠巨人浩克。問題是，那瞬間「溢出」的時間點究竟會發生在何時，和導火線為何，誰也不知道，因此讓旁人更感到不安。

所謂的「情緒管理」，就是在情緒收納袋滿溢前，先倒掉一些負面情緒或者一開始

就裝少一些。情緒發展成熟的人，之所以能妥善管理情緒，因為他們清楚知道自己感受到什麼樣的情緒，才能對此進行適度的調整，因此能夠隨心所欲地接納或排解情緒。

經常將「因為我一時失控，所以……」、「我本來性格就比較火爆」掛在嘴上的人，就是情緒發展尚未成熟的人。然而情緒發展是可後天學習的，一般人會從親子關係中習得。有時是由父母直接教導孩子如何管理情緒，有時是子女會看著家人管理情緒的方法而吸收。因此，當父母本身的情緒管理並不成熟時，孩子步上父母後塵的可能性也大幅提高。

暴怒是一個結實的情緒集合體，會猶如炸彈般炸開攻擊對方。其實這個情緒集合體並不只有單一的情緒，剖開來看，原因非常盤根錯節且種類繁多。其中可能有憤怒、羞愧、擔憂、歉疚、慌張、痛苦、厭惡、飢渴、不滿等情緒。在暴怒的行為中，揉合了極其複雜的情緒與原因。然而這許多的情緒若自始至終並未受到認同或抒發，就會不斷聚集成一個巨大且緊密的情緒氫彈，最後投向對方。

當父母教孩子時，不只會遇上孩子生氣的情況，也會遇上陌生、慌張、尷尬、悲傷或可憐等五花八門的各種情況、原因與情緒，而我們卻往往只以發怒的行為來概括回應。**如果父母情緒的表達如此單一，孩子將無法發展出豐富多樣的情緒**。而暴怒的父母在情緒表達上趨向單一，情緒類型也並不豐富，情緒強度卻相當強，看著父母這種模樣學習的孩子，其情緒發展將走向失衡。

在我們的大腦中，有個猶如管弦樂團般協調各種複雜情緒的部位，稱為「邊緣系統（Limbic System）」。**從小看著暴怒的父母長大的孩子，其邊緣系統將變得遲鈍**。換言之，孩子未來對於各種情緒的感受將顯得遲鈍，甚至以為只要稍有不滿或心情不好，就能以暴怒的行為來表達，而這並無任何不妥。

當爸爸對媽媽大吼：「怎麼還不快點準備飯菜！」媽媽也用不輸爸爸的音量回嘴：「飯要煮熟才能端上桌啊，現在要怎麼拿出來！」孩子看著眼前的景象，也會跟有樣學樣。那麼，未來孩子在千鈞一髮之際，或是危急時刻必須盡快處理的情況下，必定會以為大發雷霆、大呼小叫是正常的情緒表現。

這種情緒一旦爆發，當事人會立刻變得暴跳如雷。因為口出惡言、大聲吼叫、丟擲物品後，心中原本不滿的情緒便可瞬間紓解，頓時感到舒坦暢快。於是一而再，再而三使用相同的情緒抒發方式。因此，暴怒的行為便不斷上演。

但是在孩子面前，千萬不可輕易暴怒。因為暴怒的情緒極其容易習得，一旦孩子開始以暴怒的方式表達情緒，日後將難以改正。如果不希望自己的孩子未來成為暴怒的大人，從小父母就必須立下良好的模範。

暴怒，造成親子關係永遠的傷

愛生氣的人經常說：「我是那種脾氣來得快去得也快的人，過了就雲淡風輕了。」這是將暴躁易怒的行為，與表現自我的行為畫上等號的錯誤想法。然而「過了就雲淡風輕」一語，顯見對於對方的情緒缺乏同理心。因為在人際關係中，情緒是會相互影響的，但是以「暴怒」來表達情緒的人，卻只將整個焦點放在「自己的立場」上。只有我的情緒最重要。好比善於言談者，對於傾聽並不在行。由於經常將表達自我情緒視為優先，於是在表達情緒時，便顧不得對方感受到什麼樣的情緒。而情緒發展成熟的人，在準確掌握自身情緒的同時，也能顧及他人的感受。他們懂得排解過多的情緒，並將真實的需求明確的表達出來。

假設爸爸正好開車進入路況複雜的道路，此時孩子哭著說運動鞋太小，讓腳趾痛得不得了。如果是懂得安撫孩子的爸爸，會安慰孩子說：「原來你穿了不合腳的運動鞋出門呀。腳一定很痛、很不舒服吧？稍等一下，現在路上有點塞，還得花些時間才能離開。我們回家再換另一雙運動鞋出門吧。你先脫掉鞋子等著。」如果返家有困難，或許會說：「你一定很著急吧？先把鞋子脫掉再說。從這裡出去之後有個賣鞋子的地方，我們去那裡買運動鞋。」

如果遇到容易暴怒的爸爸，複雜的路況已經令人頭大，再加上孩子在後座哭鬧不休，更覺得心浮氣躁，於是對孩子劈頭就罵：「給我安靜點。沒看到爸爸在開車嗎？」如果孩子繼續哭，爸爸也只會責備孩子：「你到底要我怎樣？現在已經開上路啦。所以我說出門的時候就要先選好運動鞋啊。」甚至對孩子提出這樣的要求：「安靜點，就算有點痛，也要忍下去」。比起發生在孩子身上的狀況與情緒，爸爸更重視發生在自己身上的情況與情緒。

請想想，現在爸爸暴怒的對象是「自己的孩子」。在孩子面前暴怒的父母，有時缺乏同理心的模樣讓人看得直搖頭，心想「為人父母的，怎麼會說出那樣的話？」在與門診患者諮商的過程中，甚至聽過孩子說：「我爸爸覺得自己的心情最重要，一點也不管我怎麼想。」更小一點的孩子儘管無法準確敘述，然而對於父母未能照顧到他們的情緒，也感到相當難過。

如此一來，即使天生氣質不同，孩子終將變得充滿暴戾之氣。他們可能為了保護自己的情緒，而採取每件事都與父母敵對的立場。有些孩子小學期間乖巧聽話，進入青春期後，忽然變成脾氣大的孩子。**這是因為他們兒時不知道該如何表達或處理因父母產生的不愉快情緒，於是不斷壓抑，到了青春期的年紀，才瞬間爆發出來。**此時，父母無論再怎麼生氣發怒，也管不住孩子。

當男性在外發怒時，大多是針對自己眼中的弱者。如果知道一旦暴怒，關係就會破裂或蒙受損失的情況，則選擇隱忍。假設我是公司業務，而對方是我的客戶。我得向這個人推銷汽車才行，可是對方卻不斷刺激我，拿些無傷大雅的小事找碴，刻意惹事生非。此時為了賣車，只好吞聲忍氣。但是一旦決定放棄這個客戶，當下就算翻臉也無所謂。男性對外發怒時，經常會造成關係的放棄、終止與破壞。

在孩子面前暴怒，也會帶來相同的結果。不必要的暴怒，更為親子關係帶來極大的破壞力。問題在於，社會上的交惡頂多彼此不再往來，然而與子女的關係可不能一刀兩斷，因此影響更為致命。

「都是因為你太不聽話，我才會這樣。」「我這些話都是希望你變得更好。」這是父母生氣後常見的說詞。實際上因為父母動不動對孩子發怒，當孩子長大成人後不再與父母往來的案例屢見不鮮。當然，不會因為只有一次性的發怒，就造成這樣的結果。**如果父母不斷對雞毛蒜皮的小事發脾氣，孩子只會想著父母對自己的錯誤反應過度。於是在發生某個決定性的事件，讓孩子產生憤恨不平的情緒後，從此再也不願意親近父母。**這是為了避免受到二次傷害而築起高牆。他們覺得父母令人厭惡，再也不想見到缺乏理性且容易暴怒的父母。可是，與生養自己的父母，又豈能說斷就斷？表面看來像是從此井水不犯河水，然而留在心中的，卻是一個巨大的傷痛。

父母解決問題的方式，孩子全看眼裡

人生在世，總有與他人發生摩擦的時候。此時讓暴怒的情緒主導情況與對話，是最極端的方式。如前述，這是以「再也不要看到他」、「一勞永逸」的想法來處理事情。當對方加害於我的想法出現，或是將對方視為敵人時，就容易暴怒。這是為了保護自己而暴怒。**父母對孩子暴怒，也是因為當下自己認為孩子正在折磨我。**

像這樣想到自己的情況並不安全、被他人輕忽、處境危險的時候，為了保護自己，只得故作堅強。站在與對方敵對的關係時，為了占得優勢、為了誇耀自己的力量，因而高聲吼叫、逞兇鬥狠。暴怒就像猛獸遇見敵人，一個勁地咆哮，是訴諸於動物本能的處置方式。而這種動物本能的處置方式，將原原本本地承襲給孩子。

假設，樓下住戶因為樓板間的噪音，上樓來理論。當然，對方一開始可能口氣並不好。就算如此，我們也必須誠心致歉，解釋今天有客人來，如果有打擾的地方，請務必見諒。樓下住戶平時再怎麼敏感挑剔，現在問題的關鍵在於家中今天確實過於吵鬧。那麼就得好好陪罪，「我們家今天有活動，很多客人來。非常抱歉。」「豈止是今天，平常也都這麼吵啊！」即使對方如此反駁，也得虛心接受，「啊，您說的是。因為家裡有孩子，難免比較吵鬧。我會要求孩子們多注意的。」可是有些父母平常並不這麼處理。

因為這麼一來，就被對方比了下去。再說如果親友和家人在一旁觀看，也會擔心自己投降的模樣被看見，傷了自尊。於是拉高音量，不甘示弱地回應：「我們家也不是每天都這樣，偶爾吵鬧在所難免呀！難道你要叫孩子們用飛的嗎？」

這一切在孩子眼中看得一清二楚。大人的話稍微變多，或是音量稍微提高，在孩子眼中就像在吵架。「原來別人找我理論時，就算自己有錯，也得先吵架才行。」這樣的想法烙印在孩子的腦中。從孩子幼年起，便在無形中強化這樣的學習。

在難得悠閒的週六，爸爸決定要好好陪孩子玩，不料沒過多久，卻開始對孩子大呼小叫。看著久久和孩子玩一次，卻也沒能好好玩的丈夫，媽媽不禁滿腔怒火。雙方幾句情緒性的言語來往，最後演變成夫妻間的爭吵。如此常見的景象，都曾在每個家庭上演。

父母陪子女玩耍，是為了與子女建立情感上的良好互動，藉此提高親子間的聯繫，培養孩子更健全的心智。然而卻適得其反，演變為父母彼此叫囂、爭吵的局面。**如果爸爸好好陪孩子玩，孩子會得到「十分」的愛；如果父母在孩子面前爭吵，還一邊提到「孩子的姓名」，孩子失去的則是「一百分」的愛。**父母一旦不懂得控制自己的情緒，反倒會讓孩子失去的愛比得到的更多。

其實孩子懂得察言觀色，心裡有數。雖然起因在於自己，但是分明沒有必要吵成那樣，父母卻為此爭執不休。在此情況下，孩子徹底學到的是當自己出現某種情緒上的矛盾，或是意見相左時，即使是芝麻小事，也要大發雷霆，而不必透過對話協商。

例如媽媽帶著孩子上醫院。已經預約完成才到醫院，卻被要求一再等待看診。因為媽媽去完醫院，還得趕去其他地方。急著看診的情況下，讓媽媽內心萬分焦急。「好吧，我就等十分鐘吧。」十分鐘過去，依然未被叫號。媽媽邁開大步走向櫃台，拉開嗓門理論。「不是啊，如果要等這麼久，我何必事先預約呢？」彷彿機關槍似的連聲抗議：「看診後我還得去其他地方，如果因為你們的關係延誤了，你們要負責嗎？」護士們只能連連道歉，請求前面等待叫號的患者諒解後，將媽媽和小孩送進診間。

媽媽解決問題的方式，孩子全看在眼裡。孩子學到的，是自己的利益受損時，應當立刻發出抗議，而非詢問事情的始末。無法忍受等待，任何事都希望盡快處理的人，從另一方面來看，也是無暇回過頭照顧周遭旁人的人，關懷與理解他人的能力可能較為低落。而這些人的下一代，未來也將成為同樣的大人。媽媽也許因為不必等待太久，認為問題已經妥善解決，卻不知道這是多麼毒害孩子的行為。

在可能影響個人生命的危急情況下，本該動怒、挺身據理力爭。然而對於雞毛蒜皮、互相體諒即可化解、或沒有必要計較的小事，父母如果仍堅持追究到底，孩子未來恐將對整個社會產生不安全感。**如果父母經常與他人爭執，孩子不知道會有多麼害怕這個世界。在他們眼中，旁人全是敵人，也是自己非鬥爭不可的對象。**永遠處在不知道有誰會危害自己的環境中，孩子該有多麼不安呀！

父母一定要學會的教養關鍵：等待與尊重

如果要選出教養子女最重要的兩點，那就是「等待」與「尊重」孩子與我是兩個不同的人格個體。守護孩子的發展需要等待，教育孩子也需要等待，而在管教孩子是非對錯時，等待同樣至為重要。不中途干涉或催促孩子，在一旁靜靜等待孩子，能做好這點，孩子必可順利成長。

要做好等待，首先必須認同孩子與我是不同個體的事實。如果將孩子看作與自己相同，或是將孩子視為自己的所有物，將無法忍受等待。因為當孩子未能按照我所想的行動，或是走上與我規劃的方向不同的道路時，心中必然產生強烈的鬱悶感，恨不得立刻導正孩子的方向。因此在這種時候，應當認同孩子與我是不同個體的事實，才能靜靜守護在孩子身旁。

暴怒來自焦急的心。暴怒的行為，缺乏對他人的等待與尊重。暴怒的父母只希望哭泣的孩子快點停止哭泣，讓錯誤的行為盡速回到正軌。不管下達什麼命令，都要孩子第一時間聽懂，立刻付諸實行。若非如此，暴怒的父母只會發更大的脾氣。

但是孩子的能力有限，學習速度相當緩慢。父母必須反覆教導，等到孩子的大腦開始學會處理為止。如果孩子在此過程中情緒低落，就無法徹底學好。如果孩子哭了，請耐心等待。孩子不會哭一整天。他們必須親身經歷自我冷靜、管理情緒的過程，才知道如何停止哭泣。若是父母不斷催促「快點」，孩子自然無法好好學習。

暴怒的父母常會要求孩子「快點、快點」，並非教導他們動作敏捷，其實只是催促。於是孩子變得悶悶不樂。緊張感與壓力指數升高，進而引發孩子不安的情緒，使他們內心更加鬱悶。雖然也有懂得緩和鬱悶情緒的孩子，不過大部分長期處於鬱悶之中的孩子，最後會將不滿的情緒，以厭煩或憤怒表現出來。換言之，這些變成容易感到厭煩或憤怒的孩子，更難學習應吸收的知識，注定成為「暴怒」的大人。

多數父母在孩子滿兩歲之前，並不會暴怒，因為他們認為孩子應當由自己來保護。如果在這個期間動不動對孩子發怒的父母，應該到精神科就診。但兩歲以前的孩子，生活大多在父母控制中，因此也較少出現對孩子暴怒的情況。

不過到了兩歲後，孩子開始變得不同，出現了自己的想法。此時開始，父母生氣的頻率也日漸頻繁。然而發怒的行為背後，隱藏著自己不尊重孩子是個獨立個體的態度。**由於不認同孩子是獨立的個體，不接受孩子的想法可能與我不同，因此情緒失控**。就像在人際關係中，因為對方不肯依照我的意思行動而暴怒。例如孩子爬到高處，父母警告孩子「別爬到那裡去」，孩子依然故我，父母再度警告，「不要再往上爬了」，孩子充耳不聞，父母便按捺不住而動怒。

對孩子發完脾氣後，父母經常這麼說：「孩子太不聽話了。」夫妻間大吵一架後，經常指責對方：「你怎麼就是聽不懂我說的話。」而在與他人的關係中，常說：「我早就告訴他了，他還偏偏要做。」這些情況的共通點，都在於要求對方順從我的意思。生氣的行為本身，就包含了企圖壓過對方的想法，想要讓對方在心裡對我言聽計從。當試圖控制對方、壓過對方，卻不見效果時，便更怒不可抑。

以家庭教育為藉口，對孩子大吼大叫，這個行為背後也隱藏著急躁的性格。如果在教養子女時，期待每件事速戰速決，父母內心只會更加焦急，最後失控吼叫。好比媽媽都快急死了，孩子換個衣服卻拖拖拉拉。看到孩子懶散的模樣，媽媽總是脫口而出「喂！動作快一點！」。**國外的父母在這種時候，會對孩子說：「如果你在這個時間之前沒有準備好，爸爸和媽媽就要先走了。那麼，只好請照顧你的保母來喔。」如此一來，孩子也會回應父母：「知道了，我會加快速度」**。然而，多數的父母卻對拖拖拉拉的孩子大吼大叫，有時甚至打屁股催促。孩子雖然穿好了衣服，心情卻相當鬱悶。在此情況下，孩子自然學不好該在規定的時間內迅速準備好的習慣。

儘管父母是為了導正孩子錯誤的行為而教導他，但是孩子聽見他人高聲吼叫時，大腦只會陷入空白，動作停滯，無法處理新的資訊。在這種狀態下，孩子如何更敏捷地行動？又怎麼學會主動思考，對自己的錯誤表達歉意並從中學習？父母生氣的結果，對孩子完全引不起教養的效果。

為孩子付出時，不要超出個人能耐

父母常說自己對孩子一忍再忍，最後在不知不覺間才會生氣，或說因為對於照顧孩子太全心投入，才會出現這樣的反應。**為孩子全力奉獻固然好，但是這個全力必須是在我們所能付出的範圍內，不可踰越了這個分寸。**教養子女並非一兩個月的事，如果一兩個月內就能完成，那麼稍微勉強自己也無妨。考試期間熬夜幾天倒是沒問題，但是如果每天熬夜，身體肯定吃不消。教養子女也是如此。為了栽培出優秀的子女而付出全力，最後恐怕適得其反。

那些暴怒而後悔的媽媽們，平時總對孩子過度付出。例如當孩子央求媽媽唸故事書時，就立刻順著孩子的要求唸給他們聽。原本唸個五本就足夠，非得唸個十本甚至更多，唸到口乾舌燥後，唸著唸著，忽然大發雷霆，怒吼：「可以了吧。這是第幾本啦？不是說好只唸兩本嗎！」這麼一來，為孩子唸故事書的效果瞬間消失無蹤。一整天為孩子付出全力，想要傳達給孩子的正面影響，在睡前暴怒的瞬間，轉變為負面效果。其實就算只有一本，在媽媽體力允許的範圍內開開心心唸給孩子聽，也許還會有更好的效果。

如果在二十次的努力中，十九次是和藹可親的媽媽，一次是崩潰的媽媽，倒不如別太勉強，不如放棄最後的那一次。對孩子而言，那樣更有效果。這並不是說媽媽十九次的努力毫無必要，而是比起付出的努力，那絕對不該做的最後一次最好別做。為了孩子，只選擇有機食材來烹調美味的料理、教孩子唸書、帶孩子四處參加有益的活動體驗學習，也讓他們觀賞音樂劇、參觀博物館，用盡一切努力。然而一次的暴怒或體罰，對孩子終究帶來負面的影響。

國家有至高無上的律法，醫學上的診斷也有最高準則，而在教養子女方面，同樣有最高準則。**「絕對不對孩子暴怒」，是教養子女至高無上的準則**。再怎麼投入時間、金錢與體力，竭盡全力付出，父母若是經常暴怒，那麼這一切付出便毫無意義。比起給孩子吃最好的、用最好的，不對孩子發脾氣更能達到百倍的功效。

想想，如果由不懂情緒控管的人來教育孩子，他會如何呢？那將是最糟糕的情況。這將導致孩子對每件事常常感到迷惘。迷惘的情緒使人更加不安、恐懼。如此一來，孩子無法學到該如何面對不同的情況，也無法形成他內在判斷事物的標準，因而自信全失。缺乏自信的孩子，對自尊的形成必然帶來更負面的影響。

明知不該生氣，為什麼辦不到？

美化「憤怒」的社會

沒有父母對孩子發脾氣後，內心會感到舒坦。雖然父母不清楚這樣具體會對孩子造成什麼樣的傷害，但是本能地知道「不可以這麼做」。所以為自己的發怒而後悔，和心懷歉疚。即便如此，大多父母第二天依然繼續對孩子生氣，第三天也是，第四天也是。發完脾氣後，或許又帶著些許歉意向孩子坦言：「昨天我不是為此發過脾氣，你怎麼就這麼不聽話呢？」為什麼會這樣？

因為每個人都會暴怒，所以我們會在潛意識中自我諒解，也給了暴怒的自己一張免死金牌。而對於我們的暴躁，身旁親友也給予認同，安慰我們：「沒錯沒錯，這樣才對。孩子不聽話就要這樣教。」

在我們心中，有著不服輸的一面。在出現矛盾或可能受到委屈的情況下，總覺得不用點激烈的表達方式，就可能有所損失。一旦出現可能輸的感覺，為了避免吞下敗仗的後果，於是情緒失控。即使是無關緊要的小遊戲，輸了就大哭；在運動賽事中錯失金牌，便潸然淚下。沒能取得勝利，總讓人感到鬱悶。**在暴怒的情緒下，隱藏著一種不服輸的心情。**

回顧世界歷史，也許能幫助我們理解憤怒情緒根源之處。舉例來說，過去一百年來，韓國遭受日本帝國主義的殖民統治，讓言語難以表達的怨恨與委屈長期鬱積在心中。日後雖然迎來解放，不久後又爆發戰爭。戰爭期間，每一位國民不知又承受了多少委屈悲傷。戰火停息，卻並非戰爭結束，而是停戰，最後依靠外國的力量才得以平息，而非憑韓國一己之力。在現代史中，權貴與富者以其勢力欺壓弱者的冤案，亦屢見不鮮。如此一來，事事皆以力量強弱來評判輸贏的風氣，遂日益趨於極端。

根據大韓精神健康醫學會於二〇一五年發表的調查結果，韓國半數成人正面臨陣發性暴怒症的問題。其中百分之十的人更必須立刻接受治療。在此情況下，各種衝突造成的社會事件層出不窮，像是揮舞鐵棒或亂射ＢＢ彈，恐嚇擋住道路的前車，或是在盛氣之下縱火、揮刀，或是連番粗口指責對方態度無禮，甚至在路上隨機對無關的人施暴等。這些都屬於憤怒管理障礙、衝動管理障礙。

在經濟合作暨發展組織（OECD）會員國中，韓國自殺率排名第一，也可以視為與上述同一脈絡的問題。就算我們因為各種原因而在內心深處累積大量的委屈和怨恨，我們又為什麼會如此容易發怒，為什麼無法管理好憤怒？

從某種層面來看，也許是我們過去數十年來創造了耀眼的經濟發展而忽略的問題，如今正朝我們反撲。在「賺大錢，才好命」的風氣下，一切唯經濟發展是從，生產力與效率成為生命追求的最高價值。看不見的哲學思考或情感的一面，歷來受到忽視。當孩子奔跑時跌倒，不是看孩子受傷多嚴重，而是責備孩子沒有立刻起身。如果跌倒後待在原地哭泣，只會被罵笨蛋。各行各業無不強調「迅速」、「第一」、「成效」。

因此，我們的情緒發展出現了嚴重的問題。半數以上的國人不知道如何舒緩、調適情緒。從小不曾學過如何管理情緒，更不曾練習過，便長大成人。情緒發展由後天決定，子女管理情緒的方式主要從父母身上習得。如今的父母，從小他們的「情緒」就不曾受到父母的保護，幾乎未曾學過管理情緒的方式。

而社會教導我們如何表達情緒，偏好什麼樣的公眾形象，也為此帶來極大的影響。營造這種社會氣氛最重要的角色，就是傳播媒體。彷彿勸酒似的，我們社會正大幅宣揚暴怒的行為，無論是電影還是連續劇，甚至是綜藝節目，都營造出容許「當眾發火」的氣氛。

其實毒舌與下流的言語，也是屬於情緒管理能力不佳的行為表現。然而，這種毒舌

卻在電視節目中被視為「忠言」，下流的言語被視為「搞笑」。在多檔高人氣的連續劇中，許多人物都是性格暴戾的角色，而他們全都被刻畫為充滿正義且思慮周到的人物。難道不用激烈的態度表達情感，就不符合正義嗎？而在劇中，說話和緩溫柔者，卻被刻畫為卑躬屈膝、輕易臣服於現實的人物。絕對不是這樣的。人神共憤之事固然值得生氣，然而對情況輕微的小事同樣大發雷霆，就是缺乏情緒管理能力。

每個人解決問題的方式不同，參與的方式也不同。這些多樣性應給予尊重，就像尊重其他人的情感一樣。傳播媒體經常提及多樣性、創意等詞彙，然而真正探究其內涵，反倒更強力宣導單一價值觀，對不接受的人就大加批判。

舉例來說，韓國是眾所公認的ＩＴ強國。無論是搭乘地鐵、上餐廳、到遊樂園，或是路上的行人，沒有人不使用智慧型手機。就算發生天大的事情，所有人不管走到哪裡，永遠都在滑手機。

然而對於影像，也就是視覺資訊的掌握越加熟悉，人們著迷於外在裝扮的傾向便越加強烈。一切外貌至上，過度在意外在與外顯的形象。所謂「以視覺形象分析資訊」，不過就是以第一眼看到的模樣來評斷一切，對其內涵與來歷毫不關心。換言之，只是用一小部分的線索來分析資訊。其實在分析事實資訊的各種管道中，視覺形象僅僅是其中一項。如果視覺形象被奉為唯一的圭臬，韓國將不幸淪為過度看重視覺形象的國家。一旦這種社會氣氛持續下去，那麼未來掌握事情的前後脈絡，審視事件重要與否的能力，將日漸低落。換言之，如果重度沉迷於智慧型手機，未來脾氣火爆的人將會大幅增加。

失落的童年，遲來的依賴需求

即使歷史背景與社會氣氛造成「憤怒」充斥在我們的社會中，但是對於下一代，我們仍盡可能避免。然而事實是，我們依然會對孩子失控。這是為什麼呢？明知其不可而為之的最大原因，就在於「與原生父母之間的問題」。

這些與原生父母之間尚未解決的部分、從原生父母身上長久以來習得的部分，在結婚前將近二十年來，我們不斷與之衝撞、對抗而心生厭惡，然而許多人對待子女的態度，卻原封不動地承襲自原生父母。曾經渴望脫離父母，最後也獨立成家，但是當自己身上出現父母不好的影子時，必定深感痛苦而難以忍受。子女無法擺脫向父母學習的命運，沒有任何人可以置身事外。

在前述中曾經提到會對孩子暴怒的美麗媽媽，她的父親是一位很容易暴怒的人。每次喝酒，就對家人拳打腳踢。這樣的父親令家人感到恐懼與害怕。而母親這種時候也只能束手無策，完全無法保護子女。這位美麗的媽媽自幼為了不惹父親生氣，只好當個乖巧聽話的女兒。她對任何事保持一貫順從、規矩的態度，並且懂得主動且迅速完成任何事。幸好最後上了好大學，邂逅了好丈夫，也生了小孩。

她想要當個比任何人都要溫柔的好媽媽。不管是對子女，還是對丈夫，都盡力做到最好。然而奇怪的是，當她深愛的子女或丈夫沒能快速解決問題時，便克制不了地大發雷霆。兒時未能解決的情緒問題，即使長大成人，矛盾仍持續進行。因為兒時較不成熟的行為舉止不曾被父母接受，她的依賴需求（dependency need）沒有獲得滿足便長大成人，於是當她看見子女或丈夫不成熟的行為舉止，自然無法接受。她兒時表現出來的精明幹練，其實是為了在暴君父親面前活下來的偽裝，是在高壓逼迫的環境下練就而成，而非自己循序漸進學習而來。

這位媽媽幼時原本應當經歷犯錯被原諒，於其中獲得情感上的安慰或體諒的過程，使依賴需求獲得滿足，進而逐漸降低犯錯的次數。但是極其不幸的童年讓她沒能經歷這個過程。可惜的是，她對子女的行為，又再度使子女無法經歷這樣的過程。

所謂依賴需求，是子女希望自己的情感受到父母認同與保護的欲望。子女希望聽見父母說：「是啊，我知道你的感受啊。」希望獲得父母情感上的認同。對於因為年幼而無可避免犯下的錯誤，子女也希望聽見父母說：「你還只是孩子，做不好是當然的。沒關係。」原諒自己不成熟的行為。生氣時，希望獲得父母的安慰；需要有人依靠時，能夠接納自己；無論在什麼樣的情況下，都希望得到「我愛你」的甜言蜜語。這就是依賴需求。

兒時的依賴需求若未能獲得滿足，停留在缺乏的狀態下，未來即使長大成人，也無法完全消除。日後在與重要人物的關係中，將不斷試圖滿足這個欲望。甚至在與子女的關係中，也將不斷設定與要求孩子達到無理的標準。即使是孩子在那個年紀經常犯下的錯誤，也會連番指責：「你已經幾歲了，到現在還這樣？」「媽媽不喜歡那樣！你是真不知道還是假不知道？知道的話，你就不應該那樣做啊！」

如果依賴需求沒有獲得解決，對於子女與丈夫，都會產生這樣的態度：你們都要體諒我才行；如果我面臨情緒上的困難，你們就得保護我的感受；如果我需要安慰，你們都得來安慰我。這些未能從父母身上獲得的情感，只能向子女索討。所以才會一而再，再而三地暴怒、發飆。

然而最嚴重的是，依賴需求未獲得解決的人，即使只是一點煩悶的情緒，也會感到憤怒。所以就算稍稍影響心情的事情，怒火也會立刻被點燃，大發雷霆。這是因為一點無傷大雅的小事，都會讓他們覺得自己被當成不重要的人，油然升起「你為什麼瞧不起我？」的想法。

此外，**對於自己的童年，總認為「父母當初要是多栽培我一點，我早就成功了」的人，看見子女的學習成就低落時，最不能忍受。**有些人則是不能忍受別人管教自己的孩子，而自己也管教不了孩子。這是因為他們極度厭惡被父母教訓的兒時回憶。

在我參與某個綜藝節目時，來賓曾對於該如何在公共場所管教孩子，展開了一場激辯。A說看了身旁育有子女的人，覺得從小教導孩子禮節是最好的，子女就應該那樣教。A又說，在公共場所放任小孩四處跑的父母，看起來並不恰當。不過B立刻提出反駁，說自己小時候根本不敢想著去哪裡，受到嚴格的限制，整天都得乖乖坐著。B反對嚴格教導孩子禮節。看來B是自小受到父母嚴厲教導禮節，才會主張教養子女應給予自由。

近來和B想法一樣的人不少。童年在高壓環境下長大的人，為了讓孩子自由自在成長而選擇放任他們。只是偶爾仍不免對孩子發脾氣。因為儘管下定決心要讓孩子自由長大，但是兒時親眼目睹、學習的行為早已內化，不可影響他人的想法早已根深柢固。

有些父母就像自己原生父母的所作所為一樣，用過度吼叫、發怒的方式教養子女。因為他們不曾學過循循善誘的教養方法，於是認為必須用激烈、強硬的手段，孩子的習慣才會改過來。如果批評這種方式不好，還會有人跳出來反駁，說自己是在高壓下學習成長，還不是平安無事長大。不過可惜的是，這些人原本就是資質較好的人，即使在高度壓力與壓迫的環境下，仍能順利長大而不誤入歧途。那麼，如果他們當初在好的環境下長大，必能有更好的發展。

覺得自己的行為過度失控時，應隨時檢視自己兒時與成長過程、與父母的關係。無論是承襲父母對自己的嚴加管教，或是因為厭惡兒時回憶而反其道而行，又或者是對自己的過往帶有怨恨，而對子女表現出過度反應，在任何一個過度的行為中，必定隱藏著導致今日這個結果的原因。

為什麼對自己的孩子，特別容易發怒？

直至今日，也許還有人想起與原生家庭之間難分難解的糾葛，就會心情低落。其實與原生父母之間的問題，沒有任何人能夠置身事外。就算父母一路用滿滿的愛教養子女，就算是母親懷胎十月生下來的孩子，每個孩子天生獨特的性格不同，在成長過程中必然會產生各種親子衝突。當然，衝突可大可小，如果衝突不大，對日常生活並不會帶來太大的影響。

即使兒時與原生父母之間存在嚴重的問題，一部分人仍能隱藏過往的傷痛，在日常生活中表現出正常的模樣，情況因人而異。他們也可能獲得穩重、善解人意，交辦任務處理得宜的美譽。換言之，他們有能力管理自己的情緒，在他人面前避免暴怒。但是，為什麼在子女面前，卻暴露了過往的傷痛，動輒暴怒呢？而且還是在比任何人都要深愛的子女面前。

第一，因為這些包裹得密不透風的問題，只會在家人之間傳承。與親近的家人之間未能解決的問題，將在另一段與家人的關係中再度爆發，而後者的對象正是子女或配偶。我們可以在家人以外的人面前，過著以假面示人的生活，但是在家人面前，這個假面容易粉碎。某位媽媽極度討厭髒亂，幾乎到了強迫症的地步。她過度嚴格要求整潔的行為，也是來自於兒時與原生父母之間的矛盾。她的父母外出返家，如果看見家中一團亂，就會像抓老鼠一樣抓起孩子大罵。長大後為人母的她，在外是人人稱道的好人。但是任誰也想像不到，這樣的媽媽回到家竟會抓起孩子大罵。

第二，因為本著對孩子過分傲慢的心態，認為不管我怎麼做，孩子也一定會體諒我。在教養子女時，確實需要某種程度的自信。為人父母不必將大量子女教養書中的一言一語奉為聖旨，以此責備自己、委屈自己，而是要帶著「我的孩子我最了解」的信心教養子女。這種篤實守分的生活方式普世皆同，只要不是嚴重脫離常軌，最好盡可能避免隨波逐流。

但是凡事仍應有分寸，不可過度膨脹。過度的自信，容易使人們產生「因為是我生的孩子，只要我的出發點是善意的，任何行為都可以被原諒」的錯覺，以為孩子都能體諒與原諒自己。事實並非如此。**就算是我的孩子，如果選擇了錯誤的教養方式，孩子同樣會受到傷害。**

父母疼愛孩子是天性，這個愛或許如宇宙般浩瀚無垠。因為愛如宇宙般廣大，我們以為在其中偶爾丟進幾顆小石子並無大礙；因為我們全心全意對待孩子，於是以為自己丟下的小石子將被孩子無條件吸收，船過水無痕。於是毫無顧忌地丟入小石子。其中雖然也有日後獲得原諒，彼此和解而相安無事的情況，卻也有人因此留下傷痕，或是成為無法癒合的傷口。希望父母們能銘記這點。

第三，因為將孩子視為我所深愛的弱者。說得更直接一點，根本不將孩子放在眼裡。暴怒是瞬間情緒管理的問題。如果我可以從對方身上獲得許多好處，在這個人面前絕對不會生氣。因為子女是只能依靠我生活的弱者，所以可以對他們發脾氣。「雖然是我的孩子，但是我必須保護與尊重他身為一個獨立的人格個體的事實。」如果能堅定這樣的態度，就不會對孩子暴怒。

不過幸好正在閱讀本書的各位讀者，至少已經多少接受自己情緒控管有待學習的事實。相較之下，願意承認自己情緒管理能力有待改善的人和不承認自己需要學習情緒管理的人之中，願意承認的人較具有改變的希望；而會在發怒後後悔的人與在發怒後從不反省的人之中，後悔的人有更大改進的可能性。

從這層意義來看，雖然媽媽暴怒的次數較頻繁，不過比爸爸更有希望。因為許多爸爸經常在家庭教育的美名下，正當化自己的暴怒，而媽媽至少會感到後悔，早知道不該這樣。總之懂得後悔是好的。後悔將帶來反省，改過的機會較大。即使行為或情感的表達無法立即改善，後悔和反省的過程本身，就足以逐漸改變一個人。從長期來看，犯下錯誤卻懂得後悔與回顧的人，已開始一點一滴展現出改變的模樣。

Bonus Page

我是一個愛發脾氣的人嗎？

——檢測自己的「暴怒」程度——

為什麼我們經常會不自覺的發脾氣呢？還有我們是否是一個會對孩子發怒的人？以下測驗，幫你了解自己的暴怒程度。

※每個選項思考三秒後，誠實作答。請在符合的選項上打勾，再統計勾選題數，對照檢測結果。

- □ 1 開車時，我會容易感到煩躁。
- □ 2 餐廳出菜太慢時，我會感到煩躁。
- □ 3 當別人不按照我所說的照做時，我會感到煩躁。
- □ 4 和別人意見不合時，我經常認為自己的意見才是正確的。
- □ 5 被時間追著跑時，我會特別焦躁不安。
- □ 6 工作量增加時，我會感到煩躁。

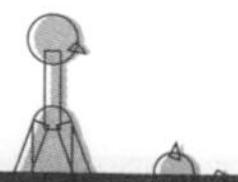

□ 7 家中一團亂時，我會感到煩躁。

□ 8 天氣太冷或太熱時，我會感到煩躁。

□ 9 同樣的話說了兩三遍，孩子依然故我時，我會感到煩躁。

□ 10 忙得不可開交而孩子又不斷呼喚自己時，我會感到煩躁。

□ 11 看到孩子動作太慢時，我會立刻發火。

□ 12 被孩子頂嘴時，我會感到不悅。

□ 13 有時覺得孩子呼喊爸媽的聲音很煩人。

□ 14 孩子哭鬧時，我會立刻發火。

□ 15 孩子哭個不停時，我內心會相當難過。

□ 16 不能滿足孩子的要求時，即使是芝麻小事，我心裡也覺得不舒服。

□ 17 孩子受到一點苦時，我會感到心疼不已。

□ 18 有時我會覺得孩子很自私。

□ 19 對於無法給孩子更好的照顧，我會心生抱歉。

□ 20 覺得自己現在的情況（身為上班族或家庭主婦）很不幸。

□ 21 覺得當初父母要是對我多用心一點，現在一定過得更好。

□ 22 一想起我的童年，就難過不已。

□ 23 不喜歡孩子和我的性格相似。

□ 24 不喜歡孩子和配偶的性格相似。

□ 25 我家孩子很容易感到煩躁。

□ 26 比起別人家的孩子，我家孩子似乎更難搞定。

□ 27 沒有人幫我照顧小孩時，覺得自己很無助。

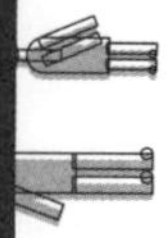

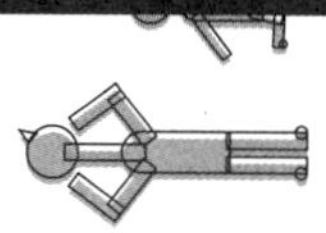

□ 28 我的內心很脆弱，但是對外會刻意表現出堅強的樣子。

□ 29 當別人違反我訂下的規矩時，會立刻感到不悅。

□ 30 我經常覺得不受重視而心情難過。

□ 31 當被別人拒絕時，我會惱羞成怒。

□ 32 聽到別人對我的負面評論時，會特別容易生氣。

□ 33 我非常討厭等待。

□ 34 我是比較容易想東想西的人。

□ 35 面對突發狀況時，我會備感壓力。

□ 36 關於金錢，我是算得很清楚的人。

□ 37 我經常覺得身體不舒服（腹痛、拉肚子、消化不良、頭痛、失眠等），但醫生說沒有生病。

□ 38 身體不舒服時，如果有人惹到我，我會很煩躁。

□ 39 我常常羨慕別人的人生。

□ 40 聽到別人過得不錯的消息時，坦白說我會有些嫉妒。

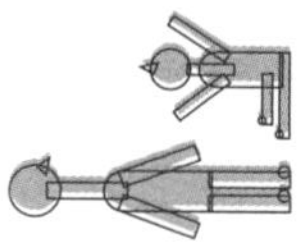

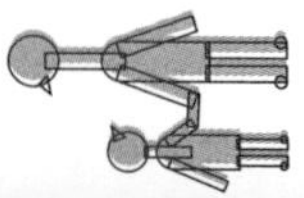

檢測結果

10 題以下

你的情緒管理比別人好，不會胡亂發脾氣。

11 ～ 20 題

有時心中猛然升起的怒火，經常讓你一個人感到心情煩悶吧。請試著寫下自己什麼時候會發火。知道原因後，也許有助於減少生氣的頻率。世間凡事豈能盡如人意？只要接受這個事實，心情就會舒坦一些。

21 ～ 30 題

你的情緒管理能力正處於「危險邊緣」。不時暴怒的行為，即將為他人或自己帶來傷害。請試著寫下自己暴怒時會出現哪些行為，並從此斷絕這些舉動。即使時間緊迫，也請盡可能減少自己為此發火的機會。如果情況日益嚴重，務必尋求專家的協助。

30 題以上

你的情緒管理正對周遭的人帶來嚴重的傷害，恐有陣發性暴怒症的問題。在日常生活中，你想必經常因為大發脾氣而造成嚴重的後果。請認真考慮接受治療或尋求諮詢。

※ 以上是為了幫助自己了解暴怒者的普遍症狀，而設計的心理檢測。
不可作為醫療診斷的判斷依據。

Part 2

當孩子忍耐不了時的 6種教養解方

當孩子不聽話時，

父母不說任何一句否定的話，也不以暴力的行為相向，

孩子才能學到在這個與他人共存共生的世界中，

有時也必須為彼此等待與忍耐。

Solution
1

不立刻滿足孩子，他就大吵大鬧

——「當孩子一點也忍耐不了時」

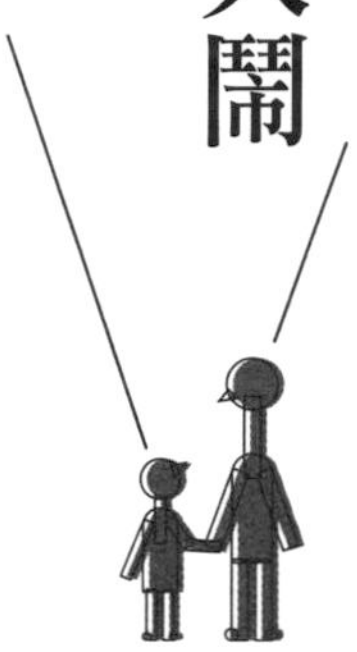

CASE

從剛才起，敏秀（四歲）一直站在玩具收納箱前大吼大叫。

「我叫你拿下來！快點快點！我叫你現在拿下來給我！馬上！」

孩子的嘶吼聲近乎悲鳴。他希望媽媽幫他把玩具收納箱上的積木拿下來。通常出現這種情況，媽媽會立刻走過去，把東西拿給他。因為敏秀是脾氣倔強、個性急躁的孩子，如果不立刻回應他，後果可不是媽媽可以承擔的。

但是媽媽正在餵妹妹敏珠（三個月）喝奶，今天無法立刻回應孩子的要求。敏珠出生時體型較小，嘴巴也小，得試過好幾遍才能讓她順利吃奶。現在敏珠總算津津有味地吃著奶。媽媽以溫柔的口氣半哄半勸地對敏秀說。
「敏秀阿，敏珠正在喝奶。你可以等我一下嗎？」
媽媽話一說完，敏秀又拉開嗓門大吼。
「不行！不行！現在立刻拿下來給我！」
「對不起，再等一下。敏珠等一下就會吃完了。」
丟擲東西的哐啷哐啷聲忽然傳來。
「為什麼！為什麼！為什麼不幫我拿！」
「喂！你在丟什麼？媽媽現在走不開，這樣也等不了？妹妹喝奶是會花多少時間？你等著瞧，看我等下怎麼修理你！」
敏秀聽見媽媽的話，氣得用力跺腳，使勁發出幾乎要掀翻屋頂的哭聲。

為什麼孩子連一點小事也忍耐不了？

孩子忍耐不了的原因，大致有三個。第一，因為孩子本身較為敏感。這是指那些從小在陌生的環境下特別容易緊張，或是環境稍微改變就難以忍受，或是在不安的環境下容易感到煩躁的孩子。不能說這些孩子較缺乏耐心，就算受到相同的刺激，這些孩子感受到的不適也比他人高出數倍，強度甚至可能達到極度痛苦、難受的程度。因此他們發出求救，希望藉此減緩自己不安的情緒。因為再也無力承受痛苦，只能發出希望父母盡快拯救自己的聲音。當然，在回到他們所能接受的程度之前，外在的一切都無法忍受。所以過度敏感的孩子，看起來像是嚴重缺乏耐心的樣子。

第二，因為性格急躁。如果說第一類孩子是因為不安而焦躁，那麼第二類孩子則是因為衝動、無法專注而心情急躁。因為性急，便無法具體判斷當下正處於什麼樣的情況。

第三，因為父母沒有教會孩子如何忍耐的方法。無論是沒有教導，還是教導方式錯誤，這類父母大多也缺乏耐性。正如前述敏秀的案例，無論再怎麼說明情況，孩子也無法忍耐，於是媽媽跟著生氣，「喂！我不是跟你說過，媽媽正在餵妹妹喝奶？為什麼你連等一下也忍耐不了，非得這樣大吵大鬧？」這種情況，就相當於第三個原因。

第一與第二個原因，多是由於先天的特質引起。所以我們必須無條件接受孩子的特質嗎？當然不是。**會受到先天特質影響的孩子，主要是在新生兒期或是兩歲以下的嬰幼兒。**但是在此之後，天生特質就不是絕對的影響條件。先天的特質，並不會讓孩子一生的性格就此定型。在成長過程中，必須經過各種交互作用與經驗的累積，性格才會逐漸成形。即使滿兩歲以前，孩子非常難搞，未來如何與父母互動、經歷過什麼樣的經驗，將會決定他未來南轅北轍的性格。

例如有些孩子觸覺相當敏感，特別害怕洗頭。他們最厭惡的是水滴不停從臉上流下的感覺，也無法忍受肥皂水流進眼裡，刺激眼睛，造成視覺短暫模糊的感覺。在這種情況下，應先讓孩子站好，做好避免水或肥皂水流進眼睛的預防措施後，再快速幫孩子洗好頭。這麼一來，孩子才不會變得更敏感。如果媽媽不能體諒孩子天生的特質，硬是將孩子夾在媽媽的手和腰間，臉部朝上，強行洗頭，那麼孩子甚至可能對身體懸空的狀態產生恐懼，變得更難安撫、更敏感。

當孩子過於敏感時，父母會更害怕面對孩子，因為他們無力解決孩子可能出現的反應。於是在問題出現的當下，只好任由問題發生。那麼孩子也自然學不到解決該問題的方法。

反之，想解決問題反而給予更強烈的刺激，孩子將因此陷入恐懼。這麼一來，未來即使出現一點風吹草動，孩子也會覺得自己受到攻擊。以為別人總是在攻擊自己的人，人際關係將日漸孤立，容易與他人形成對立的關係。即使他人無心說出的一句話，聽在他耳裡卻是不同的詮釋，急著追問對方：「你剛才說什麼？」直到對方道歉才肯罷休。即使彼此關係親密，只要發生一點不愉快的小事，可能立刻演變成敵對的關係。

關於用錯誤的方式對待敏感的孩子，最具代表性的例子就是「怕生」。孩子過於怕生時，父母們使用的方法有兩種。第一，父母對那樣的情況手足無措，孩子也痛苦，乾脆避免和陌生人接觸的機會。我曾經遇過有位媽媽，只有在清晨才推著嬰兒車外出散步。如此一來，孩子完全失去了發展人際能力的機會。即使孩子覺得痛苦，又得承受短暫的壓力，也不應該隔絕所有刺激。

第二，接觸更多陌生人，讓孩子自行克服困難。這也不是恰當的方法。對於嚴重怕生的孩子，如果持續施以強烈的刺激，孩子只會變得更加神經質。別說是改善怕生的問題，孩子甚至可能變成更怕生、更敏感的孩子。

雖然沒有必要刻意接觸更多陌生人，不過試著讓孩子過著正常的生活，才是最好的方法。給孩子充裕的時間降低對陌生人的警戒心與恐懼，並逐漸增加與陌生人接觸的經驗。唯有如此，才能將這些經驗導向好的方向，使其內化為改變自己的力量。

例如登門拜訪親戚，當孩子哭得淅瀝嘩啦時，應將孩子抱起，停留在原地。因為此時抱著孩子離開，一回到原本位置後，孩子又會繼續哭。如果已經進入屋內，別急著移動位置，先將孩子抱著不動。此時，旁人不可盯著孩子看或是和孩子說話，這也是另一種刺激。面對陌生人而承受壓力的孩子，正艱難地對抗施加在自己身上的刺激。如果又出現新的刺激，孩子將無力承受。即使用購買糖果、巧克力或是玩具等誘惑安撫孩子，也無濟於事。孩子嚴重怕生時，所有人只要與孩子保持稍遠的距離，繼續做自己的事情就好。

在孩子的哭聲減弱之前，媽媽只需要持續輕拍孩子的背，輕聲說「沒事，別怕」。

孩子哭了一陣子後，轉向四周察看，確定這段時間沒有任何人對自己造成威脅，也沒有發生任何事，便可逐漸鎮定下來。於是對陌生環境的正面經驗再添一筆。藉此，孩子將可自行習得緩和怕生情緒的方法。

在過於敏感的孩子中，當然也有大量暴露在陌生的環境下，就能達到改善效果的情況。假設孩子每次到了大賣場，就用手把耳朵摀住，全身害怕得瑟縮起來。原因可能是賣場內人來人往，各種聲響吵雜，因而對此感到恐懼。所以孩子每次走進賣場內，總是放聲尖叫。此時父母千萬不可對孩子動怒，責備孩子：「大賣場都這樣吵吵鬧鬧的，哪有安靜的大賣場啊？難得來一次，都是你把事情搞砸了。」如果父母這樣責備孩子，孩子將更難克服自己敏感的情緒。

這時，父母其中一人不妨將孩子帶出賣場外，坐在戶外的長椅上。一邊吃著賣場內買來的冰淇淋，一邊在賣場外等待。而另一人買完東西後再出來。如此一來，孩子將留下「那天去大賣場還算愉快」的記憶。那麼父母下次提議「一起去大賣場吧？」的時候，因為之前留下好的記憶，孩子自然欣然同意。這次到了大賣場，多停留一陣子後，孩子感到不自在時，再離開賣場即可。像這樣讓孩子在不適感逐漸緩解的情境下持續進行練習，是最好的解決之道。

說了「等一下」，就讓孩子稍微等一下

如果孩子像前述的敏秀一樣大吵大鬧，父母該如何處理呢？在那樣的情況下，敏秀必須懂得忍耐與等待。如果孩子不會，就得教育他。而教導孩子忍耐、等待時，與父母所熟知的方法不同。不是任何時候都能使用命令口氣，告誡孩子：「吵死了！現在不是處理你的事情的時候。給我等一下！」也不必用道歉的口氣告訴孩子：「對不起，媽媽應該立刻幫你的，真的很抱歉。現在妹妹正在喝奶，可以再等我一下嗎？」最重要的是立刻回應孩子的話。

「媽媽聽見了。你現在要我幫你拿收納箱上的積木對吧。好！我知道了。」

接著繼續餵妹妹喝奶。不久後，孩子可能大罵：「為什麼說要幫我拿，還不來幫我拿！」一邊催促「快點！快點！快點！」這時媽媽得先強調已經聽見孩子的要求，再說明規則。

「妹妹再過一會兒就喝完奶了。喝完後，我立刻過去幫你拿。你先等一下，我現在沒辦法放下妹妹。」

如此說完後，孩子想必不會說：「是，我知道了。我了解現在的情況了。我會乖乖等你。」如果是過去不曾受過等待訓練的孩子，即使父母這麼說，他們仍會繼續哭鬧。但是就算如此，也應任由他們哭鬧。無論孩子在等待期間說了什麼、做出什麼樣的行為，

全任由他們去。偶爾可以看著孩子的臉，說聲「等一下」。

然而一般在這種時候，父母通常無法對鬧脾氣的孩子置之不理。「你不能安靜點嗎？」「吵死了！」「你再吵的話，樓上的奶奶就要下來了。」「非要我用罵的你才聽得懂嗎！看媽媽過去怎麼修理你！」只好用這種方式持續刺激孩子。然後老大繼續吵鬧，老么又得餵奶，這種情況令父母一個頭兩個大，連自己也忍無可忍了。

要教導孩子忍耐與等待，必須增加他的經驗。無論孩子再怎麼吵鬧，父母也不可給予正面回應。既然已經訂下規則，媽媽就得餵奶餵到底，甚至等妹妹打完嗝後，再放下妹妹，說聲「好了，現在可以幫你拿了」，再回應老大的要求。拿東西給孩子的時候，記得稱讚他「謝謝你等我忙完」。唯有如此，孩子才會學到這樣的經驗：原來媽媽叫我等一下的時候，不管我這段時間再怎麼鬧脾氣，也只是徒勞無功。另外，父母有時也可以善用短暫的十分鐘，讓孩子學會等待。

如果父母要求孩子等待，卻又持續做出責備、威脅孩子等的負面行為，那麼即使是相同的十分鐘，孩子也學不到任何忍耐的方法。當父母不說任何一句否定的話，也不以暴力的言語或行為相向時，孩子才能學到在這個與他人共存共生的世界中，有時也必須為彼此等待與忍耐。

近來孩子的情緒收納袋越變越小

當我們認為子女極度缺乏耐性時，務必先了解孩子的「情緒收納袋」有多大。孩子的內在擁有數個收納袋，例如認知能力、運動能力、社交性、語言能力、情緒、創意等收納袋。天生擁有較大「認知能力」收納袋的孩子，從小聰明機靈、舉一反三；天生擁有較大「運動能力」收納袋的孩子，學習能力強，能立刻獲得不錯的成果；天生擁有較大「社交性」收納袋的孩子，社交能力強，能立刻與他人打成一片。不過有較大的收納袋，相對的也有較小的收納袋。如果「情緒收納袋」較小，孩子就可能表現出無法忍耐、容易生氣的模樣。

孩子情緒收納袋較小的原因，可以歸因於天生特質，也可歸因於父母教導無方。另外，環境也可能導致孩子的情緒收納袋縮小。如果父母每天大吼大叫、拳腳相向，也會成為縮小孩子「情緒收納袋」的一大原因。

情緒收納袋負責盛裝強烈、過度、不滿的情緒。盛裝於收納袋中的情緒，可能隨時間的經過而冷卻，甚至溶解消失。就像醃製泡菜一樣，必須將情緒暫時保留在心中，讓過熱的情緒降溫，讓過冷的情緒回溫。

但是當情緒收納袋的容量較小時，便沒有多餘的消化情緒空間。盛裝一點情緒，就會立刻滿出來。這時孩子的反應，通常是大吼、大哭，或是發脾氣、煩躁。在這些孩子的情緒收納袋中，尤其以盛裝憤怒情緒的收納袋最小。

也有些孩子盛裝喜悅情緒的收納袋較小，他們心情好的時候特別興奮，表現出大吼大叫、亂咬旁人、蹦蹦跳跳的反應。這是因為他們無法克制喜悅的情緒。無論是盛裝憤怒的情緒收納袋，還是盛裝喜悅的情緒收納袋，如果不能依照孩子相應的年齡擴大其情緒收納袋，那麼孩子的情緒管理可能永遠不如同儕。

孩子的情緒收納袋較小的原因，雖然多少與天生氣質有關，但是多數得歸咎於父母未給予適當的教育。部分父母甚至不願讓孩子有承受情緒的機會。最典型的案例是使用兒童安全座椅。孩子年幼時，其實頗能適應兒童安全座椅。但是到了兩歲左右，開始感覺到兒童兒全座椅的不適。於是先前坐得好好的孩子，開始抗拒乘坐兒童安全座椅。看著孩子如此抗拒的媽媽，如果某天對孩子說：「哎呀，那麼不舒服的話，來媽媽這裡。今天讓你坐在媽媽腿上。」孩子會如何反應？媽媽的懷抱當然比兒童安全座椅舒服。從此以後，孩子便時常鬧脾氣，不肯坐在兒童安全座椅上。

如果放著大吵大鬧、哭著說要離開兒童安全座椅的孩子不管，孩子會昏過去嗎？不會的。繼續讓孩子坐著，過了五分鐘、十分鐘、十五分鐘後，孩子身體將逐漸適應兒童安全座椅帶來的不適感，之後情況便可好轉。但是父母們大多無法忍受這段時間。只要孩子一哭鬧，父母一方面覺得孩子可憐，一方面慌張失措，於是趕緊將孩子抱起來。如此一來，孩子便錯失了經歷「只要經過一段時間，身體就能適應不適感」的機會。

假設孩子正練習雙腳併攏的坐姿。當他感到雙腳併攏的坐姿非常不舒服，稍過一段時間，雙腳就自動張開了。這時父母如果說：「這樣坐很不舒服吧？算了，別做了！」那麼永遠學不好雙腳併攏的坐姿。就像運動選手為了獲得更好的成績，每天訓練與練習一樣，起初雖然連一分鐘也忍耐不了，不過持之以恆地練習，身體終究會適應。情緒也是如此。

當媽媽正與某人談天時，孩子抓著媽媽的手，不斷吵著：「走啦，走啦。好不好？」**這時，媽媽必須清楚對孩子說：「等一下。現在就算你哭，媽媽也走不開。等媽媽說完話再走。」**這時尚未適應等待的孩子，安靜了一陣子後，肯定又開始纏著媽媽。「媽媽，我們走啦！」這時，媽媽要再次堅決地說「不行」。如此一來，孩子距離上次吵鬧的時間將逐漸拉長，也逐漸適應忍耐無趣的時間、忍住自己想做的事。

然而在這種情況下，大多數父母會邊說「知道了，知道了」，邊回應孩子的要求，或是用智慧型手機當作安撫孩子的工具。也有嚴厲斥責，讓孩子哭得泣不成聲的父母。換言之，多數父母只忙著制止孩子哭鬧的情況，卻沒有想到應該讓孩子學著忍耐不自在的情況。於是，孩子的情緒收納袋永遠無法擴大。這是因為當孩子的情緒收納袋一裝滿就開始吵鬧的時候，父母只會說「知道了，知道了」，急著幫孩子解決不適的情緒。

如果是必須讓孩子忍耐、等待的情況，務必給予孩子明確的指示。「我知道你覺得很不自在，但是就算你大吵大鬧，現在我也走不開。要等媽媽把話說完才走。你再等一下。」如果孩子等得很痛苦，不妨提出一些替代方案，例如：「給你色鉛筆，這段時間畫畫好嗎？」當孩子熟悉了這樣的狀況，耐力將大幅提升。如果立刻回應孩子的要求，孩子的不適感當然可立刻獲得紓解。但是，如果總是即時回應孩子的要求，使孩子習慣了安然舒適的情緒，那麼孩子未來無法立刻達成願望時，只會加深他的痛苦。

強迫壓抑下，孩子的情緒總有一天會爆發

人類離不開群體，必須與他人共生共存。為了與他人和平相處，我們有必須付出之處，也有不得不忍耐之處。這些都得經過學習。若非如此，日後將承受更大的壓力，過著不快樂的生活。

遇上地鐵罷工的時候，當然很不方便。但是如果罷工理由正當，我們就必須忍耐。假設有一架飛機因為安全上的考量，延誤起飛一個小時。如果你之後有一個非常重要的約定，心情肯定會大受影響。不過既然是因為安全上的因素延誤，生氣也於事無補。如果希望孩子長大成人後，能夠對這樣的情況處之泰然，那麼從小就得教育孩子對不順利的事情稍加忍耐與等待。

當我提出這樣的建議，其實多少有些擔憂。因為我在廣播節目和其他書中也曾經這麼強調：「該等待的事情，就要讓孩子等待；不行的事情，就要堅決對孩子說不行。教養子女時要勇敢。」不過總有一些父母打著實踐這句話的旗幟，對孩子進行恐怖的高壓教育。如果父母高壓統治，孩子只會嚇得動彈不得。那麼情緒收納袋只會被緊緊綁住，未來更沒有擴大的可能。所以父母不可以讓孩子畏懼，也不可以用高壓方式對待孩子。

因為父母用高壓方式管教孩子，他確實瞬間變得安靜聽話，看起來像是正在忍耐。不過孩子其實只是為了生存下去，刻意裝出那種模樣。沒有依照年齡給予適當訓練的情緒收納袋，像是一顆隨時可能爆炸的未爆彈。爆發的時間可能是在青春期，也可能是在長大成人後。兒時未妥善培養孩子的情緒收納袋，未來恐將造成孩子對每件事都忍耐度低、頂撞父母或無法融入社會等問題。

我能理解父母對於管教子女的用心，因為我比任何人清楚這種行為的必要性。但是嚴格對待子女，藉此希望子女快速、高效學習，並且無條件忍耐，確實太過勉強了。這將對孩子的發育帶來嚴重的阻礙，如果父母不願認同孩子心裡的痛苦，他最後會變成什麼樣子？

十點過後的夜晚，剛升上一年級的哲秀正一邊打著哈欠，一邊趴著寫日記。不時還能聽見嘆息的聲音。這時不應該對孩子說：「給我坐好！不要嘆氣。日記沒寫完就別想睡覺！」父母應認同孩子因為辛苦而嘀咕抱怨的情緒。「太晚開始寫，所以覺得很累吧？」先以問句表達對孩子心情的認同後，再讓孩子繼續寫。如果時間太晚，不妨對孩子說：「作業一定要寫，可是現在太晚了，你這個年紀睡覺也很重要。先睡吧！明天早上提早十分鐘起床，完成剩下功課才行。」讓孩子先上床睡覺。在沒有給予孩子明確指示的情況下，對孩子說：「功課沒寫完就想睡，等下我就修理你。」或是說：「別寫了，別寫了。作業一次沒寫會怎樣嗎？」都不應該。該等待的事情，就得教導孩子等待。此時，父母的沉著態度至為重要。

假設孩子晚上十點後吵著要吃披薩。如果是以前的時代，父母大多會告訴孩子：「現在都幾點了？披薩店早就已經關門了。」用這種方式一語帶過。不過最近的小孩可以回嘴：「也有二十四小時營業的店啊。」這時，父母可以詢問孩子：「你肚子真的餓嗎？這個時間不可以吃披薩喔。如果真的肚子餓，媽媽打一杯果汁給你，還可以做一小塊三明治給你吃。」如果孩子答是，媽媽不妨準備一些海苔飯捲或三明治、果汁。如果孩子不是真的肚子餓，只要冷靜回答孩子：「稍微忍耐一下。睡前不可以吃東西喔。」

問題是，每個孩子的反應各不相同。有的孩子大吼大叫，有的孩子鬧脾氣、哭天喊地，從「媽媽好小氣」的質疑，到「媽媽每次都說不行」的埋怨，各種頂嘴應有盡有。這時，父母千萬不可對孩子的話有任何反應。無論孩子是發了瘋似地跺腳，還是打滾、怒罵，都只要說「等一下」。在這個情況下，只要告訴孩子：「就算你現在再怎麼想吃，我明天才會買給你。等到明天再說。」要培養孩子的耐性，必須讓孩子經歷與忍受這樣的情況，並且成功累積經驗才行。

然而相較於子女的反應，父母的反應更是五花八門。**如果父母給予孩子過多的刺激，即使都是出於善意，對孩子反倒是一種負擔。**因為孩子必須一一回應、分析父母的指示，反倒更張皇失措，最後無法成功熬過這個過程，反倒剝奪了學習的機會。其實父母只要給予提示即可，最重要的是讓孩子親身體驗這個辛苦卻必經的歷程。

\ Think about parenting ❶ /

孩子肚子餓就發脾氣，怎麼辦？

有些幼兒特別無法挨餓，這時不少父母會要求孩子忍耐。但是年紀越小的孩子，越不能讓他們挨餓。部分父母擔心，「如果孩子長大後還是這樣，該怎麼辦？」不過，越是不希望孩子長大變成那樣，越不應該讓孩子挨餓。

因為兒時有過因餓肚子而不開心的經驗，日後孩子一旦肚子餓，過去的經驗會在潛意識被啟動，就可能為此發脾氣。如果孩子肚子很餓，但是準備用餐的時間還得花二十分鐘以上時，父母可以盡快準備一些小點心讓孩子充飢，而不應該對孩子說：「連這點時間也不能忍？這樣餓不死啦。」

過去我們父母的年代（當然今日社會也有），不少父親回家看到飯鍋內沒有飯，便大呼小叫、暴跳如雷。仔細想想，只不過得等待十分鐘、二十分鐘而已，何必發這麼大的脾氣？其實這種現象的出現，也許是來自兒時不愉快的挨餓經驗。而因為肚子餓就感到煩躁、立刻發怒的成人，可說是缺乏修養的表現，所以我們從幼時就要避免讓孩子在餓肚子時有不愉快的經驗。

Solution 2

孩子固執己見，誰的話都聽不進

——「當孩子想為所欲為時」

CASE

在公園停車場附近的遊戲區內，亨哲媽媽坐在長椅上，正和久未見面的社區媽媽們聊天。媽媽們全都抱怨著最近自家的孩子越來越不聽話。

「你們家亨哲（三歲）本來就很乖。男孩子這樣，算是很聽話的吧？」

「嗯……也還好吧……。」

亨哲最近像是變了個人似的，總是搶著說「我自己來」、「我不要」，事事固執己見，不願意按照媽媽說的去做。亨哲媽媽隨口敷衍了幾句，轉頭看著在沙地裡專心挖沙的亨哲。一陣冷風吹來，媽媽心想「亨哲一定覺得很冷吧」，趕緊呼喚亨哲過來，要幫他穿上外套。

「亨哲啊，過來這裡。」

孩子也許是聽見了媽媽的呼喊，抬起頭來看了媽媽一眼。媽媽招手要孩子過去，但是孩子卻繼續剛才的動作。亨哲正在觀察有幾隻螞蟻在地上爬。媽媽當然不知道這個原因，於是拉開嗓門更大聲呼喊。

「亨哲啊，你在做什麼？我叫你過來啊。」

孩子猛然站了起來。可是這是怎麼一回事？孩子竟然往媽媽的反方向走去。媽媽瞬間臉色大變，怒火中燒。

「喂，李亨哲！你去哪？給我過來！」媽媽氣得大吼。

為什麼孩子得聽父母的話才行？

孩子怎麼也不肯聽話時，父母確實很難克制不發脾氣。父母會想：為什麼孩子不肯聽話？又該如何對待這樣的孩子？在回答這些問題前，我想先對父母提出一個問題：為什麼孩子得聽父母的話才行？

父母希望孩子聽自己的話，希望孩子「立刻」按照自己的話行動，並且認為這是天經地義的事。如果孩子不聽話，就以為孩子有問題。但是希望孩子聽話的根本原因，在於父母無法將自己和孩子區分開來。也就是不願意接受自己和孩子是不同的個體，彼此擁有不同想法的事實。

我們並不會如此強求配偶或朋友聽話，勉強他們與自己的想法契合、了解自己的心情。但是對孩子卻不是如此。我們的一言一語、任何命令，孩子都必須立刻跟隨。所以當孩子說出反抗的話、做出反抗的行為時，父母自然深受打擊。坦白說，這也隱含著父母將孩子視為自己所有物的想法。

在前例中，如果媽媽要幫孩子穿外套，只要走過去就行，而不是坐在原地呼喊孩子兩三次。站在孩子的立場來想，為什麼媽媽坐在原地沒事做，卻要正在忙的我走過去？其實媽媽心裡是擔心孩子不穿外套會感冒，但是孩子並不知道。

孩子不聽話的時候，父母的情緒各不相同。媽媽有時覺得被忽略，有時覺得難過，有時以為親密的親子關係出現裂痕，對此感到不安。**因為媽媽是懷胎十月將孩子生下的人，因此會比爸爸更難將孩子視為獨立的個體**。甚至以為孩子是我的分身，我的任何想法和情緒，孩子都應該心知肚明。這種想法實在荒唐。當孩子不聽話時，媽媽的心情總是五味雜陳，因為她們隱約感覺到孩子正與自己分離。孩子即將離我而去的想法，令人感到失落。

出於生物的本能，爸爸對此的想法會稍微不同。**當孩子不聽話的時候，爸爸之所以會感到怒氣湧上來，是因為覺得地位受到威脅。**在生物界或人類的任何一個組織內，都有上下位階的秩序。遵守位階秩序，才是該物種長久生存之道。對於爸爸而言，孩子不聽話代表破壞了位階秩序。潛意識認為這樣孩子未來無法與群體和平相處，也威脅了家族的存續。於是爸爸對孩子發火，就像獅子王對著違反規則的小獅子吼叫一樣。爸爸們總想著就算使用蠻力，也要讓孩子聽話。也因為以維持既有秩序為己任，喜歡時時強調規則。

那麼，孩子為什麼不肯聽父母的話？**孩子也有與生俱來的生物本能。人類天生具有不願受到任何人拘束的本能，希望建立自己專屬的領域。**因為希望以獨立的個體行動，自然不願意受到過度管控。就算只能走幾步路，幼兒也想推開媽媽的手，盡可能走遠，這便是本能的展現。也正因為如此，人類得以持續開拓與發展未知的新事物。

但是，人類至少得經過二十年的養育期，才能成為獨立的個體。於是在他們身上，並存著兩種矛盾的情緒，一是對獨立的渴望，二是對脫離群體的巨大恐懼。即使不斷走遠，也要時時確認父母是否還在自己的身邊；即使在遠處玩，也會忽然跑向父母討抱。

即使是追求獨立欲望最為旺盛的青少年期，一方面希望和父母分開得遠遠的，一方面又希望父母作為自己永遠的避風港。他們殷殷期盼父母永遠守護在自己身旁。

此時，**父母必須做好兩種情況的調適，理解孩子正出現這種雙重性格的情況，並且尊重孩子的兩種情緒**。在安全保護孩子的同時，也必須接受孩子基本上與我是不同的個體，想法和反應自然也不同的事實。唯有如此，孩子才能穩健而沒有偏差地長大。

當孩子遠離父母而再次回到身邊時，或是起初不肯聽話，一心反抗，最後卻要求父母的保護時，父母的反應不應該是「平常這麼不聽話，只有需要我的時候才來找我？你自己看著辦吧！」當孩子不聽話或是想離開父母時，也不應該對孩子說：「你為什麼這麼不聽媽媽的話？為什麼讓媽媽這麼傷心？」對此暗自神傷。如此一來，孩子將無法滿足自己想要獨立的欲望。一方面想要獨立，一方面又必須待在媽媽身邊，於是對媽媽的話感到自責：「我這麼做真的不對嗎？這樣會讓媽媽難過嗎？」但是隨著孩子逐漸長大，媽媽越是經常將「你的事自己看著辦」的話掛在嘴上。言行不一的態度，總令孩子無所適從。每當孩子離開父母身旁，忙著開拓自己的領域時，媽媽總是加強孩子的愧疚感；而當孩子停留在原地時，卻又指責孩子為何不思進步。

給孩子明確的規範與原則

過了三歲以後，孩子渴望獨立的欲望逐漸增強，張口動輒「不要」、「這件事我自己來」。這是渴望獨立的孩子，因為內在某種生物機制觸發而出現的極其自然的現象。但是可惜的是，孩子的這種獨立欲望，在父母眼中看來只是「固執」，有時甚至是「頑固」。因為孩子看起來不過是我行我素、毫無計劃的堅持己見罷了。然而站在孩子的立場，其實也只能如此，因為他們渴望獨立的欲望不斷湧現，卻不知道該如何解決。他們不知道什麼事該做、什麼事不該做，也不知道怎麼做才是正確的。

孩子當下最需要的，是父母為其設定明確的規範與原則，並且盡可能簡單說明原因，讓孩子得以遵守。

假設孩子在汽車或自行車往來頻繁的地方四處奔跑。此時，比起「媽媽不是說過別在這種地方亂跑？」的責備，不如明確給予規範，「在這個區域內可以盡情玩耍，但是越過那條線很危險」，並且簡單說明原因即可。如此一來，孩子便可在固定的區域內自在奔跑。如果不這麼說明，孩子只會感到困惑，究竟媽媽這句話是因為真的危險才叫我別亂跑，還是因為不想讓我離開身邊才這麼說。如果孩子的想法是後者，那麼不管媽媽說的話再怎麼重，孩子只會依照自己內在渴望獨立的本能行動，而不聽父母的話。

父母說明原則時，必須先同理孩子的想法，並且盡可能簡單，讓孩子容易遵守。「跑來跑去很好玩吧？那邊也有很多神奇有趣的東西吧？媽媽都懂。可是你看喔，這麼多自行車來來去去，汽車又開得這麼快。那裡太危險了，你在這裡玩就好。在這個範圍內隨你盡情跑跳。媽媽就坐在這裡看你玩。也許你玩得太開心了，不小心跨出了界線，那時候媽媽會跟你說『停！』。你就要站在原地喔。」可是當孩子想要多嘗試不同事物時，父母千萬不可隨意大喊「停！」。只有在真正危急的時刻大喊「停！」，孩子才懂得遵守基本的原則。

對於我行我素的孩子，如果不希望破壞他們和媽媽之間的關係，務必要避免善變和過度的限制。保持一貫的態度，明確教導他們希望規範的內容就好，但是不要限制太多。該放手的，就該放手讓孩子嘗試。這麼一來，孩子在遵守規範的同時，也不會有所不滿。此時，孩子心中想的是：「原來遵守規範不是一件傷害自尊心的事，而是為了與所有人和平共處，非得這麼做不可的事。」在非得設限不可的事情外，如果連芝麻綠豆大的小事也一一設限，毫無一貫的標準，只會讓孩子每件事都想贏過父母。

孩子進入青少年期後，經常因為返家時間與父母發生衝突。假設規定的返家時間為九點。有些父母因為孩子九點十五分回到家，便氣得跳腳。當孩子九點多回到家時，父母應該多一些諒解。當然，如果要求孩子五點回家，到了十點才踏進家門，就另當別論。對於子女晚歸，父母應先耐心地詢問原因。如果孩子說：「今天公車比較晚來。」只要告訴孩子：「原來如此。下次記得算好等公車的時間喔。」

如果規定過於嚴苛，當規定無法被遵守時，又會出現新的規定。例如比返家時間晚十分鐘到家，因而禁止孩子一個星期不得外出。如此只會養成反抗規定的孩子，而非順從規定的孩子。

幼兒期的孩子也是如此。孩子不聽話的時候，最令父母困擾。這種時候，父母可能對孩子心生厭煩。即使是自己的孩子，也不是一年三百六十五天、一天二十四小時都覺得這麼可愛。父母不必因為出現厭惡的情緒而感到自責。再怎麼與父母關係良好的孩子，也會有那麼偶爾、短暫的時間令人討厭。不過，只要父母理解這是孩子在成長、發育，以及開拓自己獨立的領域時，必須反覆經歷的過程，或許就能稍稍減少討厭孩子的情緒。

過了兩歲以後，孩子開始不聽父母的話，這是非常自然的事。只要不是太嚴重的行為，父母只要設定明確的原則，並且從旁指導即可。有些孩子面對極其微小的瑣事，也無法做出決定，得一一向父母請示。「媽媽，我可以喝水嗎？」「媽媽，我可以去廁所嗎？」「媽媽，我可以吃一個這個嗎？」就連不必問的事情，也要一一詢問。從兩歲或三歲起，隨著自主性的形成，自然而然每件事都想親自嘗試，但是這個時期連生活瑣事都無法決定的孩子，其實和過度我行我素的孩子一樣，都是相當嚴重的問題。因為這代表了自信心和信賴感嚴重低落。如果自信心和信賴感低落，對於自己的決定將產生懷疑，於是頻頻求助於比自己懂得更多、在這種情況下更有能力負責的人。這和責任感也有關係。因為孩子詢問父母過後所做的事情，並非出於個人決定，即使出了差錯，責任也不在自己。他們會說：「都是媽媽的錯。」

為什麼孩子會缺乏自信心和信賴感？首先可以想到的情況，是孩子本身較容易不安。至於第二種情況，則是孩子與父母間的親子問題。當媽媽不太能容許孩子犯錯時，就可能出現上述的情況。對於孩子微不足道的錯誤，如果媽媽給予嚴厲的責備，當然會養成孩子察言觀色的習慣。就算自己想要嘗試，一旦失敗，只會落得賠了夫人又折兵的窘境，倒不如每件事都問媽媽。即使父母對孩子反應冷淡，孩子仍會纏著父母問個不停。

當孩子詢問：「媽媽，我可以做這件事嗎？」媽媽應該回答：「嗯，可以做。下次你想做這件事的時候，就自己做吧。」可是如果父母總是反應冷淡，好的時候不在乎，不好的時候也不在乎，表情和反應都沒有太大變化，那麼孩子將無從建構進行這件事的標準。

小朋友問我：「醫生，這個可以喝嗎？」的時候，我會告訴他們：「醫生給你的飲料，就是讓你喝的。你儘管喝，喜歡就多喝一點，不喜歡就放著。下次也是這樣。」唯有如此，孩子才能掌握標準。如果孩子過不久又問：「可以多喝一點嗎？」不妨反問孩子：「剛才醫生說什麼？」「可以多喝一點。」「沒錯。」如此一來，孩子才能累積自己的決定被對方認同的經驗。在家庭中也是如此。當孩子問：「媽媽，我可以喝水嗎？」的時候，只要反問他們：「你覺得呢？」引導孩子回答：「口渴了就要喝水呀。」再告訴他們：「沒錯，下次根本不必問媽媽的。」如果對孩子說：「嗯，可以喝。」終究只是由媽媽做決定。**對於孩子可以自行決定的事情，父母必須在對話中引導他們成為最終決策者。如此才能培養孩子的獨立心、責任感與自我主導能力。**

即使是在幼兒期，也有許多不必與父母商量的事情。對於這些事情，父母只要告訴孩子：「你自己決定就好。你想怎麼做就怎麼做。」挑選衣服穿的時候也是。「媽媽，我要穿這件嗎，還是穿那件？」這時候請告訴孩子：「你自己決定。」如果孩子手上拿的衣服不符合季節，只要稍微提醒孩子：「今天的天氣穿那件衣服，不會有點冷嗎？」孩子可能堅持：「我一定要穿這件！」這時，不少媽媽會用恐嚇的語氣說：「你穿那件衣服出門，等一下又要感冒了。如果感冒了，鼻水會流個不停，還會發燒，這樣要到醫院打針喔。」當這樣的對話一再出現，年紀越小的孩子，越是害怕得不知所措，無法對自己的決定產生信心。如果孩子堅持要穿不符合季節的衣服，不妨建議孩子：「那麼帶上一件外套吧。覺得冷的時候再拿出來穿。」如此一來，孩子在自己的決定被接受的同時，也累積了正面看待原則的經驗。**讓孩子在日常生活中，自然學習到這個原則不是為了壓抑自己，而是為了自己好的安排。**

為什麼對孩子大小聲，還是不聽話？

難得全家人一起去遊樂園玩。有一家賣棉花糖的商店，看了令人垂涎三尺。美麗的棉花糖吸引不少人潮，大排長龍的人等著購買。孩子一看見棉花糖，立刻吵著要買來吃。雖然告訴孩子人太多，得等上一段時間才行，孩子也堅持非買不可。「不行！」話才說完，孩子立刻躺在地上耍賴。有些孩子就像這樣，總是不肯遵守規則。有時在幼稚園裡，其他小朋友都乖乖聽從老師的引導，他們卻我行我素、惹事生非。如果限制他的行動，還會對身旁小朋友生氣，甚至在老師面前表現出不耐煩的樣子。

孩子為什麼會變成這樣？這必須從許多方面來看，不過大致可以分為以下三種原因。**首先是孩子原本就較為敏感**。任何人在下達某個指示或進行說明時，通常會加入個人的情緒，而不是像機器人一樣，面無表情、一板一眼地說：「請、坐、在、這、裡。」有些老師口氣較直接，「快過來。快點坐下來！」有些老師口氣較溫柔，「各位小朋友，快點過來喔。」任何人在說話時，必然像這樣帶著某種情緒，可是有些孩子對這樣的情緒過度敏感。當說話者的面部表情不符合我的期待，或是說話者的聲音較大時，便以為是對自己發動攻擊。所以立刻採取敵對的態度。

人們在制止或禁止對方行動時，所說的「不行」或「不可以」，語氣較「可以做」或「做了無妨」稍微強烈。較敏感的孩子們，在思考「為什麼不能做那件事」之前，最先感受到他人說出「不行」時的情緒影響。於是心情大受打擊，以為對方討厭自己、對自己發脾氣。於是採取敵對的姿態，開啟「我不要聽」的模式。其實面對這種孩子非常棘手。下禁令的時候，總不可能輕聲細語地說：「王子殿下，這樣不行喔。」天生過度敏感的孩子，必須視情況尋求專業的治療。如果情況不嚴重，**父母應隨時溫柔地向孩子說明：沒有人能夠永遠以和善的表情和聲音對他們說話。**

第二是孩子的作為常常得不到父母的接納。為了避免孩子未來變成沒有教養的人，部分父母採取過於嚴厲、苛刻的教育方式，如此一來，說「不行」的次數自然增加。真正需要對孩子說「不行」的時候，必須語氣堅定，也應避免頻繁使用說「不行」的時刻，否則孩子將討厭遵守規則。討厭遵守規則的孩子，與其說他們刻意做出父母禁止的行為，不如說是不願輸給父母的想法作祟。

第三是父母平時對孩子就過度放縱。當父母總讓孩子為所欲為時，孩子就不會學到「爸爸媽媽雖然愛我、疼我，但是也有可能無法滿足我的需求」。所以當幼稚園老師設定原則，告訴孩子「世俊啊，現在不是自由玩耍的時間，不可以拿玩具玩喔」的時候，孩子立刻產生老師不喜歡自己的想法。因為在他們心中，已經存在「不讓我為所欲為，等於不愛我」的公式。

無條件接受孩子的一切，允許孩子做任何事，並非都是好事。此舉可能讓孩子種下錯誤的觀念，也可能讓孩子為了驗證對方的愛，而在不必要的事情上固執己見。這些孩子長大成人後，面對一點雞毛蒜皮的小事都會造成他們極大的壓力。例如在某個場所內，有人說「這裡不可以坐」的時候，一般人的回應是「啊，好的」，而他們卻容易心生不滿，嘀咕「吼……真是的」。

自尊心受傷，才是孩子聽不進的主因

有些孩子起初吵著非得按照自己的意思做不可，但是中途出了差錯，或是事情發展不順利時，便暴跳如雷。假設孩子正在玩積木，零件怎麼也組裝不起來，因而感到煩躁。媽媽過來看，原來是孩子一直試圖打開玩具汽車上打不開的車門。孩子要媽媽幫忙打開車門，媽媽對孩子說：「你看這裡。玩具車上只有車門的圖案，打不開的。拿別的玩具玩吧。」但是媽媽話才說完，孩子立刻暴怒，大吼「這個不能玩啊！買新的給我」。

這種時候，父母應明確給予指示：「你已經有很多積木了。拿你有的玩具玩。我不會買給你，也不可能買給你。」孩子如果放聲大哭，就讓孩子哭到停下來為止。不管孩子立刻停止哭泣，還是哭了好一陣子才停，或是高聲尖叫，都隨孩子去。父母必須耐心等到孩子停止哭泣。在等待的同時，一邊耐心指示。還有，千萬不可順從孩子的願望買玩具給他們。

孩子可能覺得煩躁，大吼「這不能玩！」，將玩具丟得滿地都是。這時應該重新給予指示：「不可以發脾氣就到處亂丟玩具。把剛才丟掉的玩具撿回來。」孩子這時可能大叫「不要！我不要！」那麼父母只要繼續要求孩子把玩具拿回來即可。

當孩子拒絕配合時，如果父母說：「為什麼不要？你不要的話，媽媽以後什麼事也不幫你了。你這麼不聽媽媽的話，媽媽也不煮飯給你吃了……。」這是非常不必要的反應。給予指示後，父母必須耐心等待，直到孩子完全平靜下來。如果持續做出不必要的反應，親子關係將逐漸惡化。

我在診療室也經常見到這樣的孩子。在與家長面談時，通常會讓孩子在診療室外玩。有些孩子在等待的時候，會畫畫或拿積木等玩具玩，中途稍有不順，便失控大吼「吼唷」，在圖畫紙上用力畫上潦草的線條，或是拿起玩具亂丟。此時，父母千萬不可以用同樣暴怒的情緒來回應孩子。這時候需要的，同樣是指示與規範。**父母應明確告訴孩子，即使不開心，也不可以隨便做出某些行為。**

這時，我會問孩子：「有什麼問題嗎？醫生來幫你好嗎？」有些孩子甚至對我發牢騷，說：「唉唷，這個沒辦法玩啊。請您買好一點的東西放這裡吧！」「好呀，可是看起來這沒壞掉吧？」我接著發問。「喔，這個不好裝上去啊！」「玩具玩到一半組裝不起來，一定覺得很不開心吧。可是不能因為這樣亂丟玩具啊。不能心情不好就亂丟東西，這不是解決問題的好辦法。」令人意外的是，原本怒氣沖沖的孩子，就算沒有心服口服，也會回應我「知道了」。他們知道不能因為生氣，而亂丟或破壞和其他小朋友一起玩的玩具。

對於孩子過度負面的、極端的情緒，大人應避免出現同樣的反應，孩子才能學到如何調節情緒或克制為所欲為的行為。

一位爸爸曾找我諮詢，尋求協助。他說孩子吵著要買組裝玩具，所以買給孩子玩。但是不管爸爸怎麼要求孩子按照說明書一步步來，孩子也不肯聽，自己隨心所欲地組裝，最後把玩具弄壞了。不料孩子卻耍賴，反過來指責都是爸爸的錯。對於孩子荒唐的行為，爸爸瞬間失控，氣得大吼：「知道了！知道了！現在起都不和你玩了。這些玩具都拿去丟掉。」孩子當場嚎啕大哭，鬧得不可開交，妻子也責備自己怎麼不幫孩子組裝玩具，還弄哭孩子。這位爸爸說，這種時候真不知道該如何是好。

這種情況下，孩子做了不該做的行為，確實需要給予正確指引，但有個更重要的思考點。**那就是在遊戲情境中，最重要的是「與孩子歡樂的互動」，而非偉大的成果。**

孩子有時會堅持挑戰自己難以辦到的任務。這種時候，爸爸只需要提示孩子下一個步驟的動作，並稍微等待孩子。「圖片上是長成這樣的，爸爸覺得那樣可能組裝不起來喔？」「才不會，一定是的。我自己來。」那麼只要告訴孩子：「好吧，你自己試看看，如果這個地方裝錯了，那下一個步驟就會出錯。到時候可不能生氣喔？」耐心等待孩子。等待的同時，別忘了告訴孩子：「如果需要爸爸幫忙，隨時跟我說。」如此一來，就算組裝得不順利，也不會傷了孩子的自尊心。組裝不起來的時候，再乖乖向爸爸尋求幫助即可。

在教導孩子時，即使是自己的子女，也不可以傷了他們的自尊心。一旦自尊心受傷，孩子非但不願依照指示，更不願從這個人身上學到任何東西。但是多數的爸爸，總是邊說：「喂，那樣不對啦。你做不來的，拿來給我！爸爸做給你的更好！」一邊將孩子正在做的東西搶過來。

假設孩子自己動手做，不小心弄壞了玩具的某一邊翅膀，這時不應該說：「都是你把翅膀弄壞了！」而是要說：「這個已經壞掉了，就先放著。另一邊翅膀按照說明書的指示重做一遍吧，看看要怎麼修改。」讓孩子按部就班將另一邊翅膀組裝好。孩子接著可能指著已經弄壞的翅膀，吵著要爸爸「把這個也修理好！」那時請堅定地告訴孩子：「這個已經卡死了，沒辦法拆開。」孩子可能邊哭邊鬧，說：「不行，一定要恢復原狀！」這種時候，爸爸不可以說：「這都是你造成的，不然是我弄的嗎？」在孩子受傷的心靈上火上加油。有些爸爸為了壓過孩子的固執，以嚴厲的口氣對孩子說：「你再這樣的話，以後爸爸不會再買玩具給你。」

在這種情況下，最好的辦法是告訴孩子：「有點可惜呢。你嘗試的方法也很棒，但是如果想做得跟盒子內的模型一模一樣，按照說明書組裝也是一個好辦法喔。」也可以說：「如果想要做出你想像中的樣子，就照你的意思組裝看看吧。但是做出來的結果，很可能跟圖片上的樣子不一樣，也可能故障。就算是這樣，只要你開心就好了呀。」

當孩子依照自己的想法進行而導致結果出錯時，千萬不可以像是孩子犯了大錯一樣嚴厲指責。情感較脆弱的孩子，下次絕對不會再主動嘗試，反倒會事事都要求「爸爸幫我用」。組裝玩具時弄壞玩具，也不是什麼不可饒恕的事。挑戰失敗再多次也無妨。可是不少爸爸在面對需要組裝、拼貼的玩具時，個性卻變得跟孩子一樣，和孩子吵得不可開交。他們只要開始動手做，便專注在做出完美的成果。如此一來，眼裡自然看不見孩子。整個人全心全意投入其中，和孩子沒有任何互動，不和孩子一起分享。

我有時會問這些爸爸：「組裝玩具是給爸爸玩的嗎？」所有人都回答不是。如果不是，爸爸就應該和孩子一起玩才是。玩具只是玩具，重要的是和孩子這段時間玩得多愉快。一邊翅膀壞掉又如何，整組壞掉又如何？翅膀收得起來，或者收不起來，又有什麼關係？只要讓孩子在這個過程中，學到「如果有附說明書，最有效率的方法是按照說明書的指示組裝」的道理，就夠了。

＼ Think about parenting ❷ ／

與其轉移注意力，不如將原則說清楚

有些孩子看到玩具，會立刻吵著要父母買。於是父母會和孩子約法三章：「這次買，下次就不能買了喔。」但是下一次新的玩具出現在孩子眼前時，孩子又躺在地上耍賴，吵著非買不可。如果父母已經說好不買，就應該堅持到底。無論孩子再怎麼吼叫、哭鬧、打滾、跺腳，都要堅持不買的原則。這是教導孩子不是看到什麼東西就可以買的重要教育，也明確揭示父母說過的話一定貫徹到底的原則。

父母此時千萬不可對孩子言聽計從，或是欺騙孩子、設巧使詐，甚至以暴力脅迫。例如打開皮夾給孩子看，說：「媽媽沒錢。」或是拐彎抹角告訴孩子：「去叫爸爸買，媽媽沒辦法買給你。」「你看看這要多少錢啊？這個太貴了，買旁邊那個五十元的就好了。」用這些方法逃避孩子的要求，都是不適當的行為。

有些父母會急著以其他事物吸引孩子的目光，藉此轉移孩子的焦點。也許這樣可以達到不必買東西給孩子的目的，不過對孩子而言，便無法從這個事件中學習經驗。購買玩具的人是誰、價格便宜抑或昂貴、有沒有錢等的問題，都不應該是用來說服孩子的藉口。如果有心教導孩子不可以看到什麼就買什麼的習慣，父母務必將此原則明確告訴孩子才行。

Solution 3

孩子會頂嘴、打人、亂丟、吐口水

「當孩子出現攻擊行為時」

CASE

俊秀（四歲）在幼稚園裡似乎沒有特別要好的朋友，媽媽相當擔心，所以特別邀請俊秀曾經提過一兩次的同班同學碩載，今天下午到家裡來玩。從來沒有朋友來家裡玩過的俊秀，一開始異常熱情地對待碩載。媽媽總算放了心，和碩載媽媽在客廳享用點心。

不料過了十分鐘，碩載像是逃命似地跑到客廳來。碩載懷中抱著的，是俊秀最寶貝的汽車玩具。俊秀媽媽忽然出現一絲不祥的預感。說時遲那時快，緊跟在後的俊秀向碩載揮了一拳，將碩載打倒後，搶走他懷中的汽車。碩載立刻放聲大哭。俊秀媽媽瞥見碩載媽媽瞬間僵住的表情。

「俊秀媽媽，我看今天就先到這裡吧。其實剛才我還在猶豫要不要告訴你，俊秀在幼稚園裡對其他小朋友也不太禮貌，碩載以前也被欺負過幾次。」

「真的嗎？唉呀，這種事您早該告訴我的。對不起，真的很抱歉。」

俊秀媽媽的臉忽然漲紅，連連低頭道歉。碩載媽媽牽起碩載的手，急急忙忙離開。

這些情況大致在俊秀媽媽的預料之中。因為最近俊秀只要一遇到不合己意的情況時，每次都以暴力解決。上次也是，才對俊秀說不可以亂來，竟然舉起雙手猛打媽媽。媽媽以極為嚴厲的眼神盯著俊秀。

「盧俊秀，你給我過來！你為什麼這樣？朋友正在玩的玩具，可以這樣亂打人再搶過來嗎？你這樣其他小朋友肯和你玩嗎？」

俊秀一點也沒有要反省的樣子，反倒理直氣壯地生氣。

在攻擊行為下，孩子隱藏著怒氣

當知道孩子會出現攻擊行為的時候，父母一定非常慌張。尤其像俊秀媽媽一樣，面對著對方小朋友的媽媽的情況下，更是難堪。不但雙方誤解加深，甚至讓人開始擔心起孩子二十年後的未來。

有些父母會對有攻擊行為的子女大發雷霆，甚至怒斥：「你想當流氓嗎？這樣你以後會被抓去關起來！」幾年前，韓國曾發生過一位班長在軍隊裡開槍掃射，造成五名同袍死亡的事件。那時候我遇見的父母，只要子女出現攻擊性行為，總擔心孩子要是變成像那位班長一樣，該如何是好。因為孩子心情不好就亂丟東西、隨意打人的模樣，使父母們聯想起那位班長的行徑。

當孩子頻繁出現攻擊行為時，確實需要擔憂孩子長大成人後，可能出現反社會的性格。但是相較於此，有一個問題更值得我們省思。為什麼這麼小的孩子，會出現那樣強烈的「怒氣」？而如此幼小的心靈，卻承受著巨大的怒氣，又是多麼的難受？

孩子的攻擊性經常表現在頂撞、摔東西、打人、吐口水、使勁狂捏、辱罵、吼叫、大哭、拉扯頭髮、猛抓等行為。但是在這些行為底下，隱藏著「怒氣」與「憤怒」的情緒。**想要根除孩子的攻擊行為，應審慎思考孩子憤怒的情緒何時會被誘發出來。**

首先必須檢視的是，孩子是否常有受到委屈，或是情緒不滿的情況。在家經常被罵、被打，或是父母經常吵架，這些恐懼的經驗都可能讓孩子心中累積大量「怒氣」。如果家庭環境本身充斥著暴力，或對孩子施加嚴重的體罰，孩子必然會感到自己時時刻刻受到攻擊。所以為了保護自己而展開防禦措施，本能地對每件事採取攻擊的行為。如果有誰敢動自己的東西，一律先打再說。又或者在他人攻擊自己之前，先向對方吐口水。任何人被吐口水時，肯定先逃開以免遭受口水攻擊。換言之，吐口水是為了不讓對方進入自己領域的防禦行為。

第二個必須思考的是，「這個行為是不是從我身上學來的？」其實這些事事動輒發怒的孩子，他們的父母大多比孩子更缺乏耐心。在路上，有誰撞了自己就掉頭走掉，就會很生氣，凡事不順利也很容易生氣，父母雙方如果都是這樣的性格，孩子自然不必說；如果只有其中一人特別容易煩躁，或是動輒出口三字經、怒氣沖沖，那麼孩子就很有可能學到有所不滿時，可以用這種方式表達。

第三，「會不會是我刺激到孩子了？」天生敏感的孩子，即使在相同的情況下，也比其他人更容易受到情感上的刺激。對於這樣的子女，父母如果過度干涉、不斷吼叫與發怒，孩子的問題將更加嚴重。因為這種先天特質，最後可能發展為很嚴重的疾病。

第四個必須思考的是，「我家孩子是不是有些性急？」這些孩子看見朋友手上的玩具，不會問「可不可以借我玩」，而是在想要玩的當下，就立刻從對方手中搶過來。他們不懂得按部就班處理事情，所以有任何問題無法速戰速決時，「怒氣」會立刻被誘發出來。這些孩子的性格，其實大致與父母相似。

最後是孩子不知道該如何表達興奮的情緒，而出現攻擊行為的情況。雖然這樣的情況並不多見，不過這些孩子一高興起來，可能亂咬父母或朋友的身體，或是隨意拍打對方的臉，這都是情緒收納袋過小的孩子會出現的情況。

偶爾有父母問我：「醫生，我家孩子好像本來就特別容易失控、發脾氣。」其實用「失控和發脾氣」來形容孩子，並不是很恰當。因為孩子仍處於情感發展尚未成熟的狀態，還在學習如何表達情緒與發展情緒的過程中。只能說他們至今沒有真正學過如何適當、多元地表達不滿的情緒。因此，**發現孩子較容易發怒時，父母的首要任務便是創造一個可以適當表達情緒的安全環境，並教導他們表達情緒的方法。**

在韓國〈我家孩子改變了〉的電視節目中，我曾經見到一位被稱為村中小流氓的小女孩（五歲）。不但滿口髒話、隨意毆打路邊的小朋友，甚至在餐廳裡四處跑跳胡鬧，在超市裡吵著要大人買東西給她。不只是在外如此，孩子的攻擊行為在家中持續上演。她會對媽媽大吼大叫、口出惡言、亂丟東西，對爸爸也是。孩子大聲尖叫的時候，整個脖子布滿了青筋。不過是五歲的孩子，究竟為什麼會這樣呢？即使嘗試進行心理檢查，仍宣告失敗。小女孩不但攻擊第一次見面的治療師，甚至抓起檢查室內的物品丟向攝影師，並且將檢查表撕得破碎。

在我親自與小女孩面談後，得出這樣的結果：孩子的攻擊性來自於父母。這位小女孩總是被拿來和文靜乖巧的姊姊相比，也經常被父母責罵，說她欺負未滿一歲的妹妹。犯了一點小錯，便立刻受到嚴厲的指責與體罰。父母不但沒有教導她如何表達不滿的情緒，更時時刻刻製造讓孩子產生不滿情緒的情況，並且以不當的言語和暴力管教孩子。換言之，這正是培養具有攻擊性的孩子最佳的環境。

幸好這位小女孩在數週內改變了。父母收起暴力行為，用充滿關愛的方式與孩子對話，並且教導孩子何謂錯誤的行為。於是她在短短數週內，轉變為讓人幾乎認不出來的乖孩子。

當孩子失控時，心裡更不好受

父母不能因為孩子帶有「憤怒」的情緒，以此為由教訓或處罰孩子。我們必須尊敬與理解孩子感受到的所有情緒。唯有如此，才能避免孩子出現扭曲不當的行為，發展出更多元且適切的情緒。

例如前例中的俊秀，媽媽應該等到孩子離開後，在平靜的氣氛下詢問孩子為什麼打人。如果孩子說：「那是我的玩具，是他不還給我的。」可以反問：「因為朋友把你的東西拿去玩，所以怕被他搶走嗎？」如果孩子點頭，不妨先對孩子說：「原來如此。但是這種時候打朋友是不對的。」**先認同孩子的情緒，再教導孩子哪些行為是在任何情況下都不可以做的**。也許孩子會問：「我已經叫他還我了，他還是不還我，我該怎麼辦？」這時請回答孩子：「先跟他說：『這是我的東西，請還給我。』如果對方還是不還，你去告訴大人就可以了。反正他離開的時候，一定會把玩具留下來的。媽媽不會讓他把玩具帶走。所以以後有朋友來家裡玩，你就讓他們盡量玩吧。」詳細告訴孩子解決問題的方法。

孩子可能會說：「我不想要讓朋友玩我的玩具！」這時可以這樣回答：「那麼下次朋友來家裡玩的時候，先把你最寶貝的玩具放進箱子裡，再放到高處。剩下的玩具，就和朋友一起玩。」或是平時告訴孩子：「如果你經常做出朋友討厭的行為，就很難和朋友玩得開心吧？你去朋友家玩的時候，不是也喜歡願意和你一起分享玩具的朋友嗎？」

「你那樣會被朋友討厭！」「你那樣想的話，老師會討厭你！」這種話並不恰當。有些大人因為害怕自己稍微表現出負面的情緒，會因此與他人爭吵或破壞彼此的關係，於是過度迎合對方。**如果父母經常告誡孩子：「你這樣有誰會喜歡你？」或是「這麼做會被討厭！」藉此矯正孩子的行為，那麼孩子就有可能變成這樣的大人**。如果孩子不想把自己的東西借給別人，不必勉強孩子借給別人。當孩子說「我絕對不借」的時候，請告訴孩子：「如果不想借給別人，就直接說不想借。」孩子可能會說：「如果朋友不開心呢？」這時再告訴孩子：「那是朋友的想法。如果你真的不想借，那就直說無妨。但是朋友原本玩得好好的玩具，你去搶回來，還推了朋友一下，就是你的不對了。」

在大人眼中看來，孩子有時因為一些無傷大雅的事情而生氣。但是對孩子而言，確實有必要生氣的原因。這時，千萬不可責備孩子：「朋友哪會把你的玩具帶走？你只是不想借給別人玩，拿那些話當你打人的藉口吧。」想要減少孩子的攻擊行為，就必須幫助孩子根除最根本的「怒氣」。

藉由認同情緒的方式，可以減少孩子的怒氣。發揮同理心是站在普遍的情感與常理的基礎上，試圖理解對方的行為。即使沒有親身經歷過，也能與對方感同身受。你可以對孩子說：「原來你是怕朋友把玩具拿走啊。唉呀，如果真的被拿走了，你一定很難過吧。因為你很喜歡那個玩具嘛！」便是同理心的表現。充分同理孩子的情緒後，仍必須告訴孩子：「就算這樣，也不可以做出打人的行為。」

當孩子犯錯，應先同理他的心情

當孩子無意間犯下某些錯誤時，應先同理孩子的情緒。假設孩子正在組裝積木，因為數度失敗，憤而亂丟積木。豈料積木差點砸中沉睡中的妹妹的額頭。比起責罵孩子：

「喂！你差點砸到妹妹啦。為什麼亂丟積木？」不如先理解孩子的心情，問孩子：「發生什麼事了？」如果孩子說：「積木都拼不起來。」這時可以回答：「積木拼不起來，所以讓你不開心啊。就算這樣，也不可以因為心情差就亂丟東西喔。」孩子也許會說：「那我該怎麼辦？我就不開心啊！」「不開心的話，你可以跟媽媽說：『媽媽，這個拼不起來，我很生氣！』不可以因為不開心就亂丟東西呀。你看喔，因為你亂丟積木，差點砸到妹妹了吧。你是因為想欺負妹妹才丟的嗎？」「不是。」「我知道。可是妹妹卻可能因此受傷。所以不可以因為生氣就亂丟東西。」

孩子可能會問：「那套圈圈呢？」這時應教導孩子：「沒關係，那是遊戲呀。而且現在不是在玩遊戲吧。不可以因為生氣就亂丟東西。我們急著想要完成一件事的時候，當然會生氣。但是再怎麼生氣，亂丟東西就是不對。」甚至可以教孩子生氣時，用言語表達「媽媽，我很生氣」。如果孩子問：「媽媽你也會生氣嗎？」可以反問孩子：「當然，媽媽也有生氣的時候。可是媽媽生氣的時候，會亂丟鍋子嗎？不會吧！絕對不可以亂丟東西。」

如果已經像這樣反覆說明數次，孩子依然持續犯下同樣的錯誤，就必須更誠懇地與孩子溝通。既然父母理解孩子憤怒的情緒，孩子也知道何謂正確與錯誤的方式，為什麼不見改變的成效？與其對孩子大吼：「我跟你說過多少次了？真的要我罵你才會聽嗎？」**不如仔細傾聽孩子的心情，掌握孩子未能改變的原因。聽孩子把話說完，不要中**

途打斷。父母必須和孩子面對面，共同思考能讓孩子更容易做到的方法。如果到目前為止試過的方法皆宣告失敗，再也無計可施時，應向專家尋求解決之道。

不過，有一個相當矛盾的現象。面對即將出現攻擊行為的孩子，大人們經常告誡他們：「君子動口不動手，不可以亂打人。」但是當孩子真正出現攻擊行為時，父母卻不用言語教導，而經常以「攻擊」的方式教導。他們抱著「我一定要好好改掉你這個行為」的想法，面對孩子怒不可遏，抓起棍子猛打。有時甚至沒有具體說明為什麼要處罰他們，只是一股勁地發怒，一邊大罵「你這個壞孩子」，以為這樣就是教育孩子了。這並不是教育，只是和孩子的攻擊行為沒有兩樣，甚至是讓問題變得更為嚴重的另一種暴力行為。

孩子無法消化心中憤怒的情緒，才會出現攻擊行為。但是在孩子面前，體型比孩子大上數倍的父母，卻對孩子發動攻擊，更增加了孩子的憤怒。如此一來，孩子只會變得更有攻擊性。也許孩子在父母面前因為恐懼而暫時有所收斂，然而在比自己弱小的人面前，將表現出更具攻擊性的行為。

我們無法消除人類與生俱來的負面情緒，負面情緒亦有其存在的價值。當父母對孩子的怒氣反應過度時，孩子心中的想法是：「只要我不開心或生氣，就會招來慘痛的教訓」，日後孩子將無法自然、真實地表露憤怒的情緒。當這種情緒一點一滴累積在心中，直到再也無法承受的某個時刻，將瞬間爆發出來。於是在此過程中，孩子逐漸變成動不動就愛發脾氣。

不久前，一位媽媽帶著小學二年級的女兒來到我的門診。媽媽對於容易煩躁且過度神經質的女兒束手無策，不管怎麼發脾氣，孩子的個性就是改不過來。我和孩子聊了幾句，發現孩子說話相當沉穩。過了一會兒，我問女孩：「你在學校和誰最要好？」她回答有三個，但是最後一位朋友的名字我沒有聽清楚。「是金泰希嗎？」我問。「不是。是金泰喜。」她又說了一遍，但是發音不太正確。「金泰宜？」我再次問道。孩子這時忽然變臉，提高音量回答：「是金泰喜。金！泰！喜！」我對孩子說：「喔，是金泰喜呀。你也不必發這麼大的脾氣呀。」「我不是生氣，是醫生沒聽清楚啊……。」「醫生不會在意的，但是其他人可能以為你在生氣，搞不好會因為這一點小事而和你吵起來喔。」待我說完後，孩子才回答「是」。**不以憤怒回應憤怒，才可以避免讓孩子繼續累積憤怒。**

讓孩子知道「力量」與「暴力」的不同

假設有三、四位小朋友成群結黨，正在欺負你的孩子。你希望自己的孩子有什麼樣的反應？這時候應該反擊回去，讓對方知道：「喔，你看這傢伙，還以為他只會被打，想不到還會反擊。」使他們知難而退。雖然先使用暴力是不對的，但是有時也會遭遇不當的攻擊。如果被打了三次，至少也要反擊一次，讓對方見識到「原來你的力氣也不小啊」。這就是力量的平衡。

有能力達到力量平衡的人所表現出的正當防衛，以及其頑強的耐力，稱為「攻擊能力」。攻擊能力正是一個人之所以能打破舊規、活出自我生命的關鍵能量。唯有適度發展攻擊能力，才能保護自我免受他人的攻擊，開拓與推展新的視野，再怎麼辛苦都能咬牙苦撐。唯有發展成熟的攻擊能力，才能與他人達到力量的平衡，在任何關係中都能維持對等、安全的關係。

出生六個月左右的幼兒，會開始出現啃咬的行為。看到眼前軟綿綿的玩具，滿腦子想著：「咬咬看這個吧？」一坐下來玩，立刻把東西丟得到處都是。有時聽見物品「哐啷」掉落的聲音，還會開心地咯咯笑個不停。這是孩子攻擊能力萌芽的時期。在此過程中發展出的攻擊能力，蘊含著為自我創造新生的、富有創意的內在動能。所以，如果有任何人干涉或妨礙我的某種想法、我的人生、我所渴望的事物，自然會質疑對方：「為什麼要這麼做？」

攻擊能力是一個人立足於世界的力量與原動力。它可使人活出積極進取的人生，即使遭遇挫折或任何阻礙因素，這股力量仍會支持我們按照自己的想法開創人生。同時，攻擊能力也是保護我們與家人、以及所珍惜的一切的力量。因此自原始人時代起，與外界對抗、殺戮的男性，其攻擊能力的一面也較女性發達。

攻擊能力是人類必備的，同時也是必須發展的力量。**如果孩子的攻擊能力發展不夠成熟，就可能變成具有嚴重攻擊性或過度退縮的人。**攻擊與退縮猶如硬幣的一體兩面。一直以來只表現出其中一種面貌的人，也許會在某一瞬間表現出另外一面。看起來總是畏畏縮縮的人，也可能犯下超乎眾人預料的恐怖攻擊行為。甚至也有人會反覆出現兩種面貌。

影響孩子攻擊能力發展最深的，便是父母。父母可以具有攻擊能力，但是不可以具有攻擊性。我們可以用保護自己與家人的正當理由，向敵對的一方提出抗議，但是因為無法克制自我情緒而做出的攻擊行為，則是不被社會接受的行為。而且當父母具有嚴重的攻擊性時，孩子便無法適當發展其攻擊能力。

即使孩子具有攻擊性，父母也不應該因此對孩子施加暴力，因為父母的角色是疼愛子女且保護子女。遇上強盜或小偷時，可能對我們造成威脅，但是當父母具有攻擊性時，孩子只會更害怕這個世界。所以父母將怒氣發洩在孩子身上時，將導致孩子越加憤怒。父母施加在孩子身上的一點刺激，對孩子而言猶如一支長箭。如果拔起這支深深插在身上的箭，尚未癒合的傷口因受到刺激，反倒更加痛苦。拔起來也不是，置之不理也不是，於是孩子將在無人知曉的悲痛中發出哀鳴，如此度過一生。

身為父母千萬不可忘記，**當孩子出現攻擊行為時，如果父母一時失去理智，激動地大吼、瘋狂地四處找棍子，孩子將無法健全發展攻擊能力，最後成為徒具攻擊性的孩子。**

部分父母會以攻擊行為懲罰具有攻擊性的孩子，對此我想特別說明。孩子的攻擊行為，多數是在情緒及攻擊能力發展成熟的過程中，暫時出現的正常現象。但是身為父母的人，已經是發展成熟的成人，卻依然在與他人的關係中高聲爭執、使用暴力，那麼這種錯誤的行為充其量只是虛張聲勢、虛假的強悍。經過深入分析，多數具有攻擊性的人，其實都是弱者。因為不願意暴露自己的軟弱，甚至不肯面對自己的軟弱，於是故作強悍。再說大人攻擊小孩的行為，更證明了大人的軟弱。

越是懂得教養子女的人，越不容易生氣；越是沒有能力教養子女的人，越容易憤怒、厭煩。在教養子女的過程中，父母如果經常生氣或失控暴怒，就必須檢視自己的教養方式有無問題，而不是抓孩子來發洩。比起責怪孩子，父母更應先認同自己不善於管理情緒的事實。

\ Think about parenting ③ /

因為被欺負，孩子也學會還手

孩子因為幾天前被朋友欺負，連日來氣憤難平，今天就忍不住對朋友動手了，回到家將此事告訴父母。因為是先打人的孩子不對，這時可以將孩子的行為視為發展攻擊能力的正常反應嗎？

此時，父母應先要求孩子思考今天發生的事。

「他常亂打其他小朋友，那是他不對。但今天他有打你嗎？」

「他沒打我。」

「那就要用說的，叫他別再打人。」

「可是他常常打我。」

「我知道你很難過。他應該改掉那樣的行為，可是你不可以學他的壞行為。你不能因為之前的事，而動手打他。」

要是對方先動手打人或欺負人，而孩子因為防備而反擊，我們千萬不能對孩子大發脾氣。利用力量的平衡來正當防護、保護自己，這種防衛的反應是不可或缺的。但是不可以過度強調在關係中「力量」的重要，這會讓孩子變成嚴重攻擊他人的孩子。

父母可以告訴孩子：「就像爸爸媽媽永遠尊重你，這個世界上沒有誰可以隨便對待你或打你。如果有人這樣做，一定要向對方表達你的感受。勇敢說出來是最好的辦法。」如果孩子問：「如果對方講不聽呢？」就必須回答孩子：「那個人不一定要聽你的話，你只要表達出你的感受就行。勉強對方聽你的話，就變成你在逼迫對方了。」

Solution 4

教孩子時，不必在乎旁人的眼光

「當孩子在公共場所不聽話時」

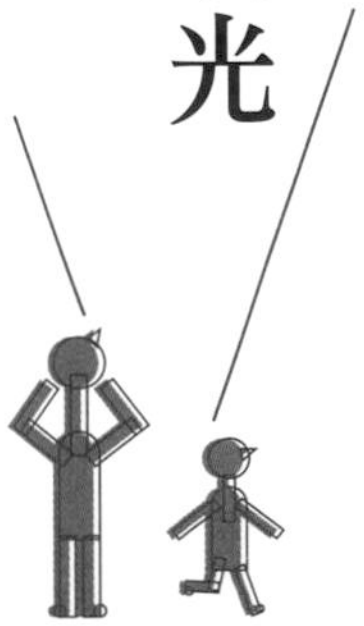

CASE

星期日上午，允書爸爸難得想好好睡到自然醒，卻被允書媽媽叫醒。

「趁放假時，帶孩子去博物館或出去走走吧。你平常忙於公事，週末好歹也陪陪孩子啊。」

允書爸爸心想再不起身，恐怕得繼續接受牢騷轟炸，於是撐起沉重的身子。帶著允書（四歲）外出，準備搭地鐵前往博物館。才一搭上地鐵，允書立刻放開爸爸的手，在車廂內東奔西跑。幸好地鐵裡人不多，但是乘客上下車或走動的時候，好幾次差點被允書撞上。乘客們紛紛瞧了允書爸爸一眼。

「喂，這樣會受傷。你給我乖乖站好。」

允書爸爸高聲怒斥後，便靠著車廂柱子，再度掏出智慧型手機。當爸爸緊迫盯人的眼神一消失，允書這次直接跳上地鐵座椅，在椅子上蹦蹦跳跳。

「唉唷，在車廂裡蹦蹦跳跳會影響別人。你要乖乖坐好呀。」

一位老奶奶對允書的行為感到很驚訝，連忙提醒。聽見這番話，允書爸爸的臉色瞬間大變。

「喂，爸爸是不是叫你要乖乖站好！為什麼不聽話？你沒看見別人在對你指指點點嗎？」

爸爸突如其來的大吼，嚇得允書一動也不動，眼睛直盯著爸爸看。

「你再這樣就回家。實在太丟臉了。」

爸爸一邊用力抓住允書的手說道。接著允書緊抿著嘴，瞬間就哭了起來。哭聲響徹整個地鐵車廂。

「你哭什麼哭？」

允書爸爸吐出一句不知道是對誰發洩情緒的嘀咕。

「孩子在車廂裡面玩也是難免的嘛，你們家都沒有小孩嗎？」

管不動孩子的父母很無能？

有些父母認為孩子在公共場所不聽話的時候，會讓自己看起來像完全管不動孩子的無能父母，因而感到羞恥。這時惱羞成怒的父母，可能會威脅到孩子、旁人或另一半的安全，嚴重時甚至可能發生衝突。但無論事態如何發展，只會讓自己更加羞愧。

一般人對於無法自我約束的人，大多帶有負面的印象。這指的不只是酒精、毒品、賭博成癮等極端案例，也包括暴力傾向。就算是因為孩子犯錯而生氣，如果在眾人面前失控而動怒，便是缺乏自我約束的能力。一個管不動子女，也控制不了自我情緒的父母，在外人眼中形象最為負面。別說是旁人的眼光極不友善，就連自己也會羞愧得無地自容。

當孩子在公共場所不聽話時，父母會擔心孩子影響他人。但是多次警告孩子後，孩子仍不為所動時，內心反而更加焦急。當旁人一個個開始感到不悅，更加深父母內心的不安、尷尬、羞愧、丟臉、鬱悶，於是情緒控管不佳的父母最後會自己率先發難，「做賊的喊抓賊」。如果有誰此時火上加油，說：「喂，請管好您的孩子。」通常父母會立刻發火，反擊對方：「你家的孩子就不會這樣嗎？」

在全家一同外出的情況下，因孩子不乖導致夫妻吵架的事件也時有聽聞。夫妻吵架的原因幾乎千篇一律：「你為什麼不管好孩子，只會在旁邊袖手旁觀？平常你就是這樣教小孩嗎？」對孩子失控的行為互踢皮球。當父母開始爭吵時，孩子會感到更驚慌。本來一家人開開心心出門，準備共度快樂的時光，而這次外出卻徒留不愉快的回憶。

相較於孩子在家中不聽話，父母對孩子在公共場所不聽話的情況更為敏感。因為當下除了自己、自己與子女的關係、自己與配偶的關係外，還包含了自己與陌生人的關係。所以當孩子在公共場所不聽話時，會讓父母更為頭疼。父母越想要盡快控制孩子、解決孩子的問題，反倒更容易失控暴怒，甚至對孩子做出攻擊性的行為，像是猛力拉扯孩子、打孩子、大聲吼叫。而在暴怒過後，父母也會立刻感到後悔，因為他們也深知自己反應過度。

許多父母似乎不懂得感知自我的情緒和如何正確地表達、處理。時常出現與當下情緒毫不相關的反應，最後自己情緒失控，將情況搞得不可收拾。

因為父母在公共場所中最先考量到的，是「他人會如何看待我」的社會關係。當別人稱讚「那家孩子真漂亮！」「哇，真聰明！」時，父母莫不欣喜萬分；當別人批評「那個孩子怎麼這樣？」「唉呀，這樣不小心會受傷」時，聽起來就像是在教訓自己。父母們不但以為對方是給自己負面評價，甚至將自己視為家教失敗。這種想法加深了父母的羞愧感與羞恥心。

既然認知到自己的羞愧情緒，就應該選擇有效舒緩這種情緒的方法。**將孩子盡快帶往無人之處或車外等，都是不錯的方法。在這些地方等待孩子情緒平復後，再告訴孩子不可以在公共場所做出哪些行為。**儘管如此，大多時候父母仍無法沉穩地處理。

在現場說明原則，讓孩子邊看邊學

在前述案例中，允書爸爸該如何是好？當允書在地鐵車廂內開始胡鬧時，爸爸必須明確給予指示。如果發覺控制不住孩子，應該牽起孩子的手，暫時離開車廂。甚至再怎麼告誡孩子，孩子依然故我時，應果斷放棄博物館之行，帶孩子回家。相較於大人，人們對小孩的包容度更高。即使是相同的錯誤，如果犯錯的是小孩，一般都能體諒。對此，我們應該心存感激，不可視為理所當然。

孩子也是群體的一部分，想要在社會中生存下去，就必須學習與其年齡相應的規則和秩序。尤其公共場所內存在許多危險因素，孩子可能因此發生意外。因此，父母必須儘量時時讓孩子留在自己看得到的範圍內。要是管不動孩子，應盡快帶孩子離開現場。

對於在公共場所不聽話的孩子，父母經常這麼說：「別人都在看你，不覺得丟臉嗎？」不過孩子要到七歲之後，才有能力察覺他人的神色，為他人著想。最能明確區分他人與我的關係的年齡，則是在青少年期。不過若從幼時就讓孩子學著體諒與顧慮他人，日後孩子較能適度克制自己，避免造成他人困擾的人。

但是，父母如果不能讓孩子徹底了解當下的情況，孩子恐怕會變成對他人眼光過度在意，也過度反應的人。經常有些在小學非常活潑開朗的孩子，升上國中後，卻莫名其妙變得內向害羞，原因可能就在這裡。此外，也有部分青少年過度在意他人，如果看見他人附耳竊竊私語，便以為是在批評自己。對於這個世界如何看待自己，他們顯得過於敏感。

幼兒期的孩子，對於社會目光的敏銳度仍未發展成熟。面對這個時期的孩子，父母不必說：「你再這樣，別人會討厭你！」只要告訴他們生存在社會上最基本的秩序與原則就好。當孩子在公共場所跑跑跳跳的時候，應教導他們：「你看，這裡人很多吧？在這裡跑來跑去，會撞到別人的。所以不可以亂跑亂跳。」或是告訴他們：「這裡有很多人，所以你不可以亂叫。如果你亂叫亂哭，我們就得離開這裡。」當孩子真的放聲大哭時，應立刻帶孩子離開現場。**如果下達了指定，卻又無法遵守指令時，父母應該告訴孩子自己會採取的下一步行動，並且徹底落實。**

難道不能用言語好好說服孩子嗎？把孩子帶離現場，會不會太不近人情了？絕對不會的。這個階段的孩子在語言概念上尚未發展成熟，就算聽進耳裡了，有時也不了解話中的含意，或是不懂得將這句話與下一步的行動連結在一起。因此，孩子不遵守指令時，父母就必須以行動證明。唯有如此，孩子才會明白「原來這麼做是不對的」。

在公共場所中，最重要的教養重點在於告訴孩子什麼可以做，什麼不可以做。其次，以行動證明。在公共場所下達的指定，只是為了避免影響他人而設定，並非絕對必要。不過為了孩子的安全，還是應盡可能遵守，因為孩子隨時可能受傷。尤其像大賣場有美食街，許多人推著購物車來來去去，孩子在跑跑跳跳時，可能碰倒陳列的商品。當孩子不受控制地四處奔跑時，父母應立刻將孩子帶離現場，或是牽著孩子的手逛街，或是抱住孩子，切身地教導孩子必須遵守的指令。

因為孩子們不知道在公共場所中該如何自處，這是理所當然的。所以父母必須詳列準則，教導孩子在公共場所應當遵守哪些禮節。不過教導方式並非以言語，而是透過行為。看見父母在公共場所中顧慮他人、遵守任何規定的模樣，孩子也會跟著學習模仿。在此過程中，自然學到何謂錯誤的行為。而在餐廳用餐時，如果父母經常對送上水杯的服務生說聲「謝謝」，孩子日後拿到水杯時，自然也會道謝。如果父母怒氣沖沖，抱怨「為什麼只有我們的菜還沒上來？隔壁桌比我們還晚來耶！」孩子也會有樣學樣。父母在餐廳、地鐵或電梯中大聲講電話，孩子以後也會這麼做。相反地，如果父母接起電話說：「現在沒辦法講電話，請稍待一會兒我再回電給您。」孩子將會學到在公共場所中，應考量他人感受而降低音量。比起邊聽邊學，邊看邊學的效果更強。

不論別人怎麼想，都是原則至上

有時父母在家會明確教育孩子何謂對錯，但是到了外面，卻可能出現違背原則的行為。如此一來，孩子便可能刻意在外做出不被允許的行為，因為他們抓住了父母的弱點。如果孩子平時與父母關係不佳，或是父母在家經常大發雷霆，那麼孩子就會產生報復的心理。

大多父母都是恪守禮儀規範，在外極度討厭帶給他人困擾的人。所以當孩子在公共場所吵鬧時，他們會感到相當抱歉與愧疚，一時不知該如何是好。於是為了盡快息事寧人，會隨口答應孩子的要求。孩子當然不會錯過這樣的機會。「我在外面這麼做的話，媽媽一定會覺得很丟臉、坐立不安，最後答應我的願望。」

想要避免這樣的後果，無論在任何場所、任何情況下，父母都應該遵守一貫的原則。**如果孩子在餐廳裡不斷胡鬧，父母即使再怎麼捨不得餐費，也應該告訴孩子：「媽媽已經告訴你好多次了，不可以做出那樣的行為。如果你聽不進去的話，我們現在就回家，就不能在這裡享用好吃的東西了。」**說完話立刻起身離開。

在親子共同參加的聚會中，父母遵守教養原則的行為有時會受到公開的批評。因為在這些人當中，也有許多在教養上與我們想法不同的人。外人也許會認為我們的方法

「過於嚴苛」，要自己睜一隻眼閉一隻眼。於是孩子便趁機為所欲為。

當邀約親友帶孩子參加聚會時，最好不要將出入份子複雜的地方當作聚會地點。孩子原本就不容易長時間乖乖坐在原位上。父母必須客觀觀察與掌握孩子的情況，當孩子的行為值得肯定時，立刻給予肯定，否則親子之間的誤會將日益加深。如果在上述場所聚會，而孩子四處跑跳，可能造成他人不便時，父母應立即離開現場，再帶孩子到可以盡情跑跳的地方。

孩子喜歡四處跑跳是理所當然的。不論是城市或鄉鎮皆設有大大小小的公園，父母不妨帶孩子到這些地方，讓孩子盡情吼叫、盡情奔跑。雖然媽媽們難得外出，當然想到氣氛絕佳的餐廳，一邊啜飲下午茶，一邊享受悠閒的時光，但是當孩子開始跑來跑去時，別說是享受悠閒，甚至可能造成其他客人的困擾。

和其他家長見面，發現鄰居和自家的教養方式不同時，父母難免會陷入苦惱。假設在公共場所內，別人家的孩子四處奔跑，不聽父母的話，其中又以孩子A特別嚴重。就算有人出面制止A，A的媽媽竟也無動於衷。因為眼前的A，其他媽媽只能不斷對沒有做錯事的子女發脾氣。這種時候，媽媽們的心情特別複雜。如果鼓起勇氣對A的媽媽好言相勸，還可能因此演變成爭執，類似情況屢見不鮮。

此時，我們只能管教好「自己的孩子」。對於孩子的問題行為，家家戶戶都有不同的管教方法，這並非我們能夠插手的。當然，如果是關係較親近的朋友，平時可以多和對方聊聊彼此的教育觀。「我啊，最看不慣孩子在咖啡廳裡到處亂跑，如果那時候孩子的媽坐視不管，也許我會出面對這位媽媽說教也不一定。你有時也唸唸你家孩子吧。」以此方式與朋友溝通。如果不是這樣可以打開天窗說亮話的關係，那就得先管好自己的孩子。

假設在室內遊樂場內，孩子們不停將塑膠球往其他孩子臉上丟。就算做這件事的不只有我家孩子，媽媽也必須對孩子下達指令。「你過來這裡。雖然這裡可以讓你將塑膠球盡情拿來玩，但是不可以對著別人的臉亂丟。你再這樣的話，今天就不讓你繼續玩了，我們馬上回家。」不必在意其他媽媽們怎麼想，最重要的是在孩子面前維持一貫的原則，而且也沒有必要管教別人家的孩子。對於自家孩子，務必遵守一貫原則。

如果孩子依然故我，真的到了非回家不可的情況時，應先告訴其他媽媽：「非常抱歉。因為剛才告訴孩子再不聽話就要回家，現在非走不可了。下次飲料我來請。」徵求媽媽們的諒解後，再離開現場。唯有如此，孩子才會知道「這個指令在任何情況下都必須遵守」。父母對待孩子，如果因為得過且過而露出破綻，或是不能堅持一貫的原則時，孩子將因為這次的「得過且過」而逃離父母的管教。

孩子是雙面人，在家出外大不同

有些孩子相當奇妙。在家還算聽話，一到外面就不受控制；或是在外非常聽話，回到家卻我行我素。

如果孩子在家很聽話，到了公共場所卻不受控制，有以下三種原因會導致如此。

第一，接受過多的刺激，就容易變得散漫、衝動的孩子。這類孩子平時性格就較為散漫。由於在每天例行的場所已經充分滿足了他的好奇心，因此行為較為沉穩。但是到了陌生的場所，新的刺激分散了他們的注意力，同時也誘發了他們的好奇心。因為他們本身較衝動，好奇心會立刻表現在行為上。所以每次到了陌生的公共場所，就可能變得不聽話、注意力渙散。如果現場有許多這種特性的小朋友，孩子不聽話、散漫的問題將更加嚴重。

第二，父母過去不曾在公共場所制止過孩子。不教育孩子，孩子就學不會。孩子絕無自行明辨事理的可能。如果父母沒有教導，而孩子卻知道，那麼必定是從電視上學來，或是在幼稚園等地方習得。

如果孩子在公共場所內的行為嚴重脫序，父母應從現在起立刻予以矯正。必須注意的是，孩子不可能一次就學會。父母必須耐著性子反覆教導。出門前，先告訴孩子必須注意的事情；在進入該場所前，再次徵求孩子的保證。要是孩子沒有遵守指令，必須立刻付諸行動。「如果你太吵，媽媽會先提醒你幾次；如果還是不聽話，我們就回家。」當孩子我行我素時，必須立刻起身回家。

第三，平時在親子關係中就承受許多委屈，或是父母經常會對孩子發脾氣，當外出時，孩子可能趁此報復。他們知道在外面大吵大鬧時，父母會感到羞愧、傷心，也知道有旁人在場時，父母不敢對自己大發脾氣。所以任何父母討厭的行為，必定在此時刻意為之。

例如亂打媽媽、挖鼻屎、用手抓東西吃等，這些媽媽平時嚴厲制止的行為，這時孩子都當成了耳邊風。因為有些孩子對於媽媽平時制止自己的行為，感到傷心且氣憤，才會報復。

相反地，有些孩子在外乖巧聽話，回到家卻我行我素。也許他們在外聽話的行為，是從托兒所或幼稚園學來的，但是並未內化將之應用於日常生活中。當父母管教失當，或是經常發脾氣，就可能導致孩子對父母感到憤怒，而不願意將幼稚園中學到的禮節應用在家庭生活中。

如果孩子在幼稚園上課時沒有問題，在家中的行為卻有異狀時，問題可能出在與家

中重要人物之間的關係。重要的人物可能是指媽媽，可能是指爸爸，也可能是指弟妹。父母之間關係極度惡劣，也可能是原因之一。在此情況下，對孩子而言，家並非安全的空間。年紀越小的孩子，在不安定的環境下越難遵守指令。因為回到家裡，總覺得不安、不自在。

然而有些父母在外人眼中看來頗有教養，在公眾面前亦堪稱模範，並以一貫的教育與原則教導子女，但是他們的子女卻在公共場所中做出令人不解的脫序行為。這時，恐怕得懷疑孩子是否患有ＡＤＨＤ（注意力不足過動症）。因為他們在情緒管理與調適上，有其先天發展不足之處。即使父母給予最佳的教養，效果依然有限。這個問題就好比視力不良的孩子，不戴眼鏡便看不清楚。這時應盡快帶孩子就醫。

在父母陪伴子女成長時，若有發現任何異狀，應即時掌握與接納此問題，並且盡快尋求協助。儘管父母的關愛可讓子女更健全地長大，但單憑關愛無法解決任何問題。

在大庭廣眾下動怒，孩子的應對能力會退步

試想，在公共場所大聲訓斥孩子給所有人看，孩子會有什麼感受？即使再怎麼年幼的孩子，也會感到羞愧、自尊心受傷。當人類的羞愧之情被激發時，必定感到不知所措。因為孩子會認為父母本該是保護我的人，卻沒有保護我；本該是疼愛我的人，卻沒

有疼愛我，反倒使我感到難堪，承受難以言喻的痛苦。當這類事件頻繁發生，日後只要父母在大庭廣眾下開口，儘管只是提起一些小事而非教訓，孩子也會產生巨大的羞愧不適感。

當孩子在人潮眾多的公共場所奔跑時，父母應立即制止孩子的行為。但是沒必要大聲警告，讓孩子因此感到無地自容。真正尊重孩子的父母，不應該如此。對於習慣在人前大聲喝叱孩子的父母，我提出以下幾點建議。

第一，千萬別誤以為責罵、動怒、發脾氣就是教育。如果父母正在氣頭上，不管說的話再怎麼動聽，對孩子而言，也已經失去教育的意義。

第二，請思考自己是不是三次以內就能改過缺點的人。近來有不少父母對孩子使用「我只忍耐你三次」的原則。「爸爸只會容忍你三次，之後你就準備被我修理了。」但是仔細想想，這實在是可笑的言論。面對孩子必須不厭其煩地反覆教導，並且耐心等待才行。其實就算是大人，也不容易在三次以內就改掉某個問題，可是卻要求孩子在三次的機會內聽話，否則就要教訓孩子。難道忍耐了三次，孩子就能獲得為所欲為的免死金牌嗎？

有些父母在公共場所下達了某種指令，孩子不肯遵守。警告了三次後，孩子依然故我。此時，這些父母心中出現的想法是：「好哇，你竟然不聽我的話？現在開始我們進入敵對狀態！進攻！」那些在公共場所大聲斥責孩子的父母，大多抱持著這種心態。只是，管教孩子並非向孩子宣戰，也不是忍不忍耐的問題。問題在於「該如何教育孩子，他才會聽？」這些父母以為大聲責備，孩子就會留下刻骨銘心的教訓，未來將不再犯，然而事實並非如此。

孩子們知道，比起自己的喧嘩，爸爸訓斥的聲音更宏亮，也知道人們盯著爸爸看的眼神，比看待自己更為嫌惡。即使年幼如幼稚園小朋友，也會說：「我媽媽嘴上說：『你去外頭玩時要聽話，不可以亂叫，要乖乖的。』但自己卻常大聲喧嘩。更丟臉。」孩子們在公共場所看著大吼大叫的媽媽或爸爸，心中想的不是「喔，原來是我做了不該做的事情，我要改過來」，而是「爸爸（媽媽）其實比我還吵耶」。讓父母的威嚴瞬間掃地。

有些頭腦好又聰明的孩子，在情緒方面也同樣發展得相當成熟。除了極少數的人外，大多數人仍會清楚記得兒時恐懼的經驗。這些記憶用「烙印」來形容，會比「記得」更為貼切。人類本性如此。因為唯有銘記恐懼的經驗，下一次身處類似的情況時，才能夠保護自己。

假設爸爸在超市嚴厲斥責孩子：「哼，你準備被我狠狠修理了！」幾天後，爸爸也許已經將這件事忘得一乾二淨，但是孩子並不會。所以下一次再去超市時，孩子便緊緊跟在媽媽身旁，而試圖與爸爸保持距離。因為孩子還清楚記得，上一次在超市被爸爸狠狠教訓的經驗。

如果經常嚴厲斥責或體罰孩子，孩子日後也許不會再做出同樣的行為。父母們因此以為孩子的問題行為獲得大幅改善。但是，這絕對是天大的誤解。在教育孩子時，凡事必須以尊重孩子為出發。因為沒有尊重，就沒有真正的教育。

當父母在大庭廣眾下大聲斥責或懲罰孩子，孩子的腦袋只會變成一片空白。沒有任何的想法，也無法吸收任何資訊。因為孩子當下正深陷巨大的恐懼之中。

更嚴重的是，接受這種教育長大的孩子，未來長大成人後，或甚至只是進入青少年期，一旦置身慌亂的狀況中，腦袋將一片空白。人一生之中，不知道會遭遇多少令人慌亂的狀況，如果每到此時，孩子的腦袋就一片空白呢？長久下來，孩子應對各種狀況的能力當然只會更加退步。

\ Think about parenting ❹ /

如何和鬧彆扭的孩子溝通？

當孩子做了不該做的行為時，父母必須下達「不可以那樣做」的指令。孩子也許會因為父母所言有理而遵守，但是心裡可能並不開心而擺臭臉。大多數父母看不慣孩子這樣的表情時，會再次斥責孩子。

即使吃進相同的食物，每個人消化食物的時間也不同。情緒也是如此。每個人感受與消化情緒的時間不盡相同。催促孩子盡快解決情緒問題，無異於要求孩子從情緒的形成到解決完全依照父母的標準。換言之，父母試圖掌控子女的情緒，強迫孩子臣服於自己。當孩子鬧彆扭時，是需要更多時間消化不滿情緒的訊號，需要父母耐心的等待。如此才有助於孩子的情緒發展。因為認同孩子表現出來的情緒，即是健全孩子情緒發展的方法之一。

如果孩子鬧彆扭的時間過長，父母應主動對孩子說：「我知道你很生氣。剛才爸爸那樣說，你一定覺得很難受。我不是要你立刻氣消，而是要告訴你，生氣太久對身體有害。」主動對孩子說話，代表認同與肯定孩子的情緒，並了解問題的所在。若能為孩子提供解決之道，將可收錦上添花之效。「要不要一起去屋外繞繞，也許心情會快點好起來？」對於爸爸的建議，孩子也許會主動提出要求：「買冰淇淋給我吃。」那就答應孩子的要求吧。如此一來，孩子才有機會練習處理自我情緒的方法。

Solution 5

孩子不斷頂撞父母，一句也不讓

——「當孩子理直氣壯地頂嘴時」

CASE

從托兒所接回芝安（五歲）的路上，媽媽問起了掛在心上的問題。

「芝安啊，你昨天和恩熙吵架了嗎？」

「沒有。」

「恩熙媽媽說你們吵架了呀！昨天恩熙回到家，哭著跟她媽媽說和你吵架了。」

「沒有吵架啊？」

「怎麼可能沒有吵架？其他小朋友也看到你們吵架了。」

「沒有，我們真的沒有吵架。」

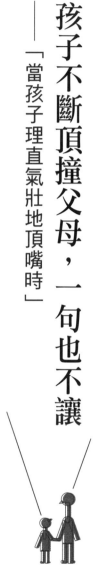

「你還要繼續說謊下去嗎？聽說你們是為了爭紅色色紙吵架的，是嗎？」

「喔，那件事啊。那才不是吵架。」

「什麼不是？其他小朋友都有看到，老師也說看到了。」

「我就說不是吵架了。這件事是因為……。」

「吵死了！你藉口怎麼這麼多。明天就去跟恩熙道歉。媽媽會買色紙給你，明天一起帶去。」

「我不要！我們就沒有吵架呀。」

「不要！為什麼不要？做錯事就應該道歉！」

「我又沒有做錯，為什麼要道歉？」

「你知道恩熙回家哭了嗎！你想想朋友會有多麼傷心啊？」

「就算我沒有做錯，她哭了我就要道歉嗎？」

「看看你這孩子！平常什麼都不會，怎麼就藉口特別多！總之先道歉再說。」

「好，那我比她哭得更慘，就不用道歉了吧？」

「給我閉嘴，叫你道歉就道歉。不道歉的話，我就不買上次想要的玩偶給你！」

當孩子頂嘴時，為什麼你會生氣？

當孩子頂嘴時，務必記住這點：「說話是人類生存的本能。」每個人都擁有語言這個強大的工具，而這個工具創造了文明巨大的進展。如果未經溝通，我們無法理解他人。藉由語言表達與溝通，讓人類至今解決了許多的問題。語言何其重要，因此我們必須鼓勵孩子多開口。

但是，父母為什麼不喜歡孩子說話？更正確來說，為什麼父母討厭孩子在表達想法與意見時「頂嘴」？

為人父母，對自己的孩子並不會懷有惡意，總是想著怎麼做會對孩子更好一些。但在某些情況下，父母相信自己比孩子更清楚正確的道路。因此到了最後，父母便以為自己下達的指示或提出的建議，才是正確的。孩子只要照著他們的指示去做，必能得到更好的結果，於是要求孩子無條件接受他們所說的話。

無論孩子在這個過程中反映了什麼，結果仍不會改變。如果孩子所說的與父母的意圖相反，父母們就會將對話切換進以下模式：「我是最愛你的，這樣做對你最好，不管你說了什麼，都無法改變我的心意。」換言之，是要孩子別吭聲，跟著做就對了。

在這種模式下，甚至隱藏著「我叫你做什麼你就做！」的強迫性。**當孩子不斷頂嘴時，父母們總會說：「我家孩子完全管不動。」適當的管教儘管不可或缺，但是想要快**

速把孩子管教好的心態中，存在著壓制對方，使對方服從的欲望。於是面對接下來的頂嘴，父母心中自然產生「你怎麼敢對我這樣？」「你攻擊我，我也不會讓你好過！」的想法，雙方因而形成嚴重的情緒對立。甚至父母一時失控，還會對孩子擺臉色，或是歇斯底里的大吼大叫。最後演變成大人和小不點兩方意氣用事的局面。

當孩子頂嘴的時候，為什麼你會生氣？請好好思考這個問題。

一位媽媽說：「當孩子理直氣壯地頂嘴時，我忍著忍著一把怒火就燒起來了。」

我問道：「您覺得感到憤怒的原因是什麼呢？」

這位媽媽一副欲言又止的樣子回答我：「喔，因為孩子一直頂嘴啊。」

我再次問道：「這樣啊。那麼孩子頂嘴的時候，你為什麼會生氣呢？」

這位媽媽一時語塞。

我繼續說道：「孩子說話是出於生存的本能呀。」

媽媽滿腹委屈地辯解：「唉唷，就算這樣，醫生，孩子就是在頂撞我嘛。」

我接著說道：「是呀，頂嘴是頂嘴，不過比起什麼話都不說，肯說話好多了。」

媽媽歪著頭，陷入了沉思。事實確是如此。即使是頂嘴，比起敢怒不敢言，孩子肯開口已是萬幸。

鼓勵孩子多表達自己的想法

回到前例，即使在芝安媽媽耳裡聽來，孩子的回答像在頂嘴，也必須從頭到尾聽完。近來父母們在做某些決定時，經常會問孩子：「你覺得呢？說說你的想法吧」，傾聽他們的意見，看起來比過去的父母要開明許多。但是真正問了孩子，而孩子的答案與自己所期待的不同時，便臉色大變。這時，孩子已經分不清父母究竟是要讓我說，還是要我別說。這麼看來，父母在下達指示或做決定時，只希望孩子回答「好，我知道了」、「我錯了」、「就這麼辦」。

當你詢問對方意見時，若早已帶有預期的答案，這就是高壓的心態。在面對孩子的頂嘴時，必須遵守一個基本的原則，那就是讓孩子盡可能說出自己的想法。就算孩子說的內容不得我心，就算孩子的態度像在頂嘴，也要把孩子的話聽完。在過程中打斷孩子的話、評論孩子說話的內容和態度，都是不對的。

即使孩子惡意頂嘴，也要從頭到尾聽完。我們應該要鼓勵孩子盡量說話，不吐不快。因為當孩子閉嘴後，便再也沒有教育的機會。無論孩子說的話多麼不成熟，總要他願意說出口後，才有教育的機會，也才有了通往問題的管道。夫妻吵架也是如此。唯有彼此雙方願意溝通，才有機會發現真正的問題，知道對方「原來你是那樣想的啊？」在一段關係中，沒有什麼事比起對方拒絕溝通，更令人鬱悶。父母有時可能會告訴孩子「沒關係，你儘管說」，但孩子回答「你一點忙也幫不上」時，卻氣得責備孩子：「你怎麼這樣對爸爸說話！」

這時，我們不妨換個情境思考。假設公司的高層主管說：「各位有什麼不滿儘管說，公司都會虛心接受。」於是某位員工坦言：「公司內部似乎有○○的問題。」話一說完，高層主管立刻反駁道：「現在經濟這麼不景氣，你竟然還在發這些牢騷？」在這種情況下，員工做何感想？明明要員工說出自己的想法，卻因為意見不順自己的意而大發雷霆，那麼下次員工將不再敢開口發言。反之，如果對員工說：「聽你這麼一說，確實有幾分道理。這是公司未來必須改進的部分，我們從這個層面再思考看看。」那麼對話將可和諧地進行下去。

當孩子和同儕發生衝突時，父母也不應該每次都要求孩子先向對方說「對不起」。不妨讓孩子回想當時的情況，當孩子認清「啊，我這樣做是不對的」，自然會向對方道歉。如果不這麼做，而是無條件要求孩子先道歉，只會讓孩子心生委屈，反而傷了孩子的自尊心。在父母令人畏懼的脅迫下，孩子雖然勉強道歉，但是當孩子長大後，反倒會在真正必須道歉的情況下，堅持不肯道歉。因為在他們的腦海中，仍留有令他們不滿、厭惡的道歉記憶。

在婚姻諮商的門診中，我發現許多人即使感到抱歉，也不願意開口說聲「對不起」。如此一來，雙方衝突只會加劇。如果問他們：「你難道不願意和對方道歉嗎？」他們反倒會惱怒地反問：「一定要我道歉才能解決問題嗎？」當然得開口道歉才是。不開口說話，誰也不知道問題在哪裡。因此，無論對方說什麼，都必須鼓勵他們說出來。

當父母發現孩子語言發展遲緩，都知道要尋求語言治療；而孩子想表達時，更應該讓他們多多說出心中的想法。下次遇到孩子頂嘴時，父母們只要這麼想，或許怒氣會消減不少。

在進行諮商時，總會有在我說話時「頂嘴」的孩子。這時我通常會對孩子說：「你這麼聰明的孩子，到哪裡都不會挨餓的。」孩子們嘴上說：「真的嗎？」心中卻是開心地想著「真令人驚喜」。「因為你把不滿告訴了醫生，這樣很好。表示你的心很堅強。這真的很棒。」如此一來，便可大幅降低孩子頂嘴的頻率。

有時會遇到高中生年紀的患者，一走進診間就立刻向我抱怨：「我今天等了快四十分鐘。時間都不夠用了，如果拿這個時間來唸書多好……。」「你本來要用這段時間唸書嗎？」「也不一定，可以唸書，也可以找朋友閒聊。」我接著立刻道歉：「你說的沒錯。四十分鐘是很寶貴的時間。想想你們平常為了多打三十分鐘的遊戲，還不知道要和爸媽爭取多久。我真的很抱歉。」「也不是這樣啦。醫生您連廁所也沒能去，整天在這裡看診，這我都知道……。」「你知道啊？」「當然囉。」「謝謝你體諒我，真的很抱歉，請原諒我。」用這樣的對話，即可一步步打開孩子的心房。大多數的孩子都能接受這種方法。當然，也有些孩子不肯禮貌地回應，即便如此，也必須傾聽到最後，適時回應對方。

將孩子的話從頭到尾聽完，有時會發現錯是出在父母身上。這種時候，父母必須真誠道歉才行。「對不起。聽你一說，原來你沒有那樣的想法，媽媽還那樣說，你一定覺得很生氣吧。」孩子在頂嘴時，也可能拿父母過去犯的錯找碴。「媽媽上次不也那樣做嗎？」即便如此，父母也不應該這樣回應孩子：「你居然敢反過來批評我？」而是要對孩子說：「沒錯，媽媽也不可以那麼做。媽媽會努力改的。可是我希望你過得比媽媽更好、更成功，所以希望你不要學這些不好的。你一定可以比我做得更好。」這樣的說法，孩子反倒更能接受。

如果不把孩子的話聽到最後，也不肯認同孩子的情緒，只一味強迫孩子服從，孩子也許會說「我知道了」，但是這並非發自內心的回應。孩子只想息事寧人，盡快跳過這個情況。這並不是要父母們培養善於反抗的孩子。認同與接受孩子的情緒，幫助孩子達到情緒上的穩定，才是最重要的。**讓孩子相信，即使自己表現出負面的情緒，父母也願意傾聽並予以保護。唯有如此，孩子頂嘴的行為反而會減少。**

聽完孩子頂嘴，再問他：「然後呢？」

孩子頂嘴時，正確的處理方式是聽到最後，再給予指示，但是，這時有一點必須當心。每個孩子都有自己的想法，在父母聽來，有時可能是相當幼稚的話。父母千萬不可一一指出其中的問題，急著說服與點醒孩子。

好比孩子說：「我討厭上幼稚園。我只想在家看巧虎，吃媽媽煮的東西！」一般父母當下的想法是：「啊，我得教導孩子正確的觀念才行。」於是急著向孩子說明不能這麼做的原因，讓孩子理解，並且期待孩子立刻接受。「其他小朋友都上幼稚園，如果只有你在家，就會跟不上別人的進度。你想這樣嗎？」難道父母這麼說完後，孩子就會出現「啊，我得乖乖上幼稚園才行！」的想法嗎？恐怕很難。

所以，**即使孩子因為非常幼稚的原因和父母頂嘴，也得從頭到尾聽完。聽完後，再給予回應。**「原來你是這麼想的啊。有時候會不想去幼稚園，是吧？」接著給予明確的指示：「就算這樣，還是得去上課才行。」如果孩子堅持「我不要去！我不要去！」父母到了時間應將孩子抱上娃娃車，並且對孩子說：「還是得去幼稚園才行。等你回來的時候，媽媽再跟你一起玩，做好吃的東西給你吃。」接著將孩子送往幼稚園即可。

父母無不希望在自己清楚的說明後，孩子能記取父母的話，有所覺悟「啊，原來如此，是我的想法錯誤了」，不過這種期待其實只是奢望。孩子的能力有限。即便如此，說明仍有其必要。「當然總會有幾天不想去幼稚園。不過再怎麼不想去，只要身體沒有異狀，每天都得去幼稚園。」在給予明確的說明後，就果斷地將孩子送上娃娃車。

坊間不少親子教養書要父母別忽視孩子、不要用通知的語氣告知孩子結果，並詳細說明禁止的原因。但是這只適用於天下太平的時候。當孩子惡意頂撞父母時，即使對孩子詳細說明反對的原因，孩子也聽不進去。況且，「你想進度落後嗎？」或是「你不上幼稚園，以後怎麼上小學？其他小朋友都會寫字，就只有你不會。以後連字也不會寫，看誰還跟你玩？」這些都是不必要的問句。其實一句「就算這樣，你還是要去幼稚園」，就足以表達了。**當孩子正在氣頭上或過於激動而頂撞父母時，最好先將孩子說的話聽完，再下達簡潔的指令。**

不過在親子關係和睦的時候，詳細說明也無妨。例如讀故事書給孩子聽的時候，可以告訴孩子：「故事書裡面的敏智說討厭去幼稚園。為什麼討厭幼稚園呢？原來是想要自己一個人玩玩具，但是在幼稚園不可以這樣，所以討厭幼稚園。你會不會這樣呀？」也可以像這樣引導孩子回答。「家裡玩具都是你的，所以可以自己一個人玩，但是在幼稚園沒辦法，對吧？」「嗯。」「幼稚園裡的玩具是誰的？」「是老師的。」「沒錯，是老師的。」

或是將父母自己的經驗告訴孩子。「其實媽媽有時候也不想去上班。」用這句話開頭。「真的嗎？那媽媽也一起玩吧！」「那可不行。媽媽還有事情要處理，不論什麼事情，都要有耐心才行。媽媽也有不得不忍耐的時候。」孩子可能會問：「那天天都得上幼稚園喔？」「感冒發燒的時候，要在家裡休息才好得快。如果去幼稚園，可能會傳染給其他小朋友。這種時候要在家裡休息。另外，發生特別事情的時候，也可以不去幼稚園。如果真的有哪天不想去幼稚園，一定要告訴媽媽原因。媽媽一定會幫助你的。」

有些孩子特別不能接受「不行」的指令。雖然可能有許多原因，不過其中最典型的，便是「接受我的想法等於愛我」的想法。他們以為別人不能接受我的意見，就是不愛我，甚至以此作為驗證疼愛的標準，試圖徹頭徹尾貫徹自己的想法。**如果父母一直以來都以物質獎勵解決對孩子的愛，或是毫無原則地答應孩子的要求，孩子或許會以為這樣才是常態，因而無法接受挫折或被拒絕的情況。**

反之，也有過度否定或反對孩子要求的情況。有些父母就算孩子言之有理，也不肯聽聽孩子的話。當父母過度否定孩子的要求時，孩子將會以父母接受或否定自己的想法為標準，試圖判斷對方愛不愛我，因此只要聽到「不行」，就立刻湧上難過的情緒。

過度敏感的孩子也無法冷靜地接受「不行」的回應，這在後文將會提及。**「不行」一詞帶有些許的專斷，讓孩子很容易將這句話視為攻擊，因此感到憤怒。他們討厭從父母口中聽見這句話，於是寧願為了頂嘴而頂嘴。**

其實，教養敏感的孩子並不容易。有許多父母因為厭倦回應孩子的反應，盡可能不過度刺激孩子，結果反倒採取過度包容的教養方式。然而如此一來，敏感的孩子便無法習得明確的指令。

不論是什麼類型的孩子，要與他人和平相處，就必須學習在這世上的生存法則。當父母對敏感的孩子下達指令時，必須像貼壁紙一樣，先貼上一層底紙，再貼上壁紙。換言之，**下達指令前，可以先溫柔地告訴孩子：「媽媽很愛你，但是也有不能答應你的事情。」「媽媽不是在生氣。因為有些事情一定要教你，所以才對你說的。媽媽很愛你，但是這件事不能答應你。」**這些話就像在孩子內心貼上一層底紙一樣。接著下達指令時，口氣應稍微堅定，才不會讓孩子受到太大的衝擊。

孩子為什麼只跟我頂嘴？

當孩子稍微激烈地頂撞父母時，任誰都會覺得應先顧慮父母的權威。因為長此以往下，孩子可能會發自內心瞧不起父母。瞧不起父母，等於不承認父母有資格教導我。當孩子不認同父母時，日後必也不認同其他大人的指導，這就會演變為嚴重的問題。例如一名年輕人在路上隨意丟擲垃圾，一旁經過的大人告誡他：「不可以把垃圾丟在路上。」如果此時這名年輕人不認同大人的勸言，就可能出現「關你什麼事！」的反應。

因此在孩子長大成人前，必須教他學習一件重要的事情：在人際關係中，除了父母之外，其他大人也能教我。如果孩子不能自然習得這種社會尊卑之分，日後將會對父母甚至是老師頂嘴。

為什麼孩子會不願承認父母的權威？最重要的原因有兩個。第一，父母過度強調尊卑之分，每次皆以此為由攻擊或壓迫孩子。第二的原因正好相反，父母完全無法發揮指導的能力。在這種家庭中，子女的地位通常高於父母或與父母平等。

在與孩子的關係中，父母必須維持基本的尊卑與地位。唯有在日常生活中讓孩子自然接受這個事實，未來進入校園或出社會，才能虛心接受上位者的指導，維持和諧的人際關係。

當孩子生氣而動手打父母時，有些媽媽會大叫「唉呀」，表現出很痛的樣子。其實父母最好避免做出這種反應。不過，也不是要求父母斥責孩子：「喂，很痛！你怎麼敢亂打媽媽！」**而是必須語氣堅定地告訴孩子：「不可以打媽媽，也不可以隨便打任何人。」**務必讓孩子認清，父母不是比孩子脆弱的角色，而是教導孩子明辨是非、具有威嚴的人。面對任意拳打腳踢的孩子，父母不可表現出手足無措、坐立難安的樣子，或是被孩子要著團團轉。也不可以在孩子面前顯得神經兮兮、哭得淅瀝嘩啦。這些行為都會令父母的威嚴掃地。對孩子言聽計從，或是強行壓迫、掌控，都無法使孩子感受到威嚴。

而不能教導孩子明辨是非的父母，也無法在孩子面前建立威嚴。

在搭電梯時，我曾遇過會將每一層樓的按鈕都按下的孩子。孩子的媽媽還在旁附和：「我們家民才真棒，每個按鈕都按了！」這種時候，媽媽應當果斷地告訴孩子：「不可以隨便按用不到的樓層。」

又好比孩子拿著尖銳的剪刀揮來揮去。媽媽會說：「你這樣很危險，拿給媽媽。」有些孩子聽到媽媽的警告，不但不給，還拿剪刀到處搗蛋。此時，媽媽不可以追著孩子跑，一邊喊：「給我！給我！乖乖拿給媽媽！」應該立刻抓住孩子的手，邊說「你這樣很危險」，邊立刻將剪刀從孩子手中拿走。如此一來，才可適度在孩子心中建立權威。

在某些家庭中，孩子會只頂撞媽媽或爸爸所說的話。此時，父母心中可能出現「這孩子討厭我嗎？」、「這孩子沒把我放在眼裡嗎？」的想法。**如果孩子對其他人不會如此，唯獨對其中一人頂嘴，那麼在孩子與此人的關係中，必定存在著某些問題**。可能是孩子瞧不起此人、平時兩人關係過於隨便，也可能是此人偶爾會對孩子採取攻擊性的反應、不擅與孩子對話、親子間存在誤會等，總之兩人之間必定有某些問題。當孩子在特定的狀況下，與特定的對象在一起時，才會表現出問題行為時，務必審慎思考問題所在。如果錯誤出在大人身上，應先承認錯誤，真誠與孩子討論，藉此尋求解決之道。

人際關係是作用力與反作用力的組合。當一方受到某種刺激時，對此採取適當的反應，乃人之常情。惡意頂嘴的行為也應是如此。當孩子惡意頂嘴時，表示父母平時給予孩子的刺激恐怕也已超乎限度。如果孩子對父母其中一人的頂嘴較為嚴重，問題或許就出在此人與孩子的關係中。

無論親子之間哪一方犯的錯誤較為嚴重，如果想改變兩人之間的互動，得由有心的一方主動改變。夫妻關係也是如此。即使怎麼看來都是對方的錯，如果不想和對方離婚，就得由自己率先改變。只要我自己改變帶給對方的刺激，或是改變接收對方刺激時的反應，那麼對方也會跟著改變。

孩子的頂嘴也是一樣的道理。如果真心對孩子的頂嘴感到困擾，就必須改變為人父母對孩子所施加的刺激。要是自己這麼做，孩子必定頂嘴，那麼維持現狀肯定於事無補。改變後未見效果，就再改變。已經嘗試多次改變，依然沒有效果時，應立即尋求專家的協助。多次嘗試失敗並非壞事，不過經歷太多次失敗，孩子與父母之間將持續累積負面的經驗。稍有差池，親子關係可能更加惡劣。

在孩子面前出現弱點時，父母應努力盡快改善。這是父母該負的責任。老師與學生之間也是如此。師生關係出現問題時，就算需要改變的是學生，老師必須主動嘗試改變。這才是我們身為大人的態度。

＼Think about parenting ❺／

現在不管，以後就管不住了？

「醫生，若是我現在不管孩子，以後是不是就管不住了？」

每次聽見父母提出這樣的問題，我心中總是有些不悅。

「孩子是犯人嗎，為什麼我們總想用管住孩子這樣的說法呢？孩子是要用教的，不是用管的。」

孩子乖乖聽話固然好，不過父母忍耐不了卻是自身的問題。在教養子女的過程中，自己內心深處原本隱藏的缺點，以及人格發展上的不成熟，都將在他人身上一一顯現。這並非因為孩子才出現，而是當事人原本就擁有的特質。自己不成熟的地方，應該自己想辦法彌補，不可歸咎於孩子。當我們想管住孩子的時候，必須先有這樣的想法：「喔，終於有機會彌補我不成熟的地方了。」

有些父母會想問：當孩子鬧脾氣時，如果不殺殺他的銳氣，以後一輩子也管不動孩子？我現在這麼做會不會教壞孩子？都不會。孩子時時刻刻都在改變，也時時刻刻都在學習。當孩子鬧脾氣時，父母該傷腦筋的不是如何一次改掉孩子的拗脾氣，而是如何明白地傳達給孩子「包含父母和老師在內的大人都在教導你」的事實。如何讓孩子明白父母對孩子說些不中聽的話時，並非在攻擊或斥責孩子，也是父母該傷腦筋的問題。要做到這點，應先認清自己是為了「教養」孩子，而非為了「管住」孩子。因為要指導對方的人，首先要有一顆尊重對方的心。

Solution 6

用盡方法，依然無法和孩子溝通

——「當孩子難以安撫時」

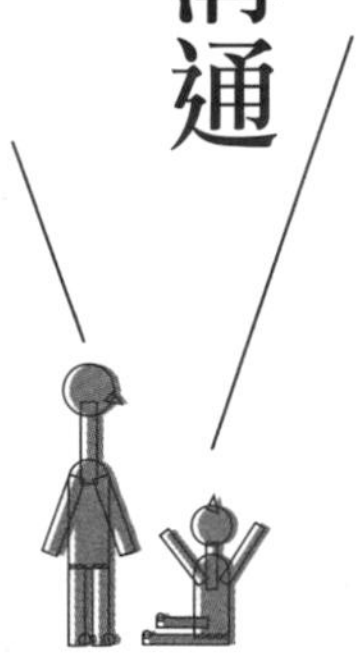

CASE

從托兒所放學回家的鄭夏（四歲），正一邊脫鞋，一邊嘀咕。

「唉唷～脫不下來啦。這雙鞋子脫不下來！」

「哪裡？哪裡？」

媽媽看了一眼，原來是要將鞋子的扣環解開才行，不過孩子沒想到要解開扣環才行，只是嘴巴上不停嘀咕。媽媽擔心這樣下去，孩子只會更加煩躁，於是趕緊走過去，一邊對孩子說：「媽媽幫你用。這樣不就解開了嗎？」一邊快速脫下孩子的鞋子。

脫下鞋子走進客廳的鄭夏，開始找昨天吃剩的麵包。自己最愛的巧克力麵包怎麼不見了?其實，昨晚鄭夏已經將麵包吃完了。媽媽心想孩子可能忘了，提醒他「你昨天吃的那個是最後一個了」，然而孩子仍繼續尋找巧克力麵包。

「鄭夏，麵包昨天就被你吃完啦！」

鄭夏開始放聲大哭，還要媽媽立刻拿出巧克力麵包。

「好，你在家等著。媽媽馬上就去買給你。」

孩子哭著說不敢一個人待在家，要爸爸立刻買回來。

「那鄭夏要不要和媽媽一起去買？」

「不要，我不要去！快叫爸爸馬上買回來。」

孩子的哭聲越發響亮。隨著孩子哭聲逐漸變大、時間逐漸拉長，媽媽也氣得頭頂開始冒煙。「這孩子怎麼常常這樣！為什麼都講不聽呢？」媽媽好不容易按捺住心中的怒氣，開口說道。

「爸爸在公司上班啊。現在還不到下午四點半，爸爸沒辦法買回來。」

孩子則聲嘶力竭地哭喊著「爸爸～爸爸～」。鄭夏只要不開心就鬧脾氣，總要哭上一整天，直到問題解決為止。不管媽媽再怎麼小心翼翼，還是避免不了鄭夏的無理取鬧。在媽媽耳裡聽起來，孩子的哭聲彷彿用指甲刮黑板的聲音般，令人起雞皮疙瘩。

「真想把孩子的嘴巴堵起來。」媽媽腦中瞬間閃過這樣可怕的想法。她走進房間，緊緊關上房門，以雙手摀住耳朵。

父母也是人，難免也有厭煩的時候

一直以來自覺為人各方面都算不錯的父母，真正進入養兒育女的階段時，總會不時產生疑惑，「咦，我竟然也有這樣的一面？」這樣的行為有些是正面的，不過有時行為卻是極其負面的。

在教養不易安撫的孩子時，父母經常陷入這樣的苦惱中。**因為孩子經常碰觸到父母心中不成熟的部分、性格上的缺陷。那些原本埋藏在深處、沉澱至最底層的、也許得耗費一生的時間來解決的問題，最會被孩子一一挑起。**幸好部分父母經歷過苦惱的過程後，得以更加成熟。但是有些父母卻會越來越惡化，於是做出為人父母最不應該做的行為。有時大吼大叫，有時體罰孩子，甚至把孩子摔到床上。不少父母原以為親生子女定是惹人疼愛的、得放在手掌心裡好好呵護的，不過別說是放在手掌心上了，事實上，每到孩子從托兒所放學回家的時間，媽媽總是感到心跳加快的緊張。

為什麼會這樣？父母也是人，養兒育女時，難免也會有厭煩的時候。如果又生到難以安撫的孩子，類似的情況只會更加頻繁。這種時候，父母們並不會這麼想：「啊，上天賜給我這個孩子，是讓我有自我成長的機會呀。」大多數父母並不懂得從自己身上尋找痛苦的來源，而是將矛頭指向孩子。許多親子問題便就此產生。「我常常快被你逼瘋了！」「你這孩子怎麼經常這樣？」用這種方式指責孩子。如此一來，孩子不但無法成長，親子關係也會日益惡化，讓父母更加難受。基本上無不愛著自己孩子的父母，但有時和寶貝子女在一起的時間越長，卻感到越痛苦。

當孩子不斷哭鬧時，做父母的也不願讓孩子繼續哭鬧。此時旁人若火上加油：「安撫一下孩子吧。你為什麼會一直讓孩子哭個不停呢？」聽見這樣的批評，猶如被認定為無能的父母，不但會更加討厭孩子，自己也深感痛苦。

因為孩子只要一開始哭，總是哭得沒完沒了，怎麼也安撫不了。如此一來，就出現了許多問題。不僅父母本身感到苦悶，孩子也變得惹人厭，夫妻之間更可能出現裂痕。孩子不易安撫時，教養子女的辛苦程度將高出十倍、二十倍。在此情況下，當另一半不肯共同協助教養的責任時，另一半也將成為自己厭惡的對象。於是也開始對另一半抱怨、批評不斷。

在難以安撫的孩子之中，有些或許會與父母其中一方的性格相似。當孩子與配偶敏感的一面相像而愛哭時，其中一方可能因此對敏感的配偶感到厭惡。然而配偶也因為本身過於敏感，更無法忍受孩子不易安撫的樣子。假設爸爸是較為敏感的人。當孩子開始哭泣時，爸爸因為厭倦孩子的哭聲，就大吼「把孩子帶走」。在此情況下，媽媽簡直無話可說，只覺得丈夫實在太過分了。在這種家庭氛圍之下，即使孩子沒有哭，只要爸爸或媽媽其中一方個性較為敏感，就很容易鬧彆扭，氣上好一陣子，為婚姻生活帶來沉重的負擔。

即使用盡各種努力，依然無法安撫孩子時，父母們大多會出現兩種反應。不是暴跳如雷，做出攻擊性的反應，就是盡可能不惹到孩子，因為一不小心惹哭孩子，孩子肯定哭個沒完。但是攻擊性的反應，將使孩子敏感的問題更加嚴重；而盡可能不惹到孩子的父母，則錯失了必須適時介入與教育孩子的黃金時刻，只會讓孩子的狀況更加惡化。

比起「哭鬧行為」，更要注意「哭鬧原因」

如前例，當孩子開始哭鬧時，父母因為不耐吵鬧而立刻答應孩子的要求。如此一來，孩子只會學到「哭鬧就能達成目的」，於是繼續哭鬧。父母們必須讓這些孩子知道，無論再怎麼哭鬧，不行的事情就是不行。父母唯有堅定一貫的原則，孩子才會放棄哭鬧。

我們必須更深入思考的是，孩子的哭鬧其實是源於對父母的不滿。這些孩子在哭鬧的同時，會不斷提出各種要求。其實這些要求背後的意思，就是「媽媽，請多關心我」、「媽媽，請聽我說話」。對父母感到不滿的心理，可以解釋為孩子的需求尚未被滿足，也缺乏父母的認同。**如果孩子因為一些微不足道的小事而哭鬧，父母可以進一步思考：「我是不是沒有充分了解孩子的需求？」「我給孩子的認同感是否不夠？」**

那些讓子女整天哭鬧不已的父母，大多也是以「你別再鬧了」與孩子互動。至於孩子為什麼哭鬧，父母一點也不在意。在這種情況下，本該詢問孩子：「你想要什麼？」卻反倒指責孩子：「你又開始哭鬧了。別動不動就哭，我不是教過你要好好說嗎？」不顧問題的核心，一味要求孩子好好說話，只會讓孩子繼續哭鬧。當然，當孩子嚴重哭鬧時，就必須要求孩子停止這樣的行為。但要達到制止的效果，必須先掌握他哭鬧的原因。

當孩子開始哭鬧時，父母不妨先從旁靜靜觀察，並且仔細聆聽孩子說的話。雖然混雜著哭聲，不過仔細聽，就能聽見孩子確實正說些什麼。「我想要玩洋娃娃，但是媽媽不跟我玩……。」聽完孩子的要求，不妨詢問孩子：「那媽媽和你玩三十分鐘好嗎？」並順從孩子的要求陪他玩。

然而多數父母根本不肯聽孩子說的話，只會斥責孩子哭鬧的行為：「吵死了。看你哭就讓人心煩。」哭鬧的行為，其實是缺乏耐性的孩子，以生氣或哭泣的方式來表現自己的不滿。如果孩子哭鬧整天，代表某件事讓孩子整天不滿。

有些父母將孩子照顧得無微不至，但是卻不懂得傾聽孩子真正的心情與話中深意。孩子提議玩摺紙，媽媽卻全心投入在玩扮家家酒裡；孩子興奮地與媽媽分享，媽媽的反應卻無比冷淡。或是情況相反，孩子全然不感興趣的事情，媽媽自己玩得不亦樂乎。如此一來，孩子對父母的滿意度自然降低。

也有少部分父母，會經常與孩子過不去。當孩子拿著小包的餅乾，氣呼呼地抱怨：「為什麼這個打不開？」時，父母應指著打不開的地方，告訴孩子：「媽媽幫你把這裡打開。接下來你自己打開，還是媽媽幫你打開？」如果孩子回答：「媽媽幫我打開。」媽媽只要說：「知道了，媽媽會幫你打開的。」但打開包裝後，不妨藉機教導孩子：「你看看這個地方。用這樣撕開就打開了。」但是容易和孩子起衝突的父母，卻這麼回答孩子：「你連這個也不會？都已經當哥哥的人了，要媽媽幫你幫到什麼時候啊？」當類似事件頻繁發生，孩子在與父母的互動中，只會累積更多的不滿，而非正向的經驗。

在孩子兩歲以前，父母們比較能容忍孩子。因為孩子再怎麼敏感，父母也只把他們當幼兒看。過了兩歲，父母面對孩子的態度卻會開始有些不同。平時怎麼安撫孩子他也不肯聽話，但是當孩子想說話時，卻會嘰哩呱啦說個不停。於是，父母對孩子發脾氣的情形就更頻繁上演了。「你也會說話，大人說的話也都聽得懂，為什麼就不聽我的話？」不過父母要是這麼說，孩子又會悶悶不樂，進而造成溝通的情況惡化。當孩子對父母累積過多的不滿時，父母更不容易安撫孩子。

父母有時會當面斥責孩子：「你都幾歲了，說話怎麼還像嬰兒一樣含糊不清？」或是要求不到七歲的孩子，行為要像穩重的大哥哥、大姊姊一樣。即使犯了一點小錯，也苛責孩子：「你都當哥哥了，可以這樣做嗎？」如果父母無法滿足孩子的情緒需求，卻希望孩子盡快學習，盡快變得成熟穩重，這種教育方式可能會導致部分孩子整天毫無理由地哭鬧。

有些孩子總會不斷向父母提出要求。有時要求購買某些商品，有時就連自己能力所及的事情，也要求父母完成。**似乎內在某些部分沒有獲得滿足而感到不安，所以頻頻出現要求的行為。父母如果不能看出孩子的情緒需求，類似的行為將越演越烈。**

當孩子撒嬌時，父母應張開雙臂接納孩子。我家兒子今年已經高中三年級，偶爾仍會抱著我，孩子氣地叫我「馬麻～」。我也會回應「唉唷，來吧」，一邊輕撫孩子的頭、肩膀，或是輕拍孩子的屁股。因為我知道孩子抱住我，是希望從父母身上獲得滿滿的愛。接受孩子這樣的行為，孩子才能心生力量，精神抖擻地面對自己年紀應有的挑戰。

還有一點必須特別說明，有了弟弟或妹妹的孩子表現哭鬧的行為，其實是極其正常的本能。對於孩子而言，父母的照顧與關愛是維持生存相當重要的元素。但是意外出現了競爭者，因此獲得的關愛大打折扣。若要我們將日常的食物分給別人已會令人不安，更何況被迫將父母的關愛分給別人，自然會激發孩子本能上的憂慮。媽媽被他人搶走，或是無法得到媽媽的愛，這種無所適從的心情會令孩子很憂慮。於是為了得到父母的愛，孩子最先使用的方法，便是讓自己也變回嬰兒。於是不再維持原本表現不錯的表現，開始以哭鬧的方式要求父母。父母此時也必須接受。當然，若孩子過分的要求或行為自然無須理會，不過可以的話，最好多接受孩子的撒嬌。因為用愛為孩子充飽電力，才能讓孩子感到安心。

難以安撫的孩子，內心的三種秘密

特別不易安撫的孩子主要有三種類型。第一，本身就是較為敏感的孩子。他們對於外在各種刺激或狀況，時常過度解讀，而讓情緒受到嚴重影響。

假設媽媽帶著孩子出門，孩子睡意襲來，但是現場沒有可以躺下的位置，於是媽媽坐下後讓孩子躺在大腿上睡。這時，有些孩子可以立刻躺下，沉沉入睡。不過敏感的孩子在同樣的情況下，可能會不斷哭鬧，一下說自己脖子不舒服、一下說腰不舒服、耳朵痛等。因為睡覺的位置不舒服、周遭環境太明亮、吵雜，都容易讓這類孩子感到厭煩。因為他們過於敏感、會更強烈地接收到外在世界帶來的各種刺激，因此會逐漸影響孩子的情緒狀態。

發現自己的孩子過度敏感時，大多情況下，是父母其中一人也較為敏感。因為這種先天上的特徵，大多來自父母。如果孩子像父母，父母其實也可以透過這些不易安撫的孩子來了解自己。

一位媽媽向我諮詢時，說道：「醫生，我不知道養兒育女會這麼辛苦。」然而在我向媽媽詢問孩子狀況的過程，這位媽媽忽然告訴我：「聽起來真像我小時候的故事。」這才發現孩子因為與自己相像，才會出現那樣的行為。單憑這個發現，媽媽因為孩子造成的痛苦便已去除了不少。「啊，原來這是像我的緣故啊。真抱歉，我把這個部分傳給了孩子。」

不過因為與自己相像，也有父母打著如意算盤，以為自己自然而然在事業上發展良好，也談了戀愛、結了婚，那麼只要稍微推子女一把，他們必能發展得更好。在我說明孩子過於敏感的原因時，有些父母會自覺「原來是我造成孩子過於敏感的啊」，因而改變對待孩子的態度。父母回過頭反觀自己敏感的歷程時，如果兒時情況嚴重，而如今不至於造成問題，那麼依照這樣的經驗理解孩子、幫助孩子即可。不過如果父母至今依然過度敏感，並為此受苦時，就必須積極接受治療，避免日後為孩子帶來嚴重的影響。

第二種不易安撫的孩子的類型，是忍耐度較低的孩子。當孩子承受與忍耐的能力低落時，情緒收納袋很容易被立刻填滿。這些孩子只要一肚子餓，就會立刻喊著「我快餓死啦」。有時提出某個要求，而對方沒有盡快答應時，孩子就會立刻放聲大哭。他們並非因為難過而哭，而是因為生氣而哭。如果事情沒有盡快按照自己所要求的，或是自己滿意的方式解決，他們絕對無法忍耐、忍受，也無法等待。要是父母不想辦法擴大這些孩子的情緒收納袋，未來他們將成為動輒情緒失控的大人。

第三，情緒管理能力未達到同齡水準的孩子。這部分就必須由父母教導。即使天生敏感，只要確實教導孩子管理情緒的方法，必能得到一定的效果。如果不好好教導孩子，當下他也許只是哭鬧而已，然而長大成人後，終將成為缺乏情緒管理能力的人。那麼孩子日後將面臨較今日更為嚴重的諸多問題，本人也將度過痛苦的一生。

情緒管理該怎麼教？請父母們切記，不可過度命令孩子，或是過度寵愛孩子，也不可以因為無計可施而放任孩子。當三歲的孩子動手打人時，有些父母只是挨打。「孩子嘛，打人不痛。」這並非痛或不痛的問題，而是父母應明確教導孩子在任何情況下，「都不可以隨便打人」。

如果父母總是表現出可怕、嚴肅、咄咄逼人，做人處事一板一眼，每件事都要求做到滴水不漏，孩子也無法學好情緒管理。因為在父母面前，孩子可能因為太緊張而表現得穩重成熟，但是只要父母稍不注意，就會釋放出壓抑的情緒。在嚴肅的媽媽面前是個聽話乖巧的孩子，而在兒童遊戲區卻動手打其他小朋友；在媽媽面前唯唯諾諾，而面對看起來好欺負的幼稚園老師，卻可能失控大吼：「我不要，你怎麼可以這樣對我！」

讓孩子學會設定情緒的停損點

當孩子哭鬧個不停時，為什麼父母想要盡快安撫孩子？請反思三分鐘。

孩子在相當年幼的時候，哭泣的模樣令人不捨，父母無不想盡快安撫孩子。等到年紀稍大，孩子哭泣或大發脾氣的行為，會被視為問題行為，因此父母想盡快矯正。此時，父母主要使用的方法，多是藉由說明來說服孩子。在哭鬧不停的孩子面前，試圖給予明確的說明，孩子真的會停止哭鬧嗎？不會的。這種方法大多發揮不了效果。

上述方法失敗後，父母們會轉而以更強烈的手段意圖控制孩子。他們會睜大雙眼，擺出猙獰的表情，猛吸一口氣後，喝斥孩子：「噓！給我聽話！我要生氣了！」想要讓孩子感到恐懼而盡快停止哭鬧。這種方式多數時候效果顯著。但是以壓迫的方式讓孩子立刻停止當下的情緒，無異於發動對孩子攻擊的行為，並非最好的辦法。

那麼，該怎麼辦才好？首先，父母應將注意力放在孩子身上。當孩子在外吵鬧時，一般父母最先想到的是對其他人的影響。人類是社會性的動物，顧慮他人感受是對的。在旁人眼光下，仍厚臉皮地說：「這種事也難免嘛。」想就此逃避問題，並非正確的態度。不過在這種情況下，最先要考慮的，是當下該如何教育我的孩子。**孩子哭的時候，父母第一時間該做的不是擔心旁人覺得吵鬧，因而立刻施加壓力在孩子身上，讓他停止哭泣，而是要先思考我該如何正確地糾正孩子不當的哭泣。**無論在任何情況下，父母都應專注於當下孩子的狀況，妥善保護孩子、照顧孩子、指導孩子。

任何教育孩子的行為，都是「百年大計」。父母時時刻刻都必須將「要如何正確指導孩子？」「孩子哪裡覺得不舒服？」的苦惱放在第一順位。

當孩子哭鬧的時候，只想著讓孩子盡快停止，這對孩子沒有任何幫助。要讓這件事在孩子身上發揮教育的效果，就必須讓孩子經歷這樣的情緒。不是對孩子說：「好，你哭，盡量哭，哭久一點！」而是讓孩子親身經歷與感受自己的情緒。在孩子自己冷靜、停止哭泣為止，父母都必須守在一旁。父母這時也不可以滑手機或做其他事。因為父母沒有把注意力放在自己身上，而分心做其他事的行為，孩子不但眼裡看得一清二楚，也極度厭惡這樣的行為。在此情況下，孩子豈有聽父母話的道理。這時，守在孩子身旁的表現是至為重要的。

孩子必須自行學會設定情緒停止的時間點，並且從這個情緒中走出來，才能培養情緒管理能力。在哭泣的孩子面前，試圖說服或施加壓力都無濟於事。當然，孩子跌倒後疼痛不已，應立即安撫孩子。但是不當的耍賴或哭鬧時，父母必須靜靜守在一旁，等待孩子情緒自行平復。

當媽媽靜靜守在哭鬧的孩子身旁，當周圍安靜下來時，孩子會停止哭泣，望向四周，甚至開口說話：「媽媽為什麼不說話？」這時再對孩子說：「我正在等你停止哭泣啊。

我有話要跟你說，但是你一直哭的話，媽媽就沒辦法跟你好好說話。」有些孩子會回答：「請說。」有些孩子則是繼續哭。若是後者的情況，應告訴孩子：「我會等到你不哭為止。」並且繼續等待。但是許多父母等不了孩子這麼久，只會在哭泣的孩子面前斥責：「我叫你別哭了，聽到沒？」「噓！我要生氣囉！」如此一來，孩子便無法培養承受與忍耐情緒的能力。

孩子在承受情緒的過程中，未遭受任何負面的攻擊，自行學著忍耐，日後將可養成掌握狀況的能力。唯有親身體驗，孩子才能學到情緒也可能有高低起伏。如果父母太早介入，孩子便不知道該如何挺過那樣的情緒，也沒有機會理解自己的情緒也有階段性地高低起伏的時候。胡亂哭鬧的孩子，需要的不是其他人的安撫，而是讓他們安撫自己的機會。此時，父母必須守護在孩子身旁，看著孩子如何安撫自己。

「醫生，如果要那樣守在我家孩子身旁，他恐怕哭個四天三夜也不會停止呢。」根據我二十多年來的臨床經驗，從沒有見過哭上好幾天的孩子。在沒有重大殘疾或疾病的前提下，孩子絕對不會哭太久。孩子也會累，根本無法哭這麼久。父母只要守在一旁，任其哭泣，孩子自然會找到停止哭泣的時機，並且從這個情緒中走出來。唯一的問題，在於父母無法忍耐，或是中途不斷給孩子其他的刺激，讓孩子繼續哭泣。我敢保證，沒有孩子會因為一個問題哭上好幾天。

四招黃金秘訣，安撫哭鬧的孩子

第一招黃金秘訣：在孩子兩歲以前積極安撫，並充分掌握孩子的特質。在此階段，父母不能只是守在一旁，看著孩子自行整理情緒。必須給予安撫，並且仔細觀察子女具有什麼樣的特質。

如果在日常生活中，孩子沒有生病，但是情緒反應總較別的孩子來得更強烈時，父母必須與專家一同找出原因，給予最適當的處置。若非如此，孩子不易安撫的特質將開始成形。一旦成形，將成為日後的一大隱憂。這不僅可能會讓孩子在社交關係中出現問題，孩子也會產生極度自我的主觀意識。他會開始覺得不合我意的，都是不好的。例如有張硬梆梆的椅子。其他人雖然心想「這張椅子坐起來有些不舒服」，不過稍坐片刻無妨。而這類孩子卻可能大發脾氣，抱怨椅子「怎麼這麼硬！」如果對每件事都是如此，這孩子的一生多麼痛苦啊？

第二招黃金秘訣：當孩子安撫不了時，靜靜守在孩子身旁。當父母竭盡全力想安撫孩子時，難免會丟給孩子過多的提議，像是「要不要和爸爸出去？」「要不要爸爸幫你做？」儘管父母百般努力，但是孩子每次接受新的刺激時，心情只會更加煩躁，因而表現出更激烈的哭鬧。這時不管對孩子再好、說的話再動聽，在孩子情緒低落的狀態下，任何努力都無法傳達給孩子。

當孩子哭泣或吼叫時，請別對孩子說話，只要守在身旁即可。對於不易安撫的孩子，目標應放在教導他們自行平復情緒的方法。

第三招黃金秘訣：別將孩子交給敏感的另一半。如果另一半年幼時較為敏感，如今已回歸正常，則不在此限。但是如果另一半依然很敏感，當孩子出現問題行為時，就很有可能再失控。暴怒的父母對不易安撫的孩子影響甚大。孩子本身已經相當敏感，若再加上父母的影響，孩子的狀況將更加惡劣。就算不了解自己或另一半本身有沒有過度敏感的問題，只要每次孩子不易安撫時，另一半總是對他大呼小叫、怒氣沖沖，就很可能是過度敏感的人。

那麼，敏感的另一半就永遠不適合教養孩子嗎？只有孩子出現問題行為時，才需要如此。基本上孩子由父母雙方共同教養最好。如果父母過度敏感，平時就可能帶給孩子不良的影響，必須接受治療才行。要是覺得孩子和另一半相像，平時不妨多與敏感的另一半對話，也可以詢問另一半是如何平復情緒的成功經驗，將方法應用在孩子身上。當我們了解孩子的問題的同時，也是了解另一半的問題的好時機。當孩子不易安撫時，不少父母會因為心急如焚而責怪、批評另一半。這類行為千萬要避免。

第四招黃金秘訣：守在孩子身旁時，別一直走來走去。在孩子停止哭泣之前，父母不可以任意移動位置。即使到了晚餐時間，也得繼續等待，並告訴孩子：「你不停止哭泣，我們就不吃晚餐。」不可以在孩子就要停止哭泣時起身準備晚餐，這麼一來，孩子可能會大喊「不要走」，繼續放聲大哭。於是新一局的「對峙」再度展開。請記住，父母千萬不可離開位置，必須穩坐如山。

最初的幾次嘗試至為關鍵，如果這幾次獲得成功，日後父母將可得心應手。因此，請父母們務必抱著「我今天非教好孩子這件事不可」的堅定決心。

父母守在孩子身旁的模樣，對孩子而言是相當重要的象徵。不過，在此過程中，父母必須保持平常心，將心中的情緒想辦法放下，才能消除「令孩子害怕的形象」，因為孩子不是父母發脾氣的對象，而是必須教育的對象。

好比婆婆教媳婦醃泡菜，一位是明確告訴媳婦：「這個要先放進去才對，別忘記了。」另一位則是指責媳婦：「唉唷，這個先放才對啦，你在娘家到底學了些什麼？」做媳婦的感受如何？既然是傳授知識，就得好好傳授知識，要是摻雜情緒性的語言，孩子怎麼也學不好。

＼Think about parenting 6 ／

妻子教孩子時，丈夫不該出現的態度

當妻子在教孩子而發火時，一般的丈夫會出現三種表現。第一種是「發火爸爸」。這種爸爸心裡會想，「我為了家庭生計，在公司受了多少苦，回家竟然還吵吵鬧鬧的？」當他們下班回到家，看見妻子怒氣沖沖和孩子哭個不停的樣子，瞬間疲勞感加倍，於是把忍耐了一天的情緒爆發出來，甚至生氣的程度更勝妻子。

第二種是「殭屍爸爸」。許多爸爸回到家只想休息，滿心期待家裡能滿足他這樣的需求。但是下班進門時，氣氛卻不是如此。於是這些爸爸立刻將自己的情緒封鎖，無論是妻子的碎唸，或是孩子的哭鬧，全都與我無關。如殭屍般走進自己房間內使用電腦，或是躺在沙發上，抓著遙控器切換頻道。彷彿是以遙控器為友的殭屍。

第三種是「妻管嚴爸爸」。當回到家裡，看到妻子正在罵孩子，這類爸爸甚至會比妻子更賣力地兇孩子。讓孩子一時不知所措，感到：「他們明明都是大人，卻兩人聯合起來攻擊我！」對這些爸爸而言，是否了解當下情況並不重要，先發火再說，不然等下自己也跟著倒楣。不過到了孩子懂事後，這類爸爸將會失去在孩子心目中的地位。因為孩子會認為：「其實爸爸什麼也不懂，整天只會插手管閒事。」同時，孩子也可能討厭起媽媽，覺得媽媽是向爸爸打小報告的人。以上三種類型，都不是媽媽在教孩子時，爸爸們應出現的態度。

Bonus Page

面對脾氣差的丈夫／妻子，該怎麼辦？

——對另一半愛發火的應對之道——

當孩子就在一旁，面對動輒暴怒的丈夫或妻子，有沒有更安全的處理方式？以下將針對在另一半身上最常出現的幾種引發暴怒的情況，深入分析和探討會對孩子造成什麼樣的影響，以及該如何解除教養危機的處置之道。

情境1 他手握方向盤時，特別容易發火

給當事人的勸告 **請反省自身情緒控管能力。**

仔細想想。開車時在路上遇見的人，都是與自己素未謀面的人。那些人既無意攻擊自己，也不是故意碰撞。即便如此，一個人開車時常出口成髒、暴跳如雷，這就是連一點小事也無法克制脾氣的證據。

如果在路上遇到危險駕駛，差點釀成重大事故，造成自己或家人的生命威脅，當然有理由生氣。若非如此，就得審視自己是不是情緒控管太差的人。

另外還有一種狀況，坐在副駕駛座的人因為另一半開錯路而發飆。誰都有可能開錯路的時候，只要往前開一段路，再繞回來即可。千萬不可因為這樣微不足道的小事，讓我們最重要、最珍視的親人心靈受創。

對孩子的影響 父母在車上發火，對孩子的衝擊將被放大十倍以上。

車內是相當狹小的空間，比起在家中發脾氣，在車內發火對孩子心靈的衝擊，至少會被放大超過十倍以上。因為駕駛中的爸爸一旦生氣，也許會因此車禍，這點孩子相當清楚。因此當爸爸在車內失去耐性、大聲吼叫時，孩子在狹小的空間內感受到的是生命被威脅，因此內心極度恐懼。

當妻子駕駛時，丈夫在一旁大呼小叫地指責對方的開車技術，從孩子的立場來看，也是同樣的令人不安而不知所措。

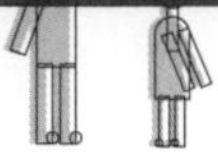

對配偶的應對之道

和另一半事先訂好提醒對方的原則。

面對開車容易暴怒的另一半，如果在一旁嘮叨，只會讓對方更加生氣。要是拉開嗓門指責對方：「你為什麼對我大小聲？」雙方將因此爭執不下。

如果丈夫（或妻子）開車時情緒容易上火，最好利用平時充分溝通，和另一半事先訂好提醒的原則。「如果我覺得你的情緒太激動了，會問你：『要不要換我開？』那麼你就要有所自覺：『喔，我已經影響到妻子和孩子了』。」透過此舉，解救了車內所有的人。

如果自身在開車時，身旁的另一半對自己開錯路而正在氣頭上，則必須忍住。不可以連自己也跟著動怒。雙方同時發飆的結果令人不堪設想，必須採取更好的方法。「再繞回去就好啦。」用一句話簡潔帶過。就算對方反諷：「你是時間太多嗎！」也得忍耐。面對因為微不足道的小事而暴怒的人，應將他們視為內在某一部分尚未成熟的人，是需要我們給予幫助的對象。因為不成熟的人，不會因為當下的一句話而能改變、成長。

情境2
他在外用餐時，特別容易發火

給當事人的勸告 **請反省自己是不是太過自私。**

為了享用美味的料理，共度美好的家庭時光，於是全家人一起到餐廳用餐。如果在餐廳裡因為一點小事而與人爭執，等於奪走了家人與餐廳客人享受幸福的權利。因為微不足道的小事而暴怒，將不滿的情緒施加在多數人身上，就是一種自私。

當這類事件頻繁發生，孩子將會越來越討厭與父母相處，甚至可能厭惡父母呼喊自己的名字。因為父母鬧事的聲音令他們感到厭煩。當孩子否定了自己的父母時，其自尊心也會自然隨之低落。

對孩子的影響 **讓孩子害怕受到關注。**

有些人容易因為上菜太慢、服務生遲遲不來、店員不親切、食物難吃等原因而生氣。當父母在餐廳發脾氣時，孩子的心情是慌張、羞愧且恐懼的。更致命的一點是，父母的呼喊將引來眾人的目光，被迫處於這種情況下的孩子，未來很可能成為極度畏懼眾人目光的人。這種恐懼並不僅止於當下，更會在孩子心中建立起一套心理機制：認為自己只要受到旁人關注，通常是代表著不好的事。症狀嚴重的孩子，以後可能會很害怕被別人盯著看，走路時也會低頭看著地板。

對配偶的應對之道 出門前約法三章。

當家庭氣氛和樂時，應盡可能針對上述問題彼此多多溝通，了解對方的想法，和討論該如何解決。在下一次全家出門前，務必和對方先約法三章：「今天我們的目的，是全家和樂融融地用餐、聯絡感情！等會兒千萬別因為一點小事就不開心。」一家人再出發前往餐廳。

情境3

他對電視內容或路人甲，特別容易發火

給當事人的勸告 ▶ 你是否對異己特別不認同？

這裡我只希望發火的當事人思考兩個問題：「我和他見過面嗎？」「他是要和我共度一生的人嗎？」如果兩者皆非，你也會動怒。那麼第一，你可能是個容易因為小事抓狂的人；第二，只要面對意見、作風有別於己的人，你就特別不認同。

當然凡事只要從常識來判斷，大多有其是非對錯。即便如此，如果對方沒有對我造成太大的損害，異己並不代表錯誤。我們應當認同與自己不同的人，讓對方為自己的人生負責。如果對方的行為損害公眾利益，或是侵害個人權利、嚴重違反法律規範，或許可以為此發怒。不過除了足以引起「公憤」的案例外，其他人即使和我們想法不同，也沒什麼好為此生氣的。

請試著回想我們的上一代。年少時的他們，往往逞凶鬥狠。這種行為曾被視為男子氣概的表現。當父親上了年紀後，就更冥頑不靈了。如此一來，父親少了聊天的對象，只能整天看著電視，對著電視發怒，但是那種孤獨又有誰可以理解。如果你來自這樣的家庭，從現在起，就要避免自己走上這樣的人生。

對孩子的影響 ▶ **讓孩子自尊心發展受挫。**

當孩子看到父母常對電視內容大肆批評或對看不過去的路人發飆，孩子心裡也會更加不安。因為子女們和父母一定有不同的想法的時候。他們也許會想：「我會不會也受到那樣的指責？」「爸媽會不會因為不認同我而討厭我？」因此自尊心受挫。唯有父母無條件接受與尊重孩子，孩子的自尊心才能健全發展。父母如果不能認同異己，對孩子的自尊心將帶來負面的影響。

對配偶的應對之道 ▶ **理解並幫助對方改正。**

當我們發現另一半對異己特別難以認同時，應等對方情緒平穩的情況下，分享彼此對於「異己」的想法。其實我們每個人所看見的，只是某個人的其中一面。在這個人生命中的其他部分，也許有令人激賞之處，不可以單憑其中一面，便妄下判斷。這類型的配偶大多個性較為固執，而自尊心則相對缺乏。因此，我們應該同情他們。比起厭惡這樣的配偶，我們更應該思考如何幫助他們。

Part3

當孩子惹父母生氣時的
6 種教養解方

發火只會讓孩子心中留下恐懼、不安，

卻無法學會任何事情。

大人幾天內就能排解的一句話，

可能在孩子心中留存數十年。

Solution 7

媽媽快忙死了，孩子卻依然故我

「當孩子不肯加快速度時」

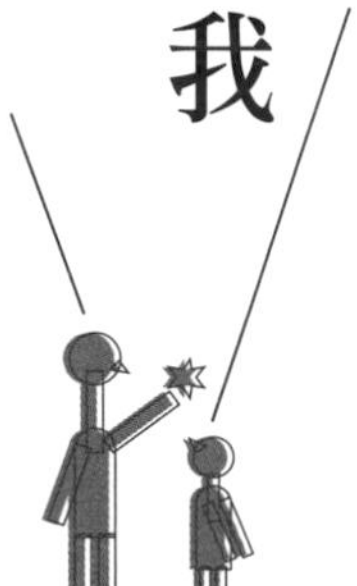

CASE

「瑞熙呀，你有乖乖吃早餐吧？今天八點一定要出門。媽媽今天絕對不能遲到。」

瑞熙媽媽正在浴室洗頭，一邊叮嚀著瑞熙（四歲）。雖然媽媽七點就將瑞熙搖醒，不過孩子仍處於半夢半醒之間，於是媽媽先將瑞熙抱到客廳沙發上，再將炒飯端上桌。

「媽媽，我要看巧虎。」

「知道了，那你邊看巧虎邊吃早餐喔。媽媽先去洗頭髮。」

孩子沒有回答。媽媽心中有股不安的預感。

「瑞熙呀，你為什麼不回答？你有乖乖吃早餐吧？」

「嗯……正在吃。」瑞熙嘴中塞滿食物的聲音。

然而媽媽洗完頭出來一看，竟只吃了兩口。時間已經七點四十分了。

「跟你說過媽媽快遲到了吧？別吃了，快去穿衣服。」

媽媽收拾好飯桌，拿出瑞熙準備換的衣服。將衣服交給瑞熙的同時，順手關掉了電視。

「為什麼關掉電視？我還沒看完耶！」

「讓你繼續看電視，你就不會乖乖穿衣服了。媽媽吹乾頭髮、化好妝之後，你就要把衣服穿好喔。」

瑞熙嘟起嘴，看著媽媽拿來的衣服。

「我不要穿這件，我要穿粉紅色的連身裙。」

「那件不是星期一穿過了？那件還沒洗，今天先穿這件。」

「不要。我和玟怡說好要穿那件了。」

「那你昨天就應該說的啊！今天先穿這件。」

時間指向七點五十分。媽媽開始著急了起來。「要讓瑞熙搭上八點的娃娃車，這樣上午的會議才不會遲到……。」媽媽一邊在心裡大致盤算著，一邊化好了妝、穿好衣服。這時七點五十五分了。

「你衣服穿好了嗎？」
媽媽走進客廳，被眼前的景象嚇了一跳。瑞熙依然穿著睡衣，繼續看著電視。
「你在幹嘛？怎麼一件衣服也沒換？」
「我討厭那件，不想穿。我要穿別件。」孩子走向自己的衣櫃。
「現在才開始挑要挑到什麼時候？娃娃車已經來了！媽媽要遲到了！」
時針指向八點。媽媽打了通電話給娃娃車司機，請司機稍等十分鐘。司機表示無法配合，又發表了長篇大論，說自己如果考量每一家每一戶的情況，九點前無法將孩子全部送達幼稚園。媽媽嘆了口氣，改撥電話到公司，謊稱孩子身體不適，可能會遲到三十分鐘。「唉，真是的。真討厭非得說謊不可。」
「喂！李瑞熙！」
瑞熙正翻箱倒櫃，想找出有圓點的襪子。
「你非得這樣不配合嗎？為什麼要讓媽媽這麼累，動作不能快一點嗎？」
瑞熙充耳不聞，繼續翻找襪子。媽媽的火氣瞬間上來，開始對孩子不耐煩。於是帶著憤怒的情緒，打了孩子一下。
「啊！好痛。嗚……很痛耶。我最討厭媽媽了！」
瑞熙放聲大哭。將衣櫃內的衣服全部翻了出來，哭得一發不可收拾。

為什麼孩子不肯加快速度？

為什麼當情況緊急時，孩子不肯加快速度？這題我不妨直截了當地回答：因為孩子追求「享樂主義」。無論當下處於何種狀況，只要卡通演得正精彩，每個孩子都想繼續看下去。如果遊戲很有趣，他們就會繼續玩遊戲；如果積木好玩，他們說什麼也不會放掉積木。不在幾點前出門，將會發生什麼事，或者帶給別人什麼樣的困擾，這些都不在他們的思考範圍內。他們只是個孩子。

而孩子動作慢吞吞的原因，其實相當簡單。多數孩子雙眼緊盯著卡通時，會顧不得手邊的事，這不過是因為卡通比手邊的事更有趣，而不是為了增加父母的困擾。那父母該怎麼辦？教就對了。依照孩子的年紀，按部就班教導即可。

許多父母不知道該怎麼教育子女，只是一味催促孩子，勉強孩子加快速度。越是著急，越情緒化。等到情緒滿到再也無法容忍時，父母便將這股情緒完完整整地轉嫁到孩子身上。對孩子又是口出惡言，又是動手揍人。因為激起自己心中這股不滿情緒的人，正是「孩子」，於是父母們將所有的不順遂全都推到孩子身上。「都是你害我遲到的，你為什麼要讓媽媽這麼難過？」不過，這一切真的都是孩子造成的嗎？

我了解父母的心情。在必須盡快準備好出門的情況下，要是孩子快點換衣服多好，但是當孩子好整以暇地看著漫畫，或是不停嘀咕「媽媽，可是我……」，或是執著在衣服的選擇上，一下子想穿，一下子不想穿，這些行為在媽媽眼中看來，就像是不願加快速度而刻意為之的行為。也有些媽媽反問我，在那樣的情況下，怎麼可能不生氣呢？

但是我們先退一步想想。孩子出生後，在這三、四年的生命中，有時有條有理，有時滿腹疑惑，有時抗拒外界。有時甚至能用自己的方式度過一天。孩子的這些行為，都有其原因。有在固定時段非看卡通不可的原因，有嘀咕牢騷的原因，也有不想穿某件衣服的原因。站在父母的立場來看，那些原因在當時的情況下可能是無理取鬧。不過孩子的立場不同。如果對這樣立場不同的孩子感到排斥，表示父母對孩子缺乏同理心。

孩子慢條斯理的動作雖然會讓父母心煩意亂，不過父母不該由孩子主導自己的情緒。這種情緒生成於父母的內在，如果繼續對此情緒施壓，最後惹出事端的也是父母。**如果希望孩子加快速度，父母應根據當時的情況與孩子的年紀給予適當教育。例如告訴孩子：「媽媽不可以遲到，所以一到說好的時間，媽媽就會把你帶出門。」並真正在約定的時間出門。**但是父母們為什麼辦不到？

看著動作慢吞吞的孩子，父母內心激起各種複雜的情緒，一時五味雜陳、焦慮不安。當自己再也無法忍受這樣的情緒時，便對著孩子大吼：「你為什麼總是要對媽媽這樣？」當父母失控時，孩子做何感想？他們只會想著：「我又怎麼了？」「我到底做錯什麼，非得這樣對我？」其實孩子的內心相當恐懼。當父母說：「你真的很不聽話，再這樣下去，你就準備被我修理！」孩子的想法是：「為什麼我要被修理？」於是對著怒氣沖沖的父母頂嘴，最後果真遭受了懲罰。再怎麼年幼的孩子，也會覺得：「這好像不是我的錯吧？」為了保護自己，孩子只好採取頂撞父母的行為。如果最後因此挨揍，想想不明就裡的孩子的內心該有多麼委屈啊？

當父母說「快點準備」的時候，孩子為什麼非得回答「是」？為什麼父母提出要求時，孩子得乖乖聽話，立刻回答「是」？孩子也有自己要面對的狀況。不是說孩子頂嘴理所當然。但站在孩子的立場來看，分明還沒能掌握狀況，或是當下真的有非常有趣的事情，為什麼父母總是期待自己回答「是」？這對孩子而言反而是無理的期待。聽完我這樣的解釋，許多父母反問我：「醫生，難道我們就放著孩子不管嗎？」我不是要父母們置之不理，而是希望父母們從這個角度來理解孩子，以減少怒氣。

請用最簡單的思考和方法對待孩子

如前例中，瑞熙媽媽所說的「這件事昨天就應該說的啊」這類話語，都是將原因歸咎於孩子。因為媽媽心中想的是：「要是你昨天說了，現在就不會出現這樣的狀況。我明明進行得很順利，為什麼你把事情搞得這麼麻煩？」

不過，媽媽昨天並沒有問孩子：「明天要穿的衣服挑好了吧？」「你明天要穿什麼衣服？」如果上述情況發生在大人之間，媽媽的話可能是對的。「你的衣服早該選好的啊，為什麼到了早上才選？」因為大人必須為自己的生活負責與做好規劃，媽媽這番話所言甚是。但是孩子畢竟不是大人，所以媽媽的話並不正確。因為個人疏忽而造成自己的不便，卻怪罪在孩子身上。

那麼在這種情況下，該如何對孩子說才好？媽媽可以這麼說：「是嗎？也許媽媽挑的衣服你不喜歡，所以從今天開始，就養成前一天挑好衣服的習慣吧。但是今天沒時間了。我知道你不喜歡，但是今天沒得選擇。」就算父母這麼說，孩子仍有可能感到煩躁而哭鬧。這時父母千萬不可跟著生氣，必須將孩子的情緒反應視為理所當然。孩子因為媽媽這番話產生的情緒反應，也許並不容易平靜下來。如果向孩子說明過後，孩子仍無法接受，父母應立刻為孩子換上衣服，將孩子抱出門。此時不可以言語威脅孩子，更沒必要對孩子說：「你再繼續這樣，媽媽真的要生氣了」。**只要將孩子帶出門即可。此一舉動，可以向孩子傳達這樣的訊息：「我知道你的狀況，也知道你不喜歡這件衣服，但是現在該是出門的時候了。」**

孩子很簡單，只想穿自己喜歡的衣服。這沒有錯，但是今天的情況不允許。所以媽媽只要簡單告訴孩子：「知道了，但是現在沒時間這麼做，得出門了。」媽媽也不應該期待孩子在此過程中順從指示，加快速度完成，並且立刻停止哭鬧。這並非媽媽所能控制的行為。假設孩子哭著哭著，一到外面就停止哭泣，千萬不可對孩子說：「看吧，明明就可以不哭。」讓孩子順其自然地停止哭泣即可。

不過，如果在上次類似的狀況中，孩子哭了三十分鐘才停止，而這次只哭了十五分鐘，也請不吝稱讚孩子。「瑞熙呀，媽媽看到你只有哭一下下，比上次更乖了。」如此稱讚即可。請用最簡單的方式思考與對待孩子。**「在這種情況下，我該教孩子什麼？應該告訴孩子時間到了，就算不喜歡也得出門吧。」如果心中這麼想，只要將這樣的想法傳達給孩子即可。**

在教養上喜好偏向掌控一切的父母，總認為孩子非聽自己的話不可。要是孩子有一絲逃離這種掌控的想法，或是不聽父母的話，便怒不可遏。但是孩子並非機器人，而是擁有情感的個體，豈有可能每次順從媽媽的話？假設學校老師要孩子將書桌搬往其他地方，孩子們一定會聽老師的話，無條件回答「好」嗎？也可能會問：「老師，為什麼要搬呢？」如果老師說明：「小朋友來來去去，可能會不小心撞到。老師的手受傷了，所以希望你們可以幫老師的忙。」多數孩子都會回答「好」。父母們如果這樣說明，孩子也可以理解父母的。

教育不是讓媽媽心安自在，而是幫助孩子成長

最容易讓父母失控動怒，斥責孩子怎麼不快點完成的導火線之一，正是「家庭作

業」。**作業是孩子必須完成的任務。寫作業的目的不僅是為了學習，更在於教導孩子責任感。**父母應教導孩子完成被賦予的任務，遵守與老師之間的約定。因此，在孩子寫作業的過程中，父母下達的指令必須有助於孩子的成長才行。

當媽媽下達「作業一定要寫完」的指令時，孩子可能反問：「為什麼？老師又不檢查。」此時媽媽應繼續下達指定：「為了不被老師罵才寫作業，這是不對的。作業對你們非常重要，而且老師不是只針對你，而是對全班出的作業。再怎麼辛苦，別的小朋友都忍著寫完，所以你也不例外。老師出作業，是要讓你們培養完成任務的習慣。」總而言之，作業非完成不可。

至於寫作業的時間，由孩子自己決定。「今天一定要把作業寫完，時間你自己決定。你打算怎麼做？」「十點我會開始寫。」「十點才開始，如果寫得太晚，你就沒時間睡覺了吧？得早點開始寫才行。」以此方式循序漸進引導孩子。「那麼九點。」「好，你看一下作業的分量，這些你可不可以在三十分鐘內寫完？」「咦？怎麼這麼多。」「那就再早一點開始好嗎？」像這樣，以「作業非寫不可，再累也要寫。時間由你決定」的方式進行對話。在訂定標準的過程中，與父母一同學習如何拿捏。唯有如此，孩子才會接受基本的規則，而在學習自我調整的同時，孩子也才能成長。

「立刻去做」是父母單方面決定的標準。正確來說，是讓父母覺得舒坦的標準。當父母催促孩子的時候，總希望自己「話一說完」，孩子「當下立刻」行動，並且盡快完成。因為這麼一來，才覺得心安自在。父母設下過於不通人情的標準，當孩子不能順從這套標準時，父母卻大感不滿而斥責孩子、勉強孩子，執拗地多次重複相同的命令。**如果孩子不肯加快動作時，我們必須先思考的問題是：「設定這些標準的方向是為了我自己，還是為了孩子？」**

假設孩子說好九點前完成作業，最後卻沒能及時完成。此時，一般父母多會在心裡一邊想著「我實在不該讓你自己決定時間……」，一邊感受著被背叛的滋味。父母必須多讓孩子嘗試失敗，才能讓孩子在過程中學習。不多訓練孩子嘗試失敗，只一味提出大人認為的正確標準、能獲得良好結果的建議，並勉強孩子盡快照做，這其實也是為了讓自己心安。因為孩子多次嘗試失敗的模樣，令父母於心不忍，而孩子沒有寫作業，到了學校遭受老師的責罵，也是父母無法接受的事情。為了避免那樣不安的情緒，於是選擇不讓孩子嘗試失敗。

在進入校園前的孩子，情況又是如何？幼兒期的孩子也有自己必須完成的「任務」，其中包含了認字的學習。對於這些孩子，父母不可下達過於生硬的指令，例如「現在、立刻」等命令句。因為此一時期的孩子並沒有能力自行安排時間，父母應當以更具體的指令引導孩子。

假設孩子放著練習國字的作業不管，全神貫注在卡通上。媽媽要指著時鐘告訴孩子：「指針走到這裡的時候，卡通就結束了，之後一定要寫作業。因為你比較早睡。」若孩子不從，那麼父母該做的不是生氣，而是讓孩子先有一次太晚寫作業而很辛苦的經驗。接著隔天再一次與孩子商量。「瑞熙呀，經過媽媽昨天的觀察，你作業寫得太晚好像很辛苦。那麼今天先寫完國字再玩吧？」像這樣建議孩子更改安排事情的順序，是為了讓孩子嘗試失敗，藉此教導孩子自我管理的方法。昨天失敗，不可能今天立刻成功。就算失敗，今天仍然可以再挑戰一次，並且務必讓孩子再次嘗試。直到孩子能自行體會到「啊，原來要這樣做才對」為止，父母必須不斷讓孩子多次嘗試失敗。當不斷重複某件事時，孩子將可從中領略出做事的訣竅，進而適應安排事情的訣竅。這個過程相當重要。如果孩子特別不遵守指令、不聽媽媽的話時，首要任務是與孩子建立良好的關係。建立良好關係的最佳辦法，是和孩子盡情玩耍。「媽媽先和你玩三十分鐘，之後就要寫作業囉！」媽媽提出這樣的建議，孩子必定乖乖聽話。

到了該出門的時間，孩子卻一再拖延時，只要像前面多次強調的方法一樣，按照媽媽的安排進行即可。「如果你能在約定好的時間前穿好衣服，那是最好的，可是如果還沒準備好的話，媽媽只能直接把你抱出門了。時鐘指針走到這裡，我們就得出門。」孩子也許會問：「如果衣服還沒穿好呢？」媽媽只要這麼回答：「那就把衣服帶出門再穿。」**如果現實情況不允許繼續等待孩子，就必須化指令為行動。無條件等待孩子，對孩子沒有任何幫助。**要讓孩子知道，現實情況下得在一定時間內完成的事情，就必須在規定時間內處理好。

身為職場婦女，難免會有一兩次因為孩子的關係，不得不打電話通知公司：「因為孩子，今天可能會遲到」。但是不可能天天如此。那麼就得先向孩子說明狀況。如果媽媽非得八點十分出門不可，可以告訴孩子：「媽媽可以等你等到八點，如果你還沒好，無論如何都得出門。」要是還沒刷牙，可以試著把牙刷交給幼稚園老師，拜託老師：「請幫幫忙，真的很抱歉。」要是衣服還沒穿好，不妨先以外套簡單遮住孩子凌亂的衣著後，帶上換穿衣物，請幼稚園老師協助換穿。唯有如此，才能教導孩子在規定時間內務必出門的道理。

多數父母經常犯下這樣的錯誤：說好等到八點，在此之前卻不停過度催促孩子。雖然孩子年紀還小，父母必須在過程中不斷提醒孩子。「快要八點了，動作快。」這種程度的提醒最適當，不可再過度的催促。當媽媽要求孩子「去換衣服」後，自己去做其他出門準備，回過頭來檢查孩子時，多數的孩子可能都還沒穿好。其實並非只有你們家的孩子如此。此時，父母不應該責備孩子：「你為什麼這麼不聽話？」而是先幫助孩子穿好衣服。例如幫孩子兩隻腳穿進褲子後，接著要求孩子完成剩餘步驟。此舉對於媽媽與孩子，都可實際達到幫助的效果。

當媽媽有空閒時，也可以多幫助孩子練習。在不必上班或上幼稚園的週末，出門前往超市之前，告訴孩子「○○點○○分前要準備好」，製造練習的機會，並且觀察孩子準備的過程。因為此時媽媽擁有較充裕的時間，更能清楚看出孩子需要什麼樣的幫助，才能加快準備速度。

看到孩子慢吞吞，父母為什麼會焦慮？

好，現在來談談父母。為什麼在孩子慢吞吞的情況下，父母容易生氣？第一，有時間限制而孩子不肯加快動作時，上學或外出皆屬於此種情況。第二，寫作業時。俗話說「好的開始是成功的一半」，但自己的孩子卻連開始都沒有，或是一再拖延，均屬於第二種情況。

那麼，父母為什麼焦急？焦急的原因大致可分為三種。

第一，因為孩子脫離父母規劃好的道路，而讓父母慌張不安。我們在擬定計劃的同時，大多已做好預期的心理準備，這不僅代表我們已料想可能的成果，也代表已在心中完成各種盤算，並設定好允許的彈性時間。假設兩點必須出門，因為已經預想到可能會延誤，所以心中真正設定的出門時間為兩點三十分，在這時間之前，還算游刃有餘。但是到了兩點三十二分，即使才過了兩分鐘，內心卻會開始焦急起來，在短短兩分鐘內變得侷促不安。於是父母們心想，之所以造成這個局面，全都得怪孩子。站在孩子的立場，這是多麼令人委屈的指控。如果有能力預測結果，盤算應對各種情況的計策，他還是正常的孩子嗎？

第二，父母討厭孩子慢吞吞帶來的結果。媽媽不想因為遲到而被公司的人責備，也不願讓孩子晚搭娃娃車，看著司機對自己擺出臭臉。除了實際狀況帶來的反感，她們內心深處還隱藏著另一種討厭的情緒：雖然是我的孩子，但是孩子犯的錯，卻得由我來承受責備。這類父母也許並沒有意識到這層情緒，他們的內心某部分其實相當抗拒負責。他們極度厭惡因為他人而受辱，或是因為某人而使集體受到指責。無論什麼事情，這些人慣於釐清責任歸屬。相對地，他們也願意為自己的錯誤負責，並能忍受他人對自己的評價。平時他們會明確區分自己與他人物品的分際，無法容忍他人未經同意擅自觸碰自己的物品。劃清界線固然好，但是如果沒有拿捏好，可能因此失去對他人的包容力。由於本身嚴守分際，從中尋求自我人生的價值，一旦有誰逾越界線，將造成他們極大的不便。這些媽媽們對於自己必須完成的業務與課題，態度應該也是認真積極的。

第一種與第二種情況看似頗為相似，不過稍微不同。前者是嚴格管控自己的人生，「我今天得做這些事，所以必須讓孩子在這個時間前完成所有準備，準時出門」。他們做事相當有規劃，以自己的方式前往目標，從中尋求穩定。這些父母也經常試圖掌控孩子，隨時要求孩子「動作快！快快快！」。一旦事情脫離掌控的範圍，便顯得焦急不已。驅動焦急的本質源於不安。當不安的情緒越強烈，越感到不自在。

後者是對他人評價相當敏感的人。旁人的眼光至為重要。這些媽媽會想：「要是你動作快一點，我就不會被罵了。」

第三種父母，則屬於特別容易為孩子操心。看著四、五歲的孩子不盡快準備好上幼稚園，就想到他三十年後的情景。「孩子再繼續這樣，該如何在這個複雜的社會中生存下去呢？」這些人時時刻刻催促孩子，提出無理的要求。「你再這麼懶散，以後該怎麼辦？」其實這是因為操心才會說的話。但是孩子的未來如何，誰也不知道。過度操心而變成幻想，反倒只會傷害孩子的自尊心。

為什麼孩子不加快速度，你就受不了？

我們為什麼變得如此性急？當幼時覺得理所當然的行為，未受到父母的認同時，長大後就可能變得如此。或是從小因為一些小錯誤而受到嚴厲指責，於是為了避免受到斥責而提心吊膽，或是竭盡所能在父母面前表現出好的一面，長大後也會變得如此。總而言之，都是在相當不安的環境下長大，才會造成今天的性格。

經常受到父母嚴厲責備的孩子，心中特別容易不安，常常想著「這樣做就不會被罵了吧？」於是自行劃定了不易被斥責的安全框架。但這些框架大多嚴重僵化扭曲，而孩子們便在這樣的框架中尋找安全感。有些人嘴上說不記得被父母責罵過，不過觀察他們對孩子的行為，卻像是從小遭受嚴厲責備的人。有些父母雖然沒有直接斥責孩子，或對孩子惡言相向，但是情緒卻經常起伏不定。

當爸爸下班後回到家，孩子看見爸爸心情不太好，心想「好像有什麼不開心的事，還是別惹他好」，因此選擇謹慎應對。好不容易鼓起勇氣問道：「爸爸，發生什麼事了？」爸爸只回了一聲「沒有」。雖然如此，孩子也能感受到氣氛有所不同。我們不只藉由語言溝通，也透過情緒溝通。至於發生什麼事情，孩子並不清楚。在這種山雨欲來風滿樓的氣氛下，為了避免遭受無端斥責，孩子只好夾緊尾巴、嚴陣以待。當孩子在氣氛沉重（即使沒有實際遭受斥責）的家庭中長大，就可能變成上述案例中，替自己過分劃定框架或界線的人。

讚美力量雖大，但是必須適時給予讚美，才能發揮最大的力量。近來父母們為了培養孩子的信心，時常給予大量的讚美。**然而這些「做得好」、「你最棒」的稱讚，如果拿捏不好，將導致孩子對父母的愛產生質疑。**讚美一般用於孩子做好某件事情、成功完成任務、取得不錯的成果時，然而當父母過分讚美時，孩子的心中反倒會產生「只有我表現得好，父母才會愛我、疼我」的想法，「父母永遠會無條件地支持我、愛我」的想法則慢慢動搖。如此一來，孩子可能為了討好父母而竭盡全力。如果因為懂得討好父母而受到關愛，或是只有表現傑出時才能獲得認同，這是相當可憐的。在這種環境下長大的人，未來也可能如此對待子女。

這些人只有在按照自己計劃好的、事先預想好的方向與框架中進行，才會獲得安全感，因此當孩子偏離他們的規劃時，父母的反應便是：「快點，跟你說過二十分之前要做好的吧？」在這樣的反應下，其實是源於嚴重焦急與不安的情緒。於是孩子最後也和父母一樣，兒時可能做出的幼稚行為不被父母理解，度過了身不由己的童年。日後也許變成和父母一樣，甚至是比父母更性急的人。

＼Think about parenting ⑦／

為什麼媽媽要扮黑臉，爸爸要扮白臉？

家有幼兒或小學生的家庭中，有不少父母會各自扮演管教與稱讚的角色。雖然比起完全不肯討論教養心得的父母要好得多，但是這種方式並不值得鼓勵。

「小孩若犯錯我來罵，你比較不常照顧孩子，讚美他就好。我罵完孩子後，你再好好安撫孩子、抱抱孩子。」

當這種形式的責任分擔徹底落實，父母其中一方將繼續扮演「黑臉」，親子關係也將持續惡化。這對孩子的情緒發展或教育，將帶來嚴重的打擊。

在孩子出現問題行為的當下，必須由孩子身旁的大人考量當時的情況，給予最適當的教育。無論這位大人的身分為何，甚至是社區裡的大叔也好，在大人的立場看來，孩子出現問題行為時，就必須教育孩子：「不可以這麼做。」千萬不可給孩子一種印象：「我只負責稱讚，等一下媽媽來了再教訓你。」因而錯失了教育的時機。即使是同樣一件事，孩子們絕不可能一次學會，必須反覆教育。由此看來，父母清楚劃分角色的行為反而會讓孩子錯失教育的時機。

Solution 8

再怎麼哄孩子，也只是徒勞無功

——「當孩子不肯乖乖睡覺、吃飯時」

CASE

秀智媽媽正將汆燙好的雞肉撕成細絲，心想：「孩子肯乖乖吃嗎？」從孩子開始吃副食品至今已經過了四個月，別人家孩子斷奶的進度相當順利，唯獨秀智（十個月）不見起色。秀智較能吃的，頂多是馬鈴薯粥、白粥的程度。嘗試各種食物固然重要，但是只要副食品中有顆粒較大的食物，或是拌入別種新的食物，秀智便立刻吐掉。昨天因為感冒跑了社區門診一趟，又被醫生唸了一頓。

「這位太太，秀智的體重明顯比同齡的孩子要輕了許多呢，身高也比較矮。孩子有好好吃副食品嗎？到了這個階段，應該要能吃半碗的白粥了。也要每天餵孩子吃肉才行喔。」

「要是孩子肯乖乖吃就好了。」秀智媽媽說。

秀智要是能大口大口吃下食物，長得胖嘟嘟的，身高也「一暝大一寸」，那真是媽媽最大的心願了。整天想著孩子要吃的食物，每天用心準備三餐外加水果，秀智卻依然挑嘴，吃得不多就算了，也不肯乖乖吃，更排斥各式各樣的食材。上醫院時、看見與秀智年紀相仿的孩子時、拜訪親友時，都讓秀智媽媽像個罪人般難受。

「這孩子是五個月大嗎？什麼，已經十個月了？怎麼還這麼小啊。」

「這孩子還是只吃那些食物嗎？多餵孩子吃點別的吧。只吃那一點，孩子當然長不大啊。」

秀智媽媽將撕碎的雞肉絲分裝成一餐的分量，放進冰箱冷凍時，聽見秀智嗚嗚咽咽的哭聲。唉呀，他應該再多睡一小時才對呀，怎麼才睡不到三十分鐘又哭了。

讓父母賠上自尊的孩子吃飯問題

進食與睡眠，是維繫孩子生存最重要的事，而父母的義務就在於幫助孩子吃得好、睡得好，這是父母自古以來，基因中代代傳承的義務。雖然父母未曾言說，但是如果因為這些事情做不好，心中對孩子會懷著什麼樣的心情？當然是極大的內疚感。

不肯乖乖吃飯、睡覺的孩子，從一早起床到夜裡入睡為止，讓父母無時無刻不操勞憂心，就連十分鐘也不得安寧。因為得隨時餵孩子吃飯、安撫孩子，令人身心俱疲。即便如此，父母也不能說：「我太累了，沒力氣餵孩子吃飯了！」父母有時候可以不幫孩子看作業，但是如果不餵孩子吃飯、不哄孩子睡覺，必定遭受譴責。人們被灌輸這樣的觀念，而父母也灌輸自己這樣的責任。

話雖如此，這個問題並不容易解決。因為孩子的作業不是生存的必需，但是讓孩子進食與睡覺卻幾乎是父母每天必須面對的問題。因此孩子若無法配合，會令父母深感內疚、甚至賠上自尊。

所以，即使父母們知道為了孩子不好好吃飯、發脾氣也無濟於事，但當下難免充滿了這樣的情緒：「我都已經努力到這個地步了，你到底想怎麼樣？」發完脾氣後，卻又對自己說：「你當了父母的人，竟然因為孩子不肯吃、不肯睡而發怒，你就只有這點能耐嗎？」反覆內疚的情緒令父母更加痛苦。

在孩子兩歲以前，父母會覺得這一切的痛苦都源自於孩子，但是他們其實也相當清楚，這並不是孩子的錯，因此感到很無力。**許多年輕夫妻甚至會因為孩子的問題，而面臨婚後生活的第一場危機。**因為這不只會令彼此身心俱疲，原本深深隱藏在夫妻性格中的缺陷，也會逐漸浮上檯面，最終可能演變成嚴重的衝突。

教養子女是幫助一個人成長的過程。任何人都有生而為人的不成熟之處，但這些不成熟的地方，卻會在帶孩子的初期逐漸暴露出來，許多人因此對自己感到失望與惶恐。有少數的父母則在陪伴孩子成長的過程中，也成功修正自己性格上的問題，最後將教養轉變為自我成長的機會。不過多數父母並非如此。他們因為難過、受挫而怪罪、詆毀對方，或是怪罪孩子、責備自己，讓自己在生理與心理上都承受著巨大的痛苦。不少父母甚至出現嚴重的憂鬱症。

在此階段，如果有誰願意出面協助帶孩子，必能幫上大忙。然而要是不能如願，無論對方是丈夫、娘家或婆家，這個心寒失望的記憶將會永遠銘刻在心。

其實大部分家庭迎接第一胎出生的同時，丈夫也正進入工作量最大的年紀。因為剛在公司接下新的職位，能力尚未受到肯定，因此工作量大，然而收入卻相對微薄。在這段期間內，多數丈夫的所有精力都會投入於工作和社交應酬上，而非家庭。因此能夠幫助妻子的餘力所剩無幾。

出自對丈夫的失望與心寒，妻子更會日復一日地埋怨，夫妻之間的戰爭於是展開。各種問題造成生活上衝突不斷，讓諸多恩怨糾纏難解。從兒時與父母之間的衝突，到個人想努力扮演好媽媽的角色，卻因為力不從心而對子女發怒的自責感，這些情緒糾纏在一起，令女性承受巨大的折磨。於是，妻子已無心對丈夫溫柔地說：「我要去洗澡了，可以請你幫我照顧一下孩子嗎？」在現實生活中，一言一語都化為批判與憎惡的利劍。「現在要這樣的話，當初為什麼要結婚？」「孩子是我自己一個人生的嗎？」「為什麼把我搞得這麼狼狽？」當妻子如此控訴時，丈夫內心也同樣難受。在公司遭到上司斥責：「你再這樣下去，就給我走人！」辛苦熬夜加班，拖著疲憊的身軀回家時，妻子非但無法給予慰藉，甚至惡言相向，丈夫自然也無法對妻子好言好語。

如果這時婆家和娘家都無法幫忙，媽媽所有累積的情緒就更容易一觸即發。各種抑鬱、憂傷與某種痛苦的情緒，滲透骨髓。**在養兒育女的過程中，除了要面對自己的不成熟之外，還要解決自己與父母之間尚未解決的糾葛**。沒想到，伴隨著孩子出生後的日常生活的問題，竟開啟了埋藏在媽媽心中已久的潘朵拉之盒。

孩子不乖乖吃飯，是出自生存本能

在嬰幼兒初期，如果孩子不肯乖乖睡覺、吃飯，最辛苦的就是父母。不過，兩歲以前的孩子出現這樣的行為，並非刻意為之。他們或許是天生特質如此，或許是天生感受較為敏感。那麼父母該如何是好？答案是最好配合他們。

如前述秀智的案例，對於不肯乖乖吃飯的孩子，父母必須尊重孩子較為敏感的特質或感受，盡可能緩慢地轉成副食品。準備副食品時，也必須尊重孩子的嗜好。雖說如此，也不可能讓孩子天天吃白粥。父母不妨將各種食材中合孩子胃口的食物，偶爾加入副食品中試試。如果孩子不喜歡，也請接受「原來孩子不喜歡這個食物啊」的事實。每次加入各種食材中的一種即可，並選擇孩子最能接受的料理方式。

最重要的是，媽媽必須對孩子進食的行為淡然處之。餵食孩子時，如果帶著孩子非吃不可的情緒壓力，只會讓孩子感到負擔而不肯吃。「沒關係，看來不合你的胃口啊。下次媽媽再試試別的口味。」溫柔地對孩子說，並以孩子愛吃的食物來代替這一餐。

如果媽媽因為孩子不肯乖乖吃飯而哭泣、發怒，孩子將產生這樣的想法：「咦，我這麼做的話，媽媽好像會大受影響？」知道這是媽媽最脆弱的部分後，反而會有意無意間觸犯此事。如果父母在餵食孩子這件事上暴露弱點、賠上自尊，孩子也會知道。

但是請各位別誤會。孩子之所以不好好吃飯、不好好睡覺，並不是為了折磨父母，而是為了自己的生存之道。

孩子有時被父母責罵，會委屈難伸。因為他們無法像父母一樣條理井然地陳述想法，即使能說話，也贏不了父母。於是他們採取相當原始的方法，也就是以不肯乖乖吃飯作為反抗。有時不肯配合餵食，一吃就吐，有時邊吃邊跑，有時含在嘴中不肯嚥下。孩子為了存活下來，於是採取自己的方式應對。

對於餵食孩子這件事，父母必須寬心以對。味覺較敏感而嚴重偏食的孩子，到了十歲左右，大多會逐漸好轉。孩子不願意吃特定的食物，是因為將該食物視為毒物。即使腦中知道媽媽餵的不是毒物，但嘗起味道後卻會如此認為。孩子表現出各種反抗的行為，只是為了避開毒物，這是他們生存的手段。面對有所苦衷的孩子，可以將他們不肯均衡攝取食物的行為，視為不聽話的表現嗎？**孩子已經向媽媽傳達「我吃了這個可能會不舒服」的訊息，媽媽卻一意孤行，以為「均衡攝取才會健康長大」。如果堅持餵食，孩子將會採取最原始的方式與父母抗爭。**

仔細觀察不易餵養的孩子，還是仍然願意吃某一些食物。只要孩子沒有攝取障礙或新陳代謝方面的其他問題，媽媽不妨將孩子願意吃的食物記下來，將會發現孩子願意吃的食物種類出乎意料的多。只要以這些食材為主準備料理即可。

對於年紀稍大，已經聽得懂大人說話的孩子，必須告訴他們一些人生的原則。例如「吃飯很重要」這件事。父母也可以將各種讓人食指大動的食物照片排列出來，告訴孩子：「你看看自己最喜歡吃什麼。把覺得好吃的食物指出來。媽媽就會常常煮這些東西給你吃。如果有特別想吃的東西，也可以告訴媽媽」，讓他們試著從中選擇。以孩子選出的食材為主準備料理，孩子進食的分量與種類必將有所改善。

對於不易入睡的嬰兒，應抱著他們哄睡，待孩子睡著後，再平放於棉被上。不過，如果總是放在手中哄睡，一旦習慣在手中入睡，之後平放於他處時，孩子可能容易從睡夢中醒來。

過了兩歲以後的孩子，最好讓他們和父母一起睡，培養他們的安全感。但是到了一定年紀後，如果孩子依然容易醒來，就必須採取刺激前庭覺（vestibular sense）與本體覺（proprioception）發展的方法。培養孩子的前庭覺（又稱為前庭平衡覺，掌管著身體的平衡系統）、本體覺（是指能告訴我們關於位置、力量、方向和身體各部位的動作，以及有助於統合觸覺與前庭覺的一種感覺訊息），可降低孩子敏銳接受訊息的警醒程度（arousal level），以達到各種感覺之間的平衡。

有些孩子入睡時，無法忍受身體有任何不舒服的感覺。只要稍微脫離舒服的睡姿，或是睡夢中覺得身體某個部位被壓住，就會感到不耐煩而醒來。一醒來，便難以再度入睡。得抱著或背著才肯入睡的孩子，也是其中一類。

父母應多讓這些孩子從事可培養平衡感的遊戲或運動。利用可以感覺到左右搖晃的玩具，或是可乘坐的遊樂設施，對於改善孩子過度敏感的知覺，將大有幫助。最近附有兒童遊樂區的咖啡館或室內遊樂場，都有不少相關設施。在家也可以將孩子放在毛毯上輕輕搖動，或是玩包飯捲遊戲，用棉被將孩子全身包住，團團捲起，再團團打開。

某些媽媽會對尚處幼兒期的孩子說明「生長激素」的功能，強調及早入睡的重要性。這並不值得鼓勵。一般孩子討厭睡覺的原因，在於閉上眼睛後會覺得害怕，或是睡覺時無法繼續玩耍。此時，比起用各種話語說服孩子，倒不如每天帶著孩子重複入睡的行為，幫助孩子養成習慣。

如果孩子不易入睡，請父母靜靜躺在孩子身邊。和孩子聊天二十多分鐘後，忽然不說話，假裝睡著。如果繼續對話，孩子腦部受到刺激，反倒不易入睡。父母可以先假裝入睡，這時孩子會問幾聲「媽媽，睡了嗎」，確認媽媽睡著後，自己也會跟著入睡。

對於害怕關燈的孩子，父母躺在身旁可穩定其情緒，有助於孩子入睡。如果孩子和父母躺在一起較容易入睡，陪孩子睡個幾分鐘也無妨。「孩子過了幾歲以後，一定要讓他自己睡？」這個問題沒有正確答案，因人而異。有些人主張為了培養孩子獨立自主，應在別的房間哄孩子入睡。其實沒有必要用這種方法訓練孩子獨立自主。除了睡眠之外，還有許多可以培養孩子獨立自主的方法。

逼孩子均衡攝取，會影響他的性格

我出生時是早產兒。體型相當小，也相當敏感。據說每到晚上九點就會大哭，村子裡的人不必看時鐘也能知道現在幾點，這樣的行為持續到幾歲已不可考。除此之外，偏食問題也很嚴重，身體的各種大小毛病也不斷。雖然現在已經沒有任何異狀，也沒有不能吃的食物，不過在小學低年級前，我能吃的配菜大概只有海苔、小魚乾和荷包蛋。不是因為家裡貧窮，而是因為其他食物絕口不吃。雖然從我現在的外表難以想像，不過小時候吃的食物分量很少，身材也相當矮小，全身乾巴巴的樣子。但是即便如此，我也沒有停止進食，更不曾討厭進食。用餐時間經常是愉快的，因為媽媽準備了幾種我愛吃的食物，讓我大快朵頤。

有一次上醫院看病，醫生對著我說：「你不多吃一點，才會這麼容易感冒。」媽媽聽完這句話，笑著對醫生說：「這孩子啊，已經變成了醫院的常客，看來以後想當醫生吧。」我離開醫院時，心裡相當感動。就算旁人說我「體型嬌小」、「弱不禁風」，媽媽也從未指責我。反倒是別人問「這孩子臉色怎麼這麼差呢？」的時候，媽媽總會回答對方：「其實這孩子已經很努力在改變了。」媽媽這種正面的回應，對我日後的成長有極大的幫助。

父母想餵孩子多吃一點，首先是擔心孩子的身高。吃得好，才能「一瞑大一寸」。再者是擔心孩子抵抗力不夠會生病。

我們經常認為孩子吃得不多，是導致疾病纏身的原因。但是深入思考以上兩點，卻會發現這些觀念似乎不盡正確。因為身高是遺傳自父母，雖然有一說認為基因只會影響孩子發展的百分之二十五，但是在我看來，基因發揮了更大的影響力。身高基本上是由遺傳決定，即便如此，當然父母也不可能對不肯吃飯的孩子置之不理。不過父母盡其所能即可，不必矯枉過正。**如果過度對孩子強調外貌與身高的重要，恐將導致孩子否定自己，應特別留意。**

近來父母們在進食這件事上，似乎對幼年的子女灌輸了大量複雜且混亂的觀念。一邊告訴孩子要多吃點才行，一邊卻又說某些食物有害，甚至告訴年幼的孩子某些食物是「毒」。要孩子多吃，卻又說吃多會發胖；告訴孩子多吃才會長高，卻又說某些食物吃了會妨礙成長。其實，這些都只是大人之間以訛傳訛的觀念，如果傳達錯誤給孩子，只會引起孩子心中更大的混亂。**父母只需簡單傳達這樣的訊息給孩子即可：進食是一件愉**

快的事，多吃才有力氣玩。

當父母看見孩子越來越胖而感到擔憂時，千萬不可對孩子說：「你太胖的話，其他小朋友不和你一起玩喔。」雖然是擔心孩子健康才說的話，但是提到身高或肥胖等的話題，在大人或小孩耳裡聽來同樣刺耳。壓力大時，難免吃得較多。再說就算本人不胖，未來看見身材肥胖的朋友時，也可能帶著偏見對待他們。這時，對孩子而言，最適當的回答應是：「多吃是好事，但是你吃太多油膩的東西了，最好減少一些。」

如果孩子有暴飲暴食的問題，應提醒孩子：「吃飽就好，吃太撐肚子會不舒服。」對於年紀稍大一點的孩子，可以說：「不懂適度節制、忍耐的人，會比別人的人生更辛苦。因為就算是遇到其他人覺得稀鬆平常的事，他可能也會覺得痛苦難耐。」並且要讓孩子知道，使用智慧型手機和討厭讀書，只想著玩的行為，都包含在學著忍耐、克制的人生清單中。

其實沒有養成良好飲食習慣的孩子，只要進入團體生活後，自然會看著他人的行為學習。所以父母其實不用如此耗費心力。長大成人後，真正會造成問題的其實是孩子的性格。性格不良則問題叢生。然而若孩子從小因進食問題而與父母有所衝突，恐將因此影響性格的改變，這反而是更大的損失。

父母的態度，孩子都放在心上

我見過一位孩子，是一雙手長得相當美的小學一年級女生。我輕輕抓著她的手，告訴她：「妳的手真美。」孩子迅速抽回手，對我說「哪有」，似乎對自己的身體嚴重缺乏自信。這種情況的孩子大多自尊心低落。這位女孩的父親是一位能力卓越、收入優渥的成功人士。他非常疼愛妻子與女兒，為了孩子來找我諮詢，等上幾小時也未見惱怒，更會積極提出各式各樣的疑問。他的女兒聰明伶俐，卻相當膽怯、小心謹慎，遇事不夠勇敢，極度缺乏信心。為什麼會這樣？其實孩子之所以會如此表現，問題就在於父母。

這個女孩的媽媽外表美麗端莊，懂得解讀孩子的心思，且個性溫和，凡事為他人著想。這位媽媽告訴我，因為她的親生弟弟天生有缺陷，所以自己從小就必須表現得更為成熟穩重。其實，她心裡經常因為這分壓力而感到不安。而這位媽媽的不安，經常會以「打掃」的形式表現出來。保持整潔固然是好事，但是她的情況相當嚴重，已到達強迫症的程度。

當外出返家的孩子沒有洗手而觸碰媽媽時，會立刻被警告：「唉唷，別碰我。」如果孩子觸摸不乾淨的桌子時，媽媽會立刻大吼：「不可以！不可以亂摸。」甚至隨時要求孩子漱口。這位媽媽為了健康與維持身材，日落後停止進食。據說也絕對不會給孩子吃任何東西。此外，為了促進成長荷爾蒙分泌，這位媽媽必定在晚上九點哄孩子入睡，以免影響孩子的成長。

爸爸雖然沒有其他意思，不過時常提起與外貌有關的話題，也經常對孩子說：「你是不是變胖了？要多運動才行喔。」收看電視節目時，也喜歡評論誰的身材纖瘦、誰長得漂亮。看見路上經過的女生，有時也會品頭論足一番，「我覺得那個女生該控制一下體重了」。

在這種家庭中長大的女孩，告訴我她想要割掉大腿的肥肉。然而這女孩才不過小學一年級，外表一點也不胖。

父母以為隨口說出的話不會對孩子造成任何影響，不過當家中某一人擁有絕對的影響力時，即使他所說的話是無心之論，也會為孩子帶來極大的影響。在這個家庭中，爸爸掌握所有的權力。所以即使沒有直接對孩子說：「喂，你變胖了！」平時偶爾丟出評論外貌或體重的話語時，已經深深影響了孩子。再加上這位爸爸很吝於給予讚美，當孩子玩完跳繩後，問道：「爸爸，我很厲害吧？」的時候，爸爸的回答竟是：「爸爸以前比你還厲害，你再多練練吧。」

我告訴這對夫妻孩子目前的心理狀態，並建議他們立刻改變對待孩子的態度。「父母這種行為，對孩子是有害的。」身心愉快是所有幸福的根源，而憂鬱不安是所有疾病的淵藪。均衡攝取飲食，有助於避免大小疾病纏身。但是事事必言健康，矯枉過正，反倒會因為過度的壓力而破壞健康。基本上只要不食用對身體有害的食物，不觸摸過於骯髒的物品即可。每個人都具有自我保護的能力，即使觸摸了稍微不乾淨的物品，皮膚也會阻止有害物質進入體內。只要我們每天以一顆愉快的心努力工作、享用美食，就是對健康最大的幫助。

＼Think about parenting ❽／

太心急，讓缺乏耐性的孩子更難學會

父母對缺乏耐性的孩子最壞的教養，就是給予他情緒上的強烈刺激。假設規定孩子作文必須寫滿五行。不擅長寫作或討厭寫作的孩子，也許連寫到五行都有困難，而父母卻對這樣的孩子嘮叨個沒完：「不會好好握筆嗎？」「駝背了！你再這樣下去，傷到了脊椎，以後你就長不高了。」原本就沒有耐性的孩子，一旦受到這樣的刺激，立刻耍起脾氣。即使耐性較好的孩子也吃不消。

近來的孩子們大多缺乏耐性。父母必須從旁協助他們培養耐性，至少在非做不可的事情上堅持下去。但是若一時給予孩子過多的刺激，將造成他們內心的不安，進而使孩子更難熬過必經的成長過程。原本孩子可以自行消化、忍受的事情，被父母一激後，反倒變成無法忍耐。

對於缺乏耐性的孩子，只要教導他們「等一下」；而對於鬧脾氣的孩子，只要告訴他們「不可以」。至於其他的指令，等到目前教過的指令都能做好後，再教給孩子即可。

造成孩子缺乏耐性的另一個不當教養，是「不遵守約定」。即使是對年幼的孩子，也不可以訂下無法遵守的約定。唯有如此，孩子才願意遵守父母的教導。當孩子尊重父母、敬愛父母時，才會將父母所言奉為圭臬。父母不肯好好遵守約定，卻要求孩子學會忍耐，這是破壞孩子對父母的信賴最典型的行為。

Solution 9

總是對孩子的表現不太滿意

「當孩子做事不夠俐落確實時」

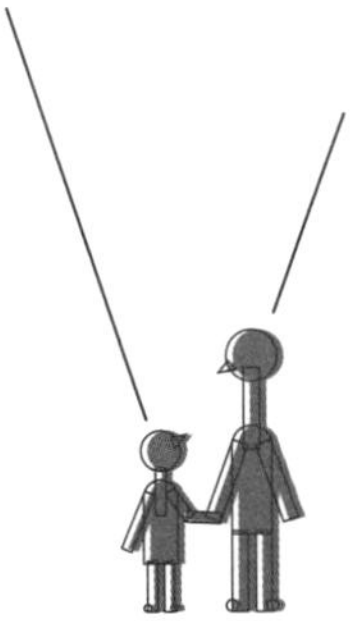

CASE

「你停在九九乘法表第六行已經第幾天了，六乘以四怎麼會是二十三？媽媽跟你說過答案和四乘以六一樣，有沒有？你不是把第四行背起來了嗎，為什麼六乘以四會出錯？你沒用心學嗎？」

東民（四歲）低著頭，雙手交叉，不停玩著手指。

「你在做什麼？現在是玩手指的時候嗎？」

「……。」

「為什麼不回答？現在是玩手指的時候嗎？」

「不是。」

東民挺直腰桿，坐得端端正正的。

「重新再背一次。」

東民媽媽以嚴肅的眼神盯著東民。

「六乘以一等於六、六乘以二等於十二、六乘以三等於十八、六乘以四等於……

嗯……六乘以四等於……。」

媽媽下意識拍了一下東民。

「是二十四啦。你怎麼這麼笨？」

東民的眼眶泛起淚水，落下一顆顆淚珠。

「你哭什麼哭！媽媽接著幫你唸出答案也不對嗎？人家昇哲已經把九九乘法表都背起來了，你的腦袋難道比昇哲還笨嗎？都是你不用心，所以才學不好的吧？三十分鐘後再考一次第六行，給我好好背起來！」

媽媽「碰」地關上東民的房門，逕自走了出去。東民重新開始背第六行。

身為父母，得先檢視自己的標準

要四歲小孩背九九乘法表？也許會有讀者認為前述東民的案例有誇大之嫌，不過這正是我目前進行親子諮商中的實際案例。這和我們平時要求孩子「做事精明幹練」的情況，並沒有太大差異。多數教養問題都出在父母的標準與孩子的標準之間的落差。

為什麼父母的標準這麼高？因為當孩子犯錯時，必須由父母負責。在公司或學校皆是如此，下屬或學生犯了錯，上司或導師必須負擔責任。儘管下位者犯錯，在上位者必須負責，不過要是不願意為了犯錯負責，公司的上司大可讓下屬走人，學校導師頂多忍耐一個學期。然而血緣關係不可能說斷即斷，也沒有設定停損點的道理。當孩子犯錯時，身為父母必須無條件為孩子收拾殘局。如此一來，父母自然希望子女表現得更優秀一些。因此，孩子在該年紀能力所及的程度，便與父母期望的標準出現落差。因為父母的標準沒有最高，只有更高。

如果父母總是看不順眼孩子成事不足的模樣，因而心生煩惱時，請回過頭檢視自身的標準。「我的標準是不是太高了？」「我有沒有考慮到孩子當下的狀態？」十名同齡孩子中，約有七名所能達到的程度，方可作為「標準」。不可以將十人中最優秀的一人，作為要求子女的標準。

此外，父母也必須審慎檢視這個標準中，是否過度反映自己兒時的記憶。如果父母兒時做事就俐落確實，經常受到稱讚，因而將此標準過度套用在孩子身上時，最後只會淪為無理的要求，甚至抱怨孩子：「為什麼你沒辦法確實做好？我真的沒辦法理解。」

反之，身為父母的我們，如果兒時相當厭惡被要求確實做好某件事，就可能在這個部分對孩子較為包容。「不要緊，沒關係。不想做就別做了，媽媽幫你做。」這件事其實很重要。**我們應該讓孩子盡量做到一般孩子能力所及的程度。嘴上永遠掛著「不要緊、沒關係」的父母，並非好的父母。**要求孩子的標準過高或過低時，就必須檢視是否過度將自己兒時的記憶反映在孩子身上。

在對孩子「做事精明幹練」或「動作俐落確實」的期許中，其實隱藏著與他人比較的心態。父母心中的他人是誰，我們不得而知，不過父母總是將此人與自己的孩子相比。無時無刻不如此。經由比較後，發現子女位居下風而沒有勝算時，父母怎麼也無法容忍。他們心中所想的是「我的孩子竟然辦不到」，孩子辦不到不是理所當然的嗎？於是父母們還要追問：「咦？這件事做不好呀。為什麼辦不到呢？」即使是在孩子的年紀理所當然的程度，父母看見的只有「我的孩子辦不到」的事實。

假設和朋友一起用餐時，曾看見朋友女兒使用叉子得心應手，被大大的稱讚。父母心裡想著：這孩子比我家孩子晚一個月出生。但是我家孩子抓起叉子時，總是一再滑落。看著頻頻失誤的孩子，和朋友的女兒，便將兩人比較了起來。雖然沒有指名道姓說：「欸，那個誰誰誰比你晚出生一個月……」，但是子女不如人的想法，總讓父母難以容忍。因為覺得子女不如人的同時，父母也想到另一個沉重的負擔（並非有意識地將情境具體化）：如果我家孩子未來沒辦法在各種競爭中脫穎而出，身為父母的我，還得為孩子收拾殘局、負擔責任到什麼時候。於是不時為此發脾氣，嫌惡孩子：「唉唷，你都幾歲了，還拿不好叉子啊？」

當父母迎接第一胎時，這種情況特別嚴重。因為第一胎出生時，對於如何教養渾然不知。所以當老大發燒哭鬧時，只有滿心恐懼，怕得眼淚直流。教養書中有提到孩子發燒時可能哭鬧不止，然而過去從未曾親身經歷，自然手足無措。不過第二胎出生後，當孩子發燒時，已經懂得抱起孩子安撫而不再流淚。反倒是孩子哭鬧時，還能冷靜說明：「你因為發燒了才會這樣。退燒後就會好轉了。」希望孩子做事俐落確實的心情，也正與此相同。所以對待老大特別嚴格，更要求老大務必做到最好。

「你為什麼做不好？其他小朋友都辦得到呀。」聽見這句話，孩子的心情會是如何？想想身為大人的自己，聽見別人這麼指責的時候，做何感想？就像是被瞧不起一樣，心情必然大受影響吧。被輕視的孩子，日後還會再有挑戰的欲望嗎？再說，輕視自己的這個人，不是別人，而是自己的父母，孩子還會願意盡全力挑戰嗎？許多孩子受到輕視時，不僅失去自信，連帶自尊心也逐漸喪失。父母與子女的關係日益惡化。

希望孩子動作「精明幹練」、「俐落確實」的要求，是以成果論的想法。父母不該對年紀稍大的孩子說的話之一，是「要做就做到最好，不想做到做好，那就別做」。孩子聽見這句話，心中想的不是「我一定要做到最好」，而是「如果沒辦法做到最好，就沒有必要做」。於是乾脆連嘗試都放棄。

相較於成果，父母應多稱讚與鼓勵孩子努力的過程。如果從小到大不斷聽見「你難道沒辦法確實把事情做好嗎？」的質疑，孩子恐怕會出現「我沒有一件事做得好」、「我連一個專長也沒有」的自我否定的想法。當我面對自尊心如此低落的孩子時，經常會引導孩子進行以下對話。

「為什麼你一定要有個厲害的專長？」

「每個人都有自己的專長啊。就像金妍兒（韓國著名花式滑冰女將）一樣。可是我連那樣的專長都沒有。」

「仔細想想，一定有你擅長的事情。可是這件事不一定要做到最頂尖才行。唉呀，金妍兒倒是害了這個世界呢。像金妍兒那樣的人，在韓國數千年的歷史中也許找不到第二人。為什麼要拿自己和那樣的人相比？」

看著粉絲頁或知名部落格中教養達人們的文章，許多媽媽不禁開始出現不安的情緒。世界上有這麼多優秀的孩子，為什麼偏偏我家孩子辦不到？媽媽們一旦感到不安，心頭一橫，孩子將永無寧日。但是對於知名部落格中的孩子，或是被譽為神童而出現在電視上的孩子，甚至是社區內有模範生之稱的孩子，我們所了解的並非那些孩子的全貌。我們只拿了那些孩子最優秀的一部分和子女相比。如此相比之下，我們的孩子永遠有不足的地方。教養子女時，應特別注意這個問題。

當我們在孩子無法俐落確實地完成一件事時，經常容易失控動怒，那麼首要之務就是檢視自己的標準。如果覺得自己的標準並不過分地高，接著才是檢視孩子。如果孩子一直跟不上同儕的程度，父母必須思考自己指導孩子的方式是否有問題，或是孩子是否有其他方面的問題。某些層面，偶爾無法達到同儕的程度，尚可接受，要是情況持續下去，其中必定存在某些問題。一旦發現孩子需要幫助時，父母應積極尋找解決之道。

標準過於嚴苛的父母，背後悲慘的童年歲月

讓我們來看看前例中東民媽媽的問題。以下暫且以化名秀美稱之。秀美畢業於不錯的大學，婚前任職於某大企業，過著上班族ＯＬ的生活。丈夫也是一表人才、學習認真，事業推動得相當順利，生活相對優渥。秀美婚後生了個兒子，並辭去工作，在家專心教養子女。

秀美的夢想是培養孩子成為全能天才，所以將全部精力投注在孩子身上。連幼稚園也選擇距離家裡要開車兩小時才會到的全美語幼稚園就讀。即使家中有照顧孩子的保母，也不會將孩子完全交給保母。秀美與我短暫面談的期間，還會隨時打電話回家裡，確認孩子的狀況。秀美雖然對料理不太拿手，但是孩子吃的食物都是自己親手料理。如此一來，不僅花費了她大量的時間，身體也不堪負荷。家中雖然請了清潔人員、保母，秀美每天依然精神不濟。一早開車帶孩子上幼稚園，放學接回家後，緊接著教孩子讀書、陪他吃飯、哄睡，到了夜晚時分，整個人已經筋疲力盡。

秀美讓兒子東民每六個月接受一次天才評鑑，想確認孩子是否為天才。根據智力測驗結果，孩子的認知能力相當優秀，但是並非天才。秀美無法接受孩子不是天才的事實。即使別人勸她：「為什麼孩子非得是天才不可呢？以東民優秀的程度，沒有什麼辦不到的。」秀美仍堅持孩子必須是天才，人生才會成功。「是不是天才，和人生成不成功無關。」無論別人如何說明，秀美都不願意接受。

秀美非常疼愛自己的孩子。但是教孩子讀書時，卻是會虐待子女的父母。孩子九九乘法表背錯時，會立刻動手打孩子；在考英語時，若單字拼寫錯誤，毫不留情地就往孩子的臉頰打下去。東民不過是個四歲的孩子。

原來，秀美有一位姊姊。小時候姊姊深受父母的肯定，秀美則較少得到認同。為了獲得認同，秀美努力苦讀，可惜最終沒能考上比姊姊好的大學。雖然如此，還是進了不錯的大企業。此時不幸家道中落，秀美開始匯生活費給娘家。只要父母說一聲錢不夠用了，秀美二話不說立刻匯錢。即便如此，秀美依然得不到娘家的認同。媽媽只會對秀美嫌東嫌西，不但將接受秀美的經濟援助視為理所當然，甚至經常對她說：「某某家女兒賺的錢更多，匯回家裡的錢也不少。某某家女兒嫁入豪門，之後還給娘家買了一棟新房。」反之，對於姊姊則是無條件疼愛。姊姊雖然知道娘家的困難，卻從未提供經濟上的援助。秀美至今仍持續資助娘家的生活費，儘管如此，媽媽永遠只對姊姊道謝，四處炫耀姊姊的兒子得了全校第一名。

秀美得不到原生母親認同的問題，其實在於原生母親性格上的缺陷。這時秀美應懂得安慰自己：「我做到這個程度已經足夠了，我已經盡力了。」然而秀美兒時的問題，依然深深影響著現在的生活。即使現在生活過得相當不錯、幸福美滿，秀美依然渴望獲得她人的肯定，選擇進入研究所攻讀口譯學位，卻不是自己真心喜歡的學習；即使孩子已經相當優秀，仍無法接受他不是天才的事實，持續不斷磨練孩子。其實秀美不過是希望將孩子訓練成天才，以此作為個人成功的一環，贏得他人的認同。

孩子奔跑時跌倒，秀美的反應也是「為什麼會跌倒，像個笨蛋一樣」。看著每件事都無法俐落確實地做好的孩子，秀美心中出現的是這樣的想法：「我拚死拚活努力到今天，都還得不到認同，你卻連那點程度都辦不到？」

秀美的問題，源自於兒時得不到父母無條件的疼愛。其實秀美自己也明白，現在不管再怎麼成功，也得不到父母的認同。但是要從長久以來深陷其中的問題脫身，心理上仍存在著障礙。而這個負面的影響，正轉嫁到孩子身上。

非得如此俐落確實，究竟是為了誰？

當然沒有人希望孩子糊里糊塗，但為什麼希望孩子比別人更加聰明？因為父母希望孩子未來發展得更好，所以希望孩子表現傑出。這雖然是為了孩子好，不過有時也是為了自己。「是為你好，才要求你表現得更好的。」**「為了你好，才叫你好好讀書的。」這種期許當然是好的。不過在這樣的話語中，隱藏著孩子表現良好，也會對我有所幫助的考量。**

這種情況，在父母與子女關係密不可分的社會文化中，更是如此。孩子的成功就是我的成功，也是家族的光榮。西方社會過去也曾重視家族，不過在現代社會中，隨著個人的重要性逐漸提高，開始產生巨大的轉變。如今已進入重視個人更勝於家庭的時代。儘管如此，東方的文化依然會將個人視為家庭中的一員，其次才是一個獨立的個體。我們在判斷一個人的特點時，仍試著與其父母、家族聯結。

最具代表性的案例，正是孩子的家庭作業。照理來說，父母本該關心子女的作業，並給予修正與建議，但是現代忙碌的父母們多未能做到這點，於是能否從老師那裡得到更多的星星或貼紙，責任便落在孩子的身上。此外，未能明確分割自我與孩子之間的關係時，父母就可能對孩子過度操心。例如孩子做錯時，以為責任全在自己身上，或是因此感到沉重的負擔，或是以為自己得一輩子為孩子負責，甚至覺得孩子的錯誤將使我們整個家庭榮光不再；反之，孩子表現優秀時，就認為孩子的表現將為整個家族增光，而自己也同樣備感光榮。

有些父母會在即將大學畢業的孩子表明想繼續升學時，即使不是因為經濟上的原因，也表示反對，急著將孩子推向職場。甚至也有部分父母會對孩子直言：「從現在開始，我不再負擔你的生活費了。」不少大學生因為父母這種強烈的態度，轉而向我尋求建議。即使孩子表明願意靠自己的力量求學，有些父母也希望孩子盡早出社會。孩子雖然知道再也無法依賴父母，不過心中難免會有不捨的心情。

雖然是未來的規劃，不過遇到這種時候，親子間開誠布公的對話是最重要的。「如果你想繼續升學，那就去吧。但是爸媽無法提供經濟上的援助，你自己想辦法吧。」又或者孩子在畢業前想去美國留學一年，父母也可以這樣告訴孩子：「我同意你去美國，但是留學的費用超出了我能力所能負擔。看你要打工，還是先就業，存好一筆錢後再去，或是先貸款，之後再還，方法由你自己想。」這也是培養孩子負責任的方法。

若因為父母自身的心理負擔而左右孩子的人生，就是「越線」的行為。當父母越線，子女為自己的人生做重大決定時，將會變得遲疑不決。因為動輒可能觸犯「不孝」的惡名。所以孩子追求自己的抱負時，心裡有疙瘩；放棄自己的夢想時，心裡也有疙瘩。最後按照父母的期望決定方向時，卻讓人生留下了後悔。人生路途漫漫，只要不是壞事，不妨讓孩子多方嘗試。即使做了稍微後悔的選擇，在嘗試錯誤後，有時也會獲得極大的幫助。從漫長的人生來看，也許會是大有幫助的選擇。

越是要求孩子「找工作」、「快結婚」的父母，對子女的責任感越強。在他們的人生中，最重要的價值是「責任感」。強調責任感的父母，不管孩子年紀多大，都可能對孩子說：「你自己看著辦。」要求孩子建立責任感。

反之，父母也有可能因為責任感過強，事事為孩子做到好。無論子女做得好或不好，他們認為責任全都在己。因為責任感強，認為事事都得為孩子設想周到，當孩子不肯吃飯時，一心只想著這些食物一定要讓孩子吃進去，於是在孩子屁股後追著跑。最後累垮了自己。

責任感越強的人，越會勉強自己，對任何事過猶不及。雖然以為自己有「照顧孩子」的義務，不過也可能是出自父母本身的過度不安。認為自己是在替孩子履行責任，終究是為了滿足自己。

當孩子做得不好，只要以身作則地教導

有些爸爸看見孩子做事不夠俐落確實時，特別容易動怒。這些人做事一絲不苟、一板一眼，並且追求完美主義。他們無法忍受孩子輕率、不成熟的行為。尤其是兒子表現出這樣的行為時，更無法容忍。

孩子剛升上小學一年級，還不太會使用筷子。父母只要有條有理地告訴他們筷子該怎麼拿、什麼部位要施力，讓他們能順利上手即可。但是有些爸爸會對孩子說：「你連筷子都不會拿嗎？我小時候就很會拿筷子了。」炫耀自己剛拿到筷子就學會使用。爸爸的意思雖然是想藉由自己的一番話刺激孩子，讓孩子學會拿筷子，不過這樣的說法對孩子並沒有幫助。倒不如將自己犯錯或失敗的經驗告訴孩子，還更有幫助。**爸爸也遇過這樣的困難，當時是什麼樣的心情，後來以什麼樣的方式克服，現在回想起來，當時的處理方式是正確的，用這種方式告訴孩子，讓孩子從爸爸的經驗中學習。**

當孩子做事不夠確實時，最重要的是告訴孩子方法，使他們自己能夠做好。「媽媽現在就教你，好好看著喔。學好這個，以後就由你自己做了。」如果孩子不會拿叉子或筷子，應抓著孩子的手，詳細教導孩子。穿衣服也是，「你看喔。衣服這裡有洞吧？這個洞是給手穿進去的。這裡要看好才行。如果不看這裡，手穿不進去洞裡，硬是把衣服

穿上，反而會花更多時間。你穿一次看看。嗯，做得真好！」像這樣教導孩子即可。

覺得孩子沒把事情做好時，千萬要注意對孩子的用語。在我們無意間對孩子說的話中，常帶有太多的批判與輕視。若孩子自尊心時時刻刻受到打擊，會因而喪失信心。

想要提高孩子的自尊心，以下兩點不可或缺。

第一，父母要讓孩子隨時有被愛的感覺，而這無關子女的能力或努力的結果，也不帶有任何條件。第二，父母應時時檢視自己是否有依照子女的程度施教。結合這兩點，便可替孩子提高自尊心。不只是無條件關愛子女，當孩子能力遠遠落後於同齡小孩時，應立即協助孩子趕上普遍的程度。不過，對於能力低於同儕的孩子，無論再怎麼說「你真漂亮！」、「你最棒了！」也無助於提高孩子的自尊心。

如果顧慮到孩子的自尊心，基本上對於孩子做出來的東西，都應給予充分的肯定。假設孩子正在著色，問道：「媽媽，我很厲害吧？」那麼媽媽應回答：「真的很棒！」如果媽媽只是冷冷地回答「喔」，接著說：「這裡要塗少一點，這個也要塗滿」，將令孩子感到掃興，自尊心受挫。還有更惡劣的媽媽對孩子說：「哪裡厲害了？根本沒有塗好啊！你看，這裡和這裡都是空白的。要塗好塗滿才對啊。」讓孩子原本擁有的自尊心瞬間崩潰。

當孩子向父母炫耀自己的所為時，即使仍有待改進的部分，也請先給予稱讚。「你真棒！現在塗上顏色後，看起來更漂亮了耶！」接著再問孩子：「你還要再塗嗎，裙子塗成這樣就結束了嗎？」孩子也許會回答：「我會全部塗完。」那麼只要告訴孩子：「嗯，裙子再塗上顏色會更好。」提示孩子未完成的地方即可。不過就算孩子回答「我已經完成了」，也不必勸孩子繼續著色。對孩子而言，那幅畫已經是完成的狀態了。

＼ Think about parenting ⑨ ／

你自己看著辦，要我幫你到何時？

昨天媽媽一邊幫孩子穿衣服，一邊說道：「媽媽要幫你扣釦子到什麼時候啊？哥哥都會扣了，你也該自己扣了吧。」所以孩子今天打算自己來。不過今天的鈕釦比昨天的多，看著孩子慢吞吞地扣上鈕釦的樣子，媽媽快要忍不住了，覺得他速度實在太慢，甚至扣錯了位置。這時媽媽再也看不下去，忽然大聲起來：「喂！你看看這是什麼樣子？」

有些爸爸也有類似的行為。他們嚴格對待孩子，使孩子在父母面前不敢吭一聲。他們經常對孩子說：「人生是你自己的，你的事情自己做。」但是當孩子想要嘗試某件事時，爸爸卻又指責孩子：「唉呀，你看看這像什麼？早該問過我的啊。」如果孩子提出建議，還會遭到爸爸反駁：「你照爸爸說的做就對了。」

看看父母們的行為多麼雙重標準呀？對孩子說自己看著辦，就得任由孩子想辦法解決。父母不可代替孩子完成，也不可在行動上持續幫助孩子，言語上卻要求孩子自己看著辦，或是對孩子抱怨。如果希望孩子自己做，就得優先尊重孩子的意見。

父母沒有一貫的標準時，孩子將會感到吃力且無所適從。較順從聽話的孩子，也許會按照父母所言行動，但是日後會逐漸感到力不從心。一般的孩子，當下本能地察覺到異狀，日後則演變成固執地與父母指示作對。因為當父母下達的指令缺乏一貫性時，孩子只會覺得父母的指令像是在找我麻煩、強迫自己聽話。

Solution

10

管教孩子，用打的最有效？

——「管教孩子的錯誤行為時」

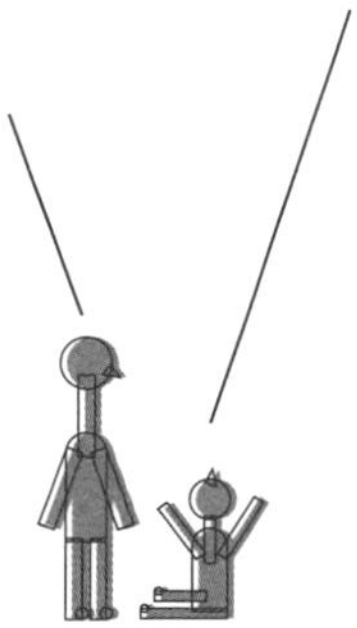

CASE

世琮（四歲）正專心地玩著積木。只要再疊上兩個積木便大功告成。這時弟弟世俊（兩歲）不知道從哪裡冒了出來。

「走開，你會弄壞啦。」

「我也要玩，我也要玩。」

世琮以身體擋住積木，不讓弟弟有機可趁，而世俊趁機將手越過哥哥的肩膀，不停拍打積木，積木作品因此倒塌。世琮盛怒之下，揍了弟弟一拳。弟弟立刻放聲大哭，哭聲引來了媽媽的關心。

「世琮，你又打了弟弟對吧，我不是告訴你要用講的嗎？上次也說過，你再這樣我就要修理人了吧，把藤條拿過來！」

「不是！是世俊先開始的！」

世琮抱著傾倒的積木，開始哭了起來。孩子不肯把藤條拿來，媽媽再次怒吼。

「還不拿過來？你真亂來！」

「不要，我不要！」世琮開始抓起積木亂扔，哭得更大聲了。

「你以為不拿藤條過來，媽媽就不會修理你嗎？要讓你知道弟弟有多痛！」

媽媽氣呼呼地抓著藤條過來，硬是把不肯站好的孩子拉起來，開始抽打小腿。

不論是為了何種原因，暴怒就是暴力

世琮媽媽為什麼會這樣？很明顯是之前世琮常打世俊，媽媽想趁著這次機會好好管教世琮，要他「不管發生什麼事，都不可以打弟弟」。孩子出現問題行為，是父母絕對無法容忍的事。

但是世琮媽媽的行為並非管教，真正的管教不必大呼小叫，也不會怒氣沖沖，更用不著體罰孩子。世琮媽媽的行為其實是「暴怒」，而非「管教」。「暴怒」對孩子而言就是一種暴力。然而我們父母們所謂的管教，卻大多是暴怒之下的行為。

韓國曾經發生過某間托兒所的幼稚園老師因為四歲的孩子不肯吃泡菜，而打孩子巴掌的事件，甚至在孩子起身後，讓他吃下吐出的穢物。事後，這名老師聲稱當時是在管教孩子。但當大人因為孩子不專心、不肯睡午覺、和朋友打架、動手打其他小朋友、偷東西等原因打小孩時，都聲稱是為了管教。不是的，這些都是暴力，是虐待兒童。

那麼拿著藤條威脅孩子呢？「你想被我修理看看嗎？」「再這樣試看看，你就準備被我修理。」也許會有父母以為沒有打孩子，這麼威脅也無妨。**不過打人和威脅的本質並無不同。對孩子吼叫，令孩子感到恐懼，孩子必定嚇得全身縮起。即使沒有打孩子，孩子也已經挨打了。**

媽媽想要教導世琮的核心價值，是「無論什麼原因，都不能隨便打另一個人」。但是用打孩子的方式教孩子不能打人，能夠達到教育效果嗎？「你打了弟弟，所以你也要挨打。」這種說法並不正確。而打得不痛不癢，或是只打一下，或是只施加恐懼，都沒有意義。如果以藤條管教孩子，孩子可能會學到「必要時，可以讓對方感到恐懼或動手打對方」的觀念。沒有人樂見這樣的結果。

在整個社會中，家庭是相當私密的空間。即使是在外人看不見的家庭內，面對自己的親生子女，也不能強迫、施暴、壓抑、脅迫或使其恐懼。唯有如此，在校園或軍隊、社會中，才不會再次發生因暴力造成的憾事。

適當的管教時機，是在孩子不肯遵守社會的基本秩序，或是做出不被社會接受的行為、引發他人困擾時。父母必須教導孩子：「做出那樣的行為是不對的。」此時教育孩子的原則中，絕對不可存在妥協或協商空間。「你這孩子，媽媽說過只給你三次機會。」這種話並不恰當。難道媽媽可以忍受世琮打弟弟三次？

許多父母暴怒時，以具有攻擊性的方式錯誤處理孩子的問題行為，並用「這孩子敬酒不吃吃罰酒」的說法怪罪孩子或合理化自己的行為。真正了解教養之道的人，並不會出現大發雷霆或打小孩的行為，因為這都只是冠上「管教」之名，而無「管教」之實。「你給我過來，我今天要好好修理你。」這是大多數父母的真心話。表面上煞有介事地管教孩子，其實本質上不過是控制不住自己的脾氣。如此一來，管教終將失敗。

如果孩子在管教時頂嘴，父母大多無法克制地暴怒。當父母已經警告他「住嘴」，而孩子不肯立刻停止時，父母心中會油然而升被孩子瞧不起、被親生子女傷了自尊的感覺，於是更怒不可遏。一旦落入暴怒的情境中，父母與孩子再也不是親子關係，而是某人對毫不相干的他人發怒的關係。

越是控制欲強的父母，越常發怒。但是他們並不認為自己有過度控制的問題。「你還小，什麼都不懂，我是大人，知道的比你多，所以你要聽我的話。」這豈是教育？不過是獨裁的行為。多數軍事政權時代的為政者，都抱持著這樣的想法。這和視體罰為管教的父母，幾乎是一樣的心理。獨裁時代的為政者宣稱為了使人民過上更好的生活，只好採取強力控制的手段；為了帶動國家發展，不得不出此下策。他們強調這不是為了一己之利，而是為國家與國民設想的良善意圖。即便如此，恣意逮捕違逆己意的人，對他們嚴刑拷打，就是不被容忍的行為。

同理，無論什麼樣的理由，父母任意體罰或責備孩子的行為，也不應被容忍。

何謂管教？管教是「不行就是不行」

出生三年內若能獲得父母滿滿關愛的孩子，已經加滿了航向世界的燃料。但是只有燃料，還不能保證孩子在這個世界上可以安全生存，還必須了解社會秩序與規矩才行。若不了解規矩或不願意遵守秩序，各種大大小小的事故自然不斷發生。如果孩子尚未加滿父母關愛的燃料，仍處於無法運作的狀態，就必須先注入滿滿的燃料。對這些孩子而言，社會秩序與規矩並非當前要務。

反之，燃料已經加滿，但是不懂社會秩序或規矩的孩子，就像懂得駕駛汽車，卻完全不懂交通信號與法規，在路上橫衝直撞一樣，該有多危險呀！管教是為了教導孩子社會秩序與規矩，幫助孩子在這個社會上安全生存下去。在管教的過程中，看著孩子受挫而嘶吼哭鬧，或是以哀怨的眼神懇求的模樣，父母不免感到心痛又愧疚。但是現在如果沒有徹底教好，孩子就無法完成社會化。因此，管教不是父母的權利，而是義務，亦是對孩子滿滿的愛的表現

管教是家庭教育的第一步。管教不是在孩子誤入歧途時的亡羊補牢，而是及早教育孩子何謂是非對錯，什麼行為可以被接受，什麼行為又不被接受。所以不可採用極度高壓的方式，也不可採取放任的態度。

部分父母以為只要滿足孩子所有的願望，孩子就會感到幸福。「長大後孩子就知道了。現在還小，就讓著他吧。」類似言論屢見不鮮。但是沒道理兒時沒有學好，到了二十歲忽然開竅。如果上了年紀後，情緒管理會自然發展成熟，又怎麼會有情緒失控的大人呢？尤其自我調適必須耗費相當長的時間熟悉、適應。**如果沒有學到在何時、何地、何種狀況下該如何遵守規矩，也沒有培養出自我調適的能力，日後孩子將時常陷入自怨自艾的情緒中。**

假設正在上課時間，孩子們都覺得口渴。但是老師說：「等一下，最後再教完這個。等一下就可以去喝水。」由於等待的時間並不長。此時，一般孩子都會答「是」，並耐心等待。但是一些平時我行我素的孩子，卻無法忍受這樣的情況，對此萬分痛苦。「我

好渴，現在就要喝水。」於是逕自走出教室。即使沒有表現出這樣的行為，或許也在此情況下承受過多壓力。如果其他孩子尚能忍受的事情，對這個孩子而言卻造成相當強烈的壓力。在這樣的人生中成長，孩子難以獲得幸福。

學習如何應對每一種情況，又該如何行動，即是培養「自我調適能力」。如果不培養自我調適能力，未來將因為微不足道的小事而承受極大的壓力，最後因為這個問題度過不幸的一天。因此，如果希望孩子真正幸福，必須適度教導孩子「不行就是不行」。這才是管教。

有些父母管教孩子時，特別害怕與孩子發生衝突。看著孩子痛苦煩惱的樣子，自己也跟著痛苦煩惱。這種時候，我經常對父母們這麼說。

「太太，想像一下孩子若每個月只賺兩萬六，但每天晚上卻為了買不起百萬進口名車而心煩。那麼您會買給孩子嗎？把房子賣掉，再去貸款？」

「沒辦法。」

「現在不教好孩子，孩子就無法戰勝那些現實生活中會發生的問題。將來即使發生微不足道的小事，只要自己的欲望沒有獲得滿足，就可能感受到難以承受的痛苦。」

如果希望孩子過得幸福，就得告訴孩子「不行的事就是不行」，讓孩子在需要忍耐的時候忍耐。這是只有父母才有資格教育的事，任誰也無法取代。

各年齡層孩子的管教方式各不相同。**面對零歲到兩歲的幼兒，只要不是太危險或有害健康的事情，最好盡可能滿足他們的要求。因為此時期最重要的，是讓孩子充分感受父母付出的關愛與認同。**如果這樣的欲望沒有獲得滿足，孩子反倒可能變成相當固執的人。在讓孩子認知各種規範之前，必須先建立穩固的信賴感與關愛，孩子才肯學習。

面對兩至三歲的孩子，只要簡單向他們說明可以做和不可以做的事情。比起管教，更重要的是簡明扼要地告訴孩子，在各種情況下不該做的事情。

滿三歲以後，則需要積極且確實的管教。三歲是開始接受社會秩序與規範，並學著基本的自我調適的重要時期。當孩子做出錯誤的行為時，應積極管教，導正其行為。這時，父母可以適度採取以下的「管教姿勢」。

採取管教姿勢的原因有二。第一，為了孩子的安全。當鬧脾氣的孩子使盡全身的力氣亂踢亂叫，一不小心就可能受傷。這時只要把孩子控制在媽媽的雙腳間，抓住孩子兩隻手，這樣孩子再怎麼踢鬧也不會受傷，更無法抓傷或打到媽媽。不僅可以限制孩子做出不被允許的行為，同時也避免孩子受傷。

第二，為了教導孩子控制自己的行為。三至五歲的孩子，尚未充分掌握語言的概念。單憑口頭教導，孩子無法百分之百理解。如果光以口頭說明無法制止孩子哭鬧時，應以大人的力量適度約束孩子的行為。當孩子胡亂打鬧時，立刻抓住孩子的手，教導孩子「雖然這是你的身體，但是也由不得你亂來」的觀念。

當孩子度過幼兒期，進入小學階段後，應與孩子面對面坐下，溫和平靜地溝通。此時就不適合採取「管教姿勢」，必須以對話的方式來灌輸管教的觀念。

針對三歲以上小孩的全套管教法

假設三歲以上的孩子打了弟弟，父母該如何適當地管教他？

首先，父母應對孩子下達指令：「再怎麼生氣，你也不可以打弟弟。」接著稍等片刻。父母所說的話，得經過一段時間才能傳達給孩子，因此必須等到孩子完全理解，並將此事濃縮，存入記憶庫為止。但父母們通常等待不了，不斷重複相同的話。如此一來，教育只會淪為嘮叨，孩子怎麼也不肯順從。當父母下達指令，稍待片刻後，某些孩子的表情會開始改變。臉上出現看似認同的表情。那麼對於這些孩子，接下來就沒必要採取管教姿勢。

反之，當父母下達了指令，孩子馬上反駁「不要」時，父母必須再次對孩子說：「聽媽媽的話。媽媽有很重要的話要對你說。」如果孩子大聲哭鬧，就可採取管教姿勢。

當孩子出現攻擊行為時，應立即予以管教。例如出現亂扔物品、咬人、推人、抓人、對小事發怒、遭到制止時任意踢人、自殘等行為。因為攻擊行為不僅可能傷了自己，也可能對他人造成傷害。以下將以步驟逐一說明適用於三歲以上小孩的全套管教法——管教姿勢。

第一階段：將孩子輕輕抱起。當做出錯誤行為的孩子看見媽媽走來，為了躲避媽媽，可能四處奔逃，甚至可能像是玩遊戲般咯咯大笑。管教絕對不能變成遊戲。父母必須以堅定的表情輕輕抱起孩子，孩子才會自覺事態嚴重。此時，媽媽千萬不可被孩子牽著鼻子走，也不可表現出抓不住孩子的柔弱模樣。一時的心軟將使父母權威掃地。媽媽是大人，而孩子不過四到六歲。請狠下心來，你抓得住孩子，也一定抱得起來。

第二階段：採取真正的管教姿勢。抱起孩子後，將孩子帶到安全的地方。如果地點在家中，不妨帶到客廳中央。找好地方，媽媽坐下後，再稍微向前伸展雙腿，使雙腿呈菱形的姿勢。並讓孩子對著媽媽坐在雙腿的範圍內，與媽媽對看。接著讓孩子的腰向前靠近在媽媽大腿內側的位置，如此可方便控制他的姿勢。最後媽媽用右手抓住孩子的左手，用左手抓住孩子的右手。以雙手輕輕抓住，不弄痛孩子的力道即可。如果孩子手亂揮，媽媽也跟著孩子的手亂揮的力量自然擺動即可。當媽媽完成管教姿勢後，看著孩子堅決地告訴他：「不可以因為生氣打弟弟。」

第三階段：保持平常心，等到孩子鎮定為止。採取管教姿勢後，孩子有可能乖乖不動嗎？當然不會。肯定用盡全力想要掙脫。如果管教姿勢做得正確，孩子絕對逃脫不了。孩子再怎麼亂動，也不必擔心會受傷。當然，媽媽可能會辛苦一些。孩子也可能用頭衝撞媽媽的胸口，也可能全身亂晃，甚至可能吐口水，或是咬媽媽的手。即便如此，媽媽仍必須維持管教姿勢。如果孩子作勢咬人，應雙眼直視孩子，告訴他「不可以咬」；如果孩子吼叫，應堅決地告訴孩子「不可以叫」。

第四階段：沉著應對突發狀況。在無可奈何之下，孩子也有可能製造出讓父母不得不放過自己的狀況。像是說自己想吐、想上廁所，或是哭著說手很痛、假裝咳個不停等。這時千萬不可中斷管教。不必理會孩子，也不必擔心孩子的反應。當前最重要的，是父母對孩子的教育。如果不是非喝水不可，否則會有生命危險之虞的情況，只要告訴孩子：「忍住。等到你鎮定為止。」並且沉著地等待。

第五階段：當孩子鎮定下來時，再放開孩子。當孩子的哭鬧逐漸平息時，讓孩子看著媽媽的眼睛。如果孩子不肯，請告訴孩子：「你不看媽媽的臉，媽媽就沒辦法跟你說話。」在孩子看著媽媽的臉後，請用溫柔的聲音說：「沒錯。做得好，你真棒。」輕撫孩子的頭髮與臉龐。也可以問孩子：「哭完了嗎？」當孩子聽話地說「是」時，再次撫摸孩子的頭，告訴孩子：「做得好，就是這樣。」接著說：「那麼，現在和媽媽面對面談談吧。」如果孩子回答「好」時，別忘了繼續稱讚孩子：「你這樣很乖。」

第六階段：讓孩子盤腿坐下，面對面和他說明原則。放開孩子後，讓孩子盤腿坐下，雙手放在膝蓋上。當孩子依照指示動作時，務必稱讚孩子「做得好」。接下來才將孩子犯錯的事情與不該做的事情，一清二楚地告訴孩子。「生氣的時候不可以打弟弟。」待孩子回答「知道了」後，媽媽點了點頭，繼續說明：「生氣的時候不可以打人。」如果孩子回答「知道了」，再和孩子打勾勾，「做得好，說到做到！」最後給孩子一個擁抱，一邊輕拍孩子，一邊說：「真棒。我們家○○真了不起。」

採取這種管教姿勢後，起初胡亂踢鬧的孩子，之後將不再抵抗。孩子心中的想法是：「喔，原來這是不行的。」甚至是：「就算胡鬧也沒用了。不過還以為會發生多麼可怕的事情，原來一點也不可怕呀。」孩子仔細想想，既沒有被父母打，也沒有被罵。**當父母沒有情緒上的激烈反應，只以一雙溫柔的眼神與堅定的態度等待孩子鎮定時，孩子自然會知道「喔，看來今天這件事要好好記住」**。在等待的過程中，也不妨告訴孩子：「這件事要好好學起來。今天一定要教會你這件事，以後不可以再出現這樣的行為。」

採取管教姿勢管教孩子，孩子將可學到兩點：一是比起作亂胡鬧，還是學會教訓，以後不再犯來得有用（讓事情更能有效解決）；二是學會控制自己身體的方法。在管教過程中，父母應不斷稱讚「沒錯，就是那樣做」、「嗯，做得很棒啊」。讓孩子由此獲得安全感，自然能夠領悟出控制自己身體的基本方法。

為什麼管教會失敗？

某些父母頻繁管教孩子，但是孩子依然做出相同的問題行為。這是管教失敗的案例。真正確實的管教，即使只有一次，孩子的態度也會大幅改變。如果父母管教孩子的次數過於頻繁，就有必要檢視管教方法是否出了問題。大多數管教會失敗的原因如下：

父母的焦慮不安，導致管教失敗。在我教導父母時，曾詢問他們管教孩子時的情況。「您感覺當時的心情如何？」有些父母回答我：「有點傷心」、「很生氣」。若是如此，請中斷管教。因為內心不安，是無法好好管教的根源。

父母必須懂得引導孩子，他未來才會過得幸福。如果孩子沒有學會在不同的情況下，該如何行動、如何忍耐、如何調適，那麼未來將因為極其微小的瑣事而生氣，對於他人不以為意的事情，自己卻得獨自承受痛苦。如此一來，孩子該有多麼不幸啊？這是父母非要管教和引導孩子不可的原因。當我重新告訴父母們管教的重要性時，他們原本不安的眼神開始緩和下來。之後對待孩子的態度也開始轉變。原本神經質地對著孩子大吼「不行！別這樣！」知道原因後，管教時懂得改以堅定卻不令人畏懼的口氣對孩子說：「不可以那樣。」

造成父母內心焦慮不安的原因不少。可能是不願看到孩子不聽話的模樣、討厭聽見孩子哭泣的聲音，或是擔心孩子不聽話而哭鬧時，旁人投射過來的眼光，也可能是孩子激起父母的惻隱之心，覺得孩子模樣可憐。所以父母在管教時，千萬不可有上述的想法。必須回到以為了孩子著想的中心思考才行。假設我在公司有個特別照顧的晚輩，但是這位晚輩犯了某個錯誤。我會抱著希望他更上一層樓的心情提點他。父母對待孩子也應該是這樣的心情。

發怒、過度壓迫孩子，導致管教失敗。如果我希望真正疼愛的晚輩受教，成為一位優秀的人才，在和他溝通時絕不會帶有憤怒的情緒。若是管教過程中發脾氣，代表父母正對孩子施加不合理的壓迫。如果父母抱持「我要讓你屈服於我所說的話」的心態，當孩子無法配合時，就可能大發雷霆。尤其一件事如果已經說過一兩次，孩子依然改不過來時，父母的心情會更受到打擊，於是只好採取更壓迫孩子的教法。為了獲得更快的效果，轉而尋求更激烈的手段——祭出藤條。孩子看見大人生氣時，心中會感到極大的恐懼，如果對方又是教導我的老師、扶養我的父母，這種恐懼感更為強烈，所以只好收斂行為乖乖聽話。但是這不過是害怕的表現，並非真正學到事情。

父母在管教時，有時也會出現威脅的口氣。威脅與堅定是全然不同的態度，威脅是將希望孩子速成的焦急心情，施加在管教之上。這不是為了孩子，而是為了讓父母本人安心自在。管教時雖然是由父母掌握管控權與主導權，不過不可過度強硬。

請丟掉凡事求快的心。管教這件事花費的時間比父母所想像的要漫長。孩子越是固執、越是容易鬧脾氣、過去越是不曾徹底理解過是非對錯的孩子，對此花費的時間越長。這點請父母們先做好心理準備。

賦予孩子選擇權，導致管教失敗。管教必須由大人掌握管控權與主導權，而在遊戲中，主導權則交給孩子。「你想玩什麼？」「我要玩這個！」「好！」但是管教不同，在教導孩子基本社會規範的過程中，絕對不可賦予孩子主導權，也不可接受孩子提出的妥協方案。「你以後想當壞人嗎？是不是？」「你以後還要不要這樣？」「現在忍住的話，回家買東西給你。」這些都是非常錯誤的方法。其實你只要告訴孩子「不行」就好。就算孩子說：「你放開我，我就聽話。」也不可以答應。如果孩子先提出建議，而父母答應的話，等於將主導權交到孩子手上。一旦交出主導權，管教等於失敗。雖然只有在孩子出現問題行為的情況下才需要管教，不過管教也有另一層意義，即教育孩子聽從父母的指示。因此，主導權必須握在父母手上才行。

管教時，我們經常犯下的錯誤是詢問孩子的意願。多數父母在管教孩子時，總是問孩子：「你為什麼要那樣？」這個問題並非管教過程中必要的。管教是教導孩子在社會中必須遵守的秩序或原則，即使孩子所說的理由父母都能了解，也不能就此放過問題行為。理由為何，無須過問。在管教的狀況中，不可以有任何提問或讓孩子選擇的行為。

這時也不宜與孩子說太多話，管教並非對話的時機。試想父母教導孩子「不可以隨便打人」時，向孩子詢問打人的理由。「你為什麼打人？」「因為生氣。」「嗯，剛才看起來，真的該生氣呢。」這種管教方式當然不正確。例如在十字路口必須遵守號誌，不遵守號誌將發生重大事故。不只是我受傷，其他人也可能受傷。不可以因為我急著過馬路，自行更改原則。在管教結束後，平日相安無事時，才是詢問孩子理由的時機。

和孩子較量力氣，導致管教失敗。偶爾有些父母誤以為採取管教姿勢，就是用力壓制孩子。有些父母採取讓孩子躺下來，壓住孩子的姿勢。這個動作絕對不可使用。這種「你竟然敢亂來，看我的力氣比你大」的管教方式，結果必然失敗。管教孩子不是「拚個你死我活」的力量競賽。大人的角色是要教導孩子何謂是非。孩子在學習新的事物前，必須先確定自己處於安全的環境下。無論力量大小，使用強迫式手段都無法讓孩子學好。

即便如此，仍必須維持親子間力量的平衡。孩子雙腳亂踢時，父母發出「啊啊啊」的慘叫，或是孩子用力掙脫時，讓父母跌得四腳朝天，這些情況都不應該發生。當你抓住孩子的手時，不是說「你再跑啊」，而是要明確告訴孩子「不可以生氣就揍人」，孩子將會被父母的氣勢震懾。這裡所說的「氣勢」，源自於希望好好教導孩子的態度。當孩子被這股氣勢震懾，父母也會更順利地採取管教姿勢。有些孩子只要進到管教姿勢內，便對父母吐口水。這時父母不可躲開，擦掉即可。因為讓父母躲開口水，正是孩子期待的行為，也是被孩子的氣勢所懾服。管教之所以成功，不在於外在的力量，而是內在的力量。

欲速則不達，導致管教失敗。許多父母只想在五分鐘、十分鐘之內結束管教。其實對孩子合適的溝通時間最短四十分鐘，最長甚至可以到兩小時。進入管教姿勢後，原本要賴胡鬧的孩子，看見父母不動如山地忍耐著，只好轉變為「裝可憐模式」。孩子可能會一邊咳嗽，一邊說自己口渴。這時父母多少都會動搖，覺得給孩子喝水應該不為過。這時請好好思考，「孩子的口渴有迫切性嗎？」如果不是，請讓孩子繼續等待。無論孩子說什麼，只要回答兩次「等一下」，之後便無須應答。因為說兩次「等一下」，孩子理應明白父母的態度。如果仍繼續要求喝水，那麼表示孩子依然想奪回主導權。告訴孩子「等一下」後，別回應孩子的要求，請繼續等待。如果孩子不喝水就可能危及生命，當然得立刻放開孩子。不過這畢竟只是極少數情況。

有些孩子則是喊著「我快尿出來了，快尿出來了」。這時父母也必須思考，孩子是否真的急著上廁所。如果不久前才上廁所，那麼請繼續要求孩子「等一下」。當然，孩子也許真的想上廁所。即便如此，父母也應明確告訴孩子：「尿出來沒關係，別擔心。衣服再換就好。現在最重要的是學會這件事。」然而這麼說完後，有些孩子真的尿了出來。這麼一來，孩子便可盛氣凌人地說：「看吧，我真的尿出來了吧！媽媽的衣服也濕了。」此時媽媽應保持平常心，告訴孩子：「沒關係，衣服再洗就好。」唯有如此，才能立刻澆熄孩子的氣焰。

一旦管教開始，必須進行到孩子學好為止。別壓迫孩子，別動怒，也別嘆氣。靜靜地看著孩子，等待孩子鎮定。即使管教時快遞上門，也別應門，電話也別接。父母要將「現在我正在教導相當重要的事情」的印象深植孩子心中，就得全神貫注。

濫用管教，導致管教失敗。父母要能適時告訴孩子何謂錯誤的行為，而此時孩子也應聽從大人的教誨，這正是「家庭教育」。當這種模式無法順利運轉時，就需要加以管教。例如父母正在說重要的事情，而孩子動來動去、搗蛋作亂、吐口水時，必須立刻給予管教。

另一種情況是孩子雖然聽話了，但是在媽媽眼裡看來，孩子的表情似乎有些不悅。

即便如此，也不能在此時進行管教。孩子雖然擺出鬧彆扭的表情，不過確實是比較聽話了，那麼只要以口頭溝通即可。父母不可以因為不滿孩子的態度，連他們的心態也想加以控制。

父母的管教行為，是為了讓孩子未來在社會上能正常平和地生活，而不侵犯到他人的生命與權利，並非為了塑造完全符合自己期待的孩子。如果孩子看起來不太愉快，只要告訴孩子：「你也許心情很差，但是這是媽媽一定要教導你的事情，要好好記住。」如果教導孩子的事太過瑣碎，那麼真正需要教育重要的事情時，孩子將不願意接受。父母若過度試圖掌控孩子的一切，即是暴力，不可以連這樣的行為都以「管教」一詞美化。

＼Think about parenting ⑩／

孩子一定要「好好說話」才行？

父母經常對孩子下達的指令之一，是要求孩子「話要好好說」。但對於正在大吼大叫的孩子，這樣的指令成效有限。此時，必須明確告訴孩子「不可以吼叫」，沒必要教孩子好好說話。

假設孩子生氣時，大吼「幫我做那件事！」父母不可以對孩子說：「媽媽跟你說過話要好好說了吧？」孩子當然辦不到。他正在氣頭上，如何好好說話？此時，只要告訴孩子「別亂叫，媽媽已經聽到了」即可。又例如孩子對朋友發脾氣，大叫「你走開！」這時也不應該要求孩子「對朋友好好說話」，而是「不可以對朋友大呼小叫」。

有些媽媽在此情況下無視孩子的情緒，不斷重複：「話要好好說，你再說一遍。」這種行為並不值得鼓勵。說話的目的是為了向對方表達我的意見，而不在於說的內容是否得到聽者的認同。當父母對孩子下達指令時，必須先思考我在這個情況下該教什麼，並依此原則下達指令。因為光是這個指令，就足以令孩子應接不暇了。

Solution 11

我好累，孩子別再吵我了！

——「當父母想要休息，孩子卻不斷打擾時」

CASE

同哲爸爸正在看足球比賽，而同哲（四歲）在爸爸身旁組裝新買的積木。然而不知道是否困難度太高，從剛才開始，一直嘀咕著積木從右邊放不進去、從左邊也放不進去。最後真的不行了，趕緊呼叫爸爸。

「爸爸，幫我裝上這個！」

爸爸的眼睛緊緊盯著足球場上的前鋒。

「爸爸～爸爸～」

同哲用盡全力大聲呼叫爸爸。爸爸這時才回應，不過眼睛依然盯著電視。

「為什麼這個用不好。幫我裝上去！」

「等一下！等一下！你再等一下。」

同哲再次試著組裝。積木依然裝不上去。

「快點！快點！我已經等過了！」

同哲大叫幾聲後，擋在電視機面前開始跺腳。

「唉唷，爸爸就看一下足球，這樣也沒辦法等？嘖嘖，拿過來看看。」

爸爸從孩子手中用力搶走積木，但是無論爸爸怎麼嘗試，也無法成功組裝積木。分明已經按照說明書組裝了，不知道是什麼地方出了問題，積木怎麼也放不進去。爸爸鬥志高昂地展開與積木的對決。此時，電視機中傳出了歡呼聲。前鋒踢進了球。爸爸忽然用力將積木丟到地上，積木咚隆咚隆滾進沙發底下。同哲邊放聲大哭，邊大叫媽媽。

「爸爸說過這個很難，叫你不要買對吧！你自己的玩具，就你自己組裝啊，為什麼要爸爸幫你組裝？你下次再叫我買這種東西試試看！」

爸爸和孩子相處時，為什麼容易生氣？

「是怎樣，連一下子都不能和平相處嗎？叫你幫我照顧一下孩子，你卻在這段時間發脾氣，把孩子惹哭。看來不管是在家，還是在外面，你都沒辦法和孩子好好相處。」這是媽媽們最常抱怨的話。究竟爸爸為什麼會這樣呢？

爸爸和孩子相處時脾氣會變得特別差的原因，大致可以分為以下三種。第一，爸爸原本就是脾氣大，性情較為剛烈的人。這類人不只是和孩子相處時如此，和妻子相處時，甚至獨處時，也容易發怒。

第二，因為爸爸從小也是這樣長大。兒時父親經常用這種方式對自己說話，自己也有模有樣地學起來。

第三，當爸爸特別在意孩子在公共場所影響他人時，就會如此。

同哲爸爸的情況，正是符合上述的第二種原因。因為小時候爸爸就這樣和自己相處，所以他長大後也容易對孩子的要求感到厭煩。所以當孩子提出某些要求時，爸爸總是要孩子一等再等。

等待也必須教導，不過這是為了孩子學會調適自己而教。在孩子調適好情緒之前，父母只需要從旁靜靜觀看。**不可以對孩子說「你給我等一下」，自己卻來回走動，忙著處理其他事情。別離開位置，在原位上靜靜等著孩子。**

不過，爸爸自己看著足球，卻要孩子「稍等一下」，嚴格來說，其實是爸爸想先滿足自己的欲望。在某些情況下，確實需要盡快回應孩子的要求。當幼兒在組裝玩具時，耐性本來就有限。因為得先將玩具組裝好，才能進入下一個遊戲。但爸爸卻不斷要孩子一等再等。於是多數孩子不斷重複要求，逐漸怒火中燒，最後表現出問題行為，例如關掉爸爸正在看的電視，或是動手打爸爸。如此一來，讓爸爸的家庭生活被搞得雞飛狗跳。

忙於工作的爸爸，回到家只想休息。然而孩子卻不斷來到爸爸身邊碎唸，或是拉著爸爸，甚至爬上爸爸懷中，要求他陪自己玩，或是要爸爸做東西給自己，讓爸爸不堪其擾。當孩子越年幼時，情況更是如此。越是兒時不曾得到原生父親的關愛與保護的爸爸，越不擅長處理子女的問題。**如果兒時與原生父親在情感上沒有過多的交流，長大成人後，只會認為外出賺錢便是爸爸這個角色的全部功能**。教養子女是家務事，所以下班後回家的爸爸，認為自己已經完成所有工作，回到家的瞬間，只想放下一切盡情休息。如果孩子此時惹怒爸爸，自然會被痛罵：「爸爸不是叫你別吵了嗎？」

孩子並不是特別針對爸爸。子女如此對待父母，是天經地義的行為。孩子試圖靠近爸爸、待在爸爸身旁，或是要求扮演協助者的父母給予幫助，藉此不斷在成長過程中滿足這樣的依賴需求。然而父親卻對孩子吼叫，命令孩子別這麼做。

看在妻子眼裡，丈夫這樣的行為令人心寒。幾乎每天晚歸，連週末如此短暫的時間也不願好好陪孩子玩，妻子自然心裡不是滋味。

同哲爸爸正是將個人欲望看得比孩子欲望更重要的父親類型。男人原本就這麼自私嗎？請別誤會了，並非全天下男人皆是如此。近來也有不少「企鵝爸爸」，他們是細心呵護孩子，為孩子犧牲的模範爸爸。既然如此，究竟為什麼會有相對較自私的爸爸？這與依賴需求有很大的關係。兒時依賴需求未獲得解決的人，很難為自己的子女付出些什麼。其實依賴需求未獲得解決的父親，要比想像中的多。當然，並非自己的依賴需求未獲得解決，就一定會對孩子自私。也有不少人因此對孩子更加照顧。

幼時依賴需求未獲得解決的爸爸，一般會有三種表現。

第一，過度孝順父母的孝子。孝子並非壞事，但是過度的孝順才是問題。滿滿獲得父母各種關愛的人，到了一定的年紀時，反倒在情緒上或心理上較順利與父母分離，且分離的過程相當自然。但是依賴需求未獲得解決的人，難以與父母分離。即使無法從父母身上獲得什麼，也想在父母面前有所表現。

然而真正到了該依靠父母、請父母幫忙的時候，卻始終說不出口。一位嫁給這種丈夫的妻子，每次見到我總要抱怨這些事。婆家從小最受疼愛的是老二，但是現在有什麼事得找人幫忙、出錢出力的時候，卻總是找上長子。丈夫拿錢回家孝親，父母把錢存起來後，最後又給了老二。和丈夫商量這件事時，丈夫只說：「這件事你別管，我自己會看著辦。我是老大，當然要由我來扶養父母。」表面看似相當獨立，不過在這種類型的丈夫中，有不少人對父母的依賴需求尚未獲得解決，才會一直跟在父母身邊。

從某方面來看，比起對待子女或妻子，丈夫反倒投入更多時間與精力、財力在問題尚未根除的原生父母身上。在這些人心中，隱藏著希望自己的存在受到整個家族認同的殷殷期盼。當他們在社會上功成名就時，在家族內便可風頭盡出。儘管如此，我們也無法要求這些人與父母斷絕關係，因為這並非違法或錯誤的行為。但是本人必須知道，自己的內心深處，仍存在著尚未解決的部分。

第二，極度自私的人。不曾從原生父母身上獲得什麼，也不懂得付出。有些人不懂得孝順父母，對自己的子女也不肯白白花錢。孝親費給得不多，花在子女身上的金錢也錙銖必較。這些丈夫多次強調省吃儉用、累積財富的重要。然而矛盾的是，他們在自己的嗜好興趣方面，卻花錢從不手軟。換言之，他們只肯投資在自己身上。時間、金錢及其餘一切皆是如此。這些爸爸也不肯花費心神投入在妻子或孩子身上。因為他們是極度自私的人。

第三，不願正視孩子情緒反應的人。這些爸爸責任感強、工作認真，也相當盡責照顧子女，唯獨不肯正面回應孩子的情感需求。他們認為只要解決金錢需求，便是盡了所有義務。除此之外，他們一概不知。

當我們渴望獲得關愛時，會希望能夠得到對方的關心；當我們痛苦時，會渴望親近最愛的人；當我們需要安慰與保護時，希望對方能安慰和保護自己，這就是「依賴需求」。除了金錢上的支援外，孩子也必須接受父母給予的關愛，才能滿足彼此情感上的需求。但是自幼時本身並未得到滿足的爸爸，自然也無法滿足孩子情緒上的欲望。同哲爸爸就是這種類型。我們不能單純將這些爸爸視為個性惡劣的人。因為與原生父母之間尚未解決的情緒問題，致使他們無可奈何地表現出那樣的行為。

兒時依賴需求未滿足，讓媽媽不願親近孩子

依賴需求未曾獲得滿足，也是讓許多媽媽頻頻拒教養於千里之外的原因。

恩婷就像其他媽媽一樣，為了孩子的問題找我諮詢。因為已經兩歲八個月的孩子還不大會說話，令她相當擔心。和其他同儕相比，孩子的語言發展明顯遲緩，身高也矮了許多。雖然語言發展遲緩，不過幸好孩子還具有其他非語言的溝通能力。經我了解後，孩子的狀況並沒有想像中的嚴重。

問題在於恩婷。她和扶養孩子的娘家——原生母親之間，存在著嚴重的教養衝突，平日也無心照顧孩子。因為恩婷是職業婦女，常常回到家時已一身疲憊，因此對孩子不

斷找媽媽的行為特別厭煩，她希望能多和朋友一起享受下班後的時光。表面看來，為了給孩子更好的生活而努力工作的恩婷，似乎深愛著自己的孩子，然而實際上卻不願將為孩子奉獻心力。我想，恩婷兒時也曾有過依賴需求的問題。

恩婷說，她在結婚之前曾經愛著別的男人，但是和現在孩子的爸發生了關係，意外懷孕，才急著步入婚姻。和孩子的爸結婚後，生活一點也不幸福。丈夫每天凌晨酒醉返家，更在酒後毆打恩婷。最後兩人勞燕分飛，恩婷從此回到娘家與母親一起生活。

然而恩婷與原生母親之間也有著難以抹去的傷痕。恩婷七歲時，爸爸罹癌去世，媽媽經營生意，獨力扶養恩婷長大。只是恩婷心中一直存在著這樣想法：「媽媽當初要是在我身上多投注些心力，我現在就不會過著這樣的生活了。」她也曾將這個想法告訴媽媽，得到的回答卻是：「我不是讓你上了鋼琴補習班，還要我照顧你到什麼程度？」

仔細想想，媽媽獨力扶養孩子的辛苦，恩婷似乎並不領情。恩婷期盼的親情，不只是金錢上的援助，更多的是情感上的扶持。在恩婷的記憶中，每到晚上媽媽總會化上漂漂亮亮的妝，穿上美麗的衣服準備外出。當媽媽打開衣櫃，一件一件換穿時，恩婷總會問：「媽媽，你也會帶我出門吧？」然而媽媽只是面無表情地回應一聲「喔」，並趁恩婷不注意時悄悄出門。總在漆黑的夜晚，恩婷獨自一人被留在空蕩蕩的屋子內，想來就可怕。

雖然媽媽的生意經營得還算不錯，讓恩婷從小沒有經歷過貧困的生活，似乎也上過一陣子鋼琴補習班。但是在恩婷看來，媽媽並沒有提供更多教育方面的後援。恩婷高中畢業後立刻就業。雖然至今仍在職場上，但是渴望取得專科學歷的想法，一直縈繞在她的心頭。恩婷認為自己從媽媽身上獲得的太少，例如實質上的照顧、情感上的關懷、教育上的後援等，心理的需求未被充分滿足。

但是，恩婷卻將自己的孩子交給那樣的媽媽照顧。恩婷曾經想過，與其交給媽媽照顧，不如委託二十四小時的托兒中心。但是這個孩子相當敏感，發展也較為遲緩，並不好帶，最後只得交給媽媽照顧。但恩婷想要獨力扶養小孩，得先有固定的收入，因此恩婷要工作四天才能回家一次。今日的選擇，她也迫於無奈。

恩婷之前曾經告訴我，她和媽媽兩人在扶養孩子這件事上，有過相當激烈的爭執。孩子很小的時候只要洗澡完一離開浴缸，總是哭得相當厲害，不知道是否因為太冷。由於體質較差的孩子，只要露出一點點肚子，就可能因此受涼。於是恩婷的媽媽一邊嘀咕著「得趕快幫孩子穿上衣服才行」，一邊粗魯地把孩子抱起放到只鋪有一條薄毯的地板上。恩婷見狀，立刻大喊：「媽媽，拜託你輕輕放。」但據說媽媽每次都是如此。其實媽媽也沒有意識到自己這樣對孩子太粗魯，而看見媽媽的行為，恩婷總會想起自己兒時未能獲得的悉心照顧。

當依賴需求未獲得滿足的人看見孩子，總會想起自己兒時未能從媽媽身上獲得的關愛，心情難以平復。要是他們能以這樣的心情多為孩子付出一點，該有多好，然而實際

上多數人都辦不到。恩婷也是如此。儘管為了孩子努力工作，盡力讓孩子過上更好的生活，卻總是事與願違。四天難得回家一次，當孩子吵著要和媽媽一起玩時，恩婷只覺得全身乏力。即使打起精神陪孩子玩，她的母親又嫌家裡弄得一團亂而生氣。

我和恩婷的媽媽對談後，多少能理解她母親的心情。恩婷和孩子玩的時候，經常將玩具擺得四處都是，事後從不收拾，總留著給母親收，讓她母親的腰痛得不得了。恩婷難得幾天回家一次，不是對母親說：「媽媽，孩子我來照顧，您去休息吧。」而說自己和朋友有約，時常晚歸。恩婷的母親對於女兒為人母親的行為相當不滿。其實恩婷這樣的行為，單從表面上來看不易理解。但如果恩婷的母親能多思考兩人之間尚未解決的衝突，想必大有幫助，不過她是一個缺乏豐富情感的人。

教養必須不斷奉獻自我，才能成功。不過依賴需求未獲得解決的人並不容易辦到，他們會比一般人更不擅長奉獻自我。因為即使長大成人，即使為人父母，他們仍會回想起自己兒時未獲得滿足的照顧，並時時感到匱乏。

在依賴需求未獲得滿足的媽媽之中，也有人會過度給予孩子物質上的滿足。現在年輕一代的媽媽們可能較少遇到這樣的情況，不過在十幾、二十年前家中子女眾多的年代，姊姊或妹妹都必須將許多事物的優先權讓給哥哥或弟弟。許多女性對此風氣感到憤憤不平，受此風氣影響甚深的媽媽們，生了孩子後經常出現以下的行為：買書必定買一整套的全集；孩子想要的東西，就無條件買下來；孩子的衣服非名牌不買；嬰兒車和奶粉只挑最貴的。隨著孩子逐漸長大，媽媽的這種行為將搞得全家雞犬不寧。誰家孩子學了什麼，也要趕緊讓自己的孩子學，並且四處打聽口碑最好的補習班。表面看來像是熱衷於孩子的教育，然而深入其中了解，事實卻可能不是如此。

這些媽媽們自己本身既不崇尚奢侈，對於生活用度也盡量能用能省就不買。但這些執著於物質上豐饒的媽媽們，不一定都是經歷過貧困的兒時生活才如此。就像恩婷雖然沒有在貧困的環境下長大，對於各種照顧的依賴需求仍未獲得滿足，即使生在小康之家，只要對某些事產生不公平的委屈時，就可能留下依賴需求造成的問題。

感受不到關愛，孩子自然吵著找「爸媽」

孩子仍是未成熟的個體。由於身體各項機能尚未發育成熟，能力不足，也沒有獨力完成某件事情的充分自信，所以會帶著渴望獲得保護的心理呼喚父母。因為待在父母身旁有安全感，孩子自然不停吵著找父母。在自律、自主、獨立、主導等能力形成前，多數孩子將不停對父母索愛。例如，當孩子一沒看見父母時，就急著到處找；做某件事之前，總等著父母下達指令。不管做任何事情，都想在窩在父母的膝上或身旁。總而言之，孩子是因為喜歡父母而如此，也唯有這麼做才能獲得安全感，再說這是因為父母是孩子最信任的人，他才願意這麼做。如果連孩子這樣的需求都不願面對，那麼恐怕是前文提到的，父母本身在兒時的心理需求未獲得滿足。

但是，有些孩子不願和父母分離的情況特別嚴重。對於這些孩子，最先必須懷疑的是，父母給予的關愛是否不足。就孩子的感受而言，如果對於愛的需求並非稍稍不滿的程度，而是嚴重缺乏到覺得父母似乎討厭我的時候，就可能出現焦慮的情緒，於是更頻繁地呼叫「媽媽！」。以大人的關係為例，我們應該更容易理解。當我們如此深愛著另一個人，愛到假使對方不在人世，我也不想獨活的地步。但是對方似乎不是如此，似乎沒有同等地愛我。那麼我們會怎麼做？一開始先是緊緊黏在對方身邊，想要確認對方的愛。如果這樣還不夠，就得用更激烈的手段，例如逼問對方：「你剛才為什麼不接我的電話？這一個小時內做了什麼？」孩子們也是如此。從不間斷地向父母需索，如果不立刻回應，便耍賴胡鬧。這是因為他們以為父母不愛自己。

但是如果孩子如此積極要求，父母卻不肯給予回應時，結果會是如何？孩子將永遠關上心門。不但討厭聽從父母的話，也不願與父母對話。孩子呼喊父母的行為，某種方面也可以視為他想要增強被愛的滿足感的努力。

那麼，哪種父母難以讓孩子在情感上獲得充分的滿足呢？第一種，反應過於木訥的父母。當父母過於內向，或是不擅於表達情感，就可能如此。這類父母經常板著一張臉，由於臉部表情不夠豐富，情緒表達也相當有限。如果父母有憂鬱症，可能讓情況更嚴重。無論孩子出現什麼樣的行為，父母必須據此給予適當的回應。例如孩子興奮得跳舞時，父母也必須一邊微笑，一邊配合翩翩起舞，或是至少表現出興奮的樣子。可是如果媽媽面無表情地回答「嗯，做得好」，孩子的心理就難以被滿足。

相反地，明明是微不足道的小事，有些媽媽卻興奮過頭。這是程度過當的反應。在這兩種情況下的孩子都無法獲得適當的滿足。除此之外，有些父母的反應相當令人掃興。孩子原本驕傲地說：「媽媽，我今天在學校回答老師的問題答得很好，所以老師給了我獎勵。」若媽媽一臉嚴肅地回答：「喔，是嗎？你不可以太自滿。」如此一來，孩子只會覺得無趣。還有一種是跟不上孩子步調的反應。**孩子需要幫忙時，父母心中只想著其他事情，之後才詢問：「咦，你剛才說了什麼？」孩子只好無奈地回答：「算了，沒事。」這都會令孩子們感到不滿。**

第二種，反應失控的父母。孩子明明沒做什麼嚴重的錯事，父母卻發出不必要的惡意批評、或大發脾氣，同樣會令孩子感到不知所措，而對父母封閉心門。

孩子信心不足時，就會「找媽媽」

當孩子無法判斷某件事該不該做，又該以何種方式進行時，便會呼喚父母。孩子拿自己無法理解的事情詢問父母，是天經地義的事，父母此時應積極給予協助。但是，有些孩子雖然已經到了可以自行挑戰的年紀，卻不肯嘗試，凡事先找媽媽再說。父母必須仔細思考，這些孩子是否有「信心」低落的情形。

我們身旁總有一些表現異常優秀的孩子，這些孩子可以做到同齡孩子做不到的事情。因為這些孩子，父母經常忘記子女處於何種發展階段，於是要求孩子「你自己看著辦」的頻率逐漸增加，混淆了孩子可以自行挑戰的課題與孩子無法獨自完成的課題。如此一來，父母的教養態度也變得毫無原則。

對於孩子無法獨自完成的課題，父母應對孩子說：「媽媽來幫你。」此舉可避免孩子承受不必要的挫折，並且有助於孩子從中學習。而對於孩子可以自行挑戰的課題，父母應告訴孩子：「好，你自己試一次看看。」即使孩子有些生疏，父母也應耐心等待至孩子自行挑戰成功。經過此事，孩子將可產生信心。

然而不少父母既會勉強孩子做無法獨自完成的課題，卻又不肯教導孩子，甚至嫌棄：「唉唷，你連這個都不會？」而在孩子可以自行挑戰的課題上，反而對孩子說：「媽媽幫你做。這個媽媽做得比較快。」這麼一來，孩子便喪失了挑戰、學習與體驗的機會，也無法得到父母的認同。長此以往下，讓孩子的信心大受打擊。

教導孩子任何事情切忌急躁，這也會降低孩子的信心。父母必須讓孩子在能力所及的範圍內多次嘗試才行。在此過程中，父母應從旁觀看，一邊鼓勵孩子：「再試一次看看。多試幾次後，應該會變得更容易吧。」像這樣陪伴孩子走過每一段過程，這些過程才會內化為孩子的能力，孩子也將產生「我也辦得到某些事」的信心。

有些性格較為急躁的父母，沒有耐心陪伴孩子度過這個緩慢的過程。只想加快速度，盡快看到好的結果。他們無法忍受過程中出現任何障礙或進度緩慢，於是對孩子不停吼叫、加緊催促。「快點」、「不是叫你好好做嘛」、「上次明明教過你了」等等的催促，造成孩子更慌張而做不好。最後學習經驗無法內化，也得不到進一步累積自信的機會。

情緒上過度不安的父母也會不忍看見孩子嘗試失敗的模樣。一想到結果可能不盡理想，父母便感到不安而無法忍耐，於是乾脆自己代替孩子完成。如此一來，便可得到好的結果。這與性格急躁型父母的過度保護稍有不同，過度保護是「媽媽幫你做，做完趕快走吧」的態度，雖然沒有催促孩子，不過結果終究與相同。如果孩子沒有經歷失敗或嘗試錯誤的過程，將失去鍛鍊自己的機會，不易增強信心。以後只要稍微感到困難，孩子就會立刻放棄，對父母說「幫我做」、「這個我不會」，又或者不停呼喊「媽媽」。

如果想要確實教好孩子某件事，務必保持冷靜，一步一步來。急躁或不安的情緒過於強烈時，會什麼也教不好。這改變必須從父母開始。單單是過斑馬線這件事，也要讓孩子不疾不徐地學習，才會成為他自己的能力。當父母催促或感到不安時，孩子也會跟著慌張。一旦慌張，雖然過程是完成了，孩子卻學不到東西。因為在慌亂間完成的事情，孩子怎麼也記不起來是如何完成的。導致下次再要求孩子做同一件事時，孩子也辦不到。當父母催促孩子「上次不是做過了嗎，都教過你了，怎麼不會？」時，孩子又再次感到慌張。這種惡性循環將對教養帶來相當負面的作用。如果孩子原本動作就慢條斯理，需要花費較長時間學習，在教導孩子時，就務必保持最大的耐心等待。

即使孩子動作不流利，也應給予稱讚；即使孩子動作緩慢，也應給予鼓勵，並耐心等待。唯有如此，孩子下次才願意再嘗試，並逐漸進步。就像讓丈夫洗碗一樣。即使丈夫洗得不乾淨，自己還得再洗一次，也千萬不可發牢騷。一發牢騷，下次丈夫就不肯洗碗了。說聲「謝謝」即可，那麼對方下次才願意再嘗試，並逐漸進步。

家有多名子女時，媽媽可能對這一連串的問題感到非常棘手。比起媽媽自己來做，孩子做事速度相對緩慢。如果真要等待孩子多次嘗試錯誤直到順利上手為止，家務或教養等諸多事務恐在不知不覺間堆積如山。於是媽媽內心越發焦急，恨不得立刻接手將各種家務事完成。因為不那麼做的話，事情只會越來越多。但媽媽空閒時讓孩子動手嘗試，忙碌時代替孩子完成，這種缺乏一貫性的行為並無法讓孩子真正學會。雖然有時難免遇上突發狀況或意外變數，不過可能的話，應盡量按照計劃完成才行。如此一來，父母才能游刃有餘地面對孩子。

家有多名子女時，應每隔一段時間為孩子訂定計劃。假設家有七歲、五歲、兩歲的孩子，不妨先設定目標，在未來兩週內教會老大自行解決問題。而這段期間對五歲孩子的教導，改為幫助孩子盡快完成。先跟在老大身旁兩週左右，一步一步教導孩子做事的方法，並從旁觀察。當老大都能確實完成後，下一步再為老二設定目標。

教育孩子時，身為父母應評估自己可以照顧孩子到什麼地步。如果可以同時照顧好兩個孩子，又能心平氣和，那麼這麼做也無妨。但是如果沒有信心，最好逐一教導。替自己預留充裕的時間，並且耐心等候，是教導孩子的基本原則。

＼ Think about parenting ⓫ ／

凡事都要問孩子的意見？

每件事都詢問子女意見的父母，就是好的父母嗎？在這些父母當中，不少人因為不忍看見孩子心情低落的樣子，害怕對孩子說出嚴厲的話。乍看之下這些父母心地很善良，不過在這些行為之下，隱含著他們害怕為孩子負責，而以詢問的方式將責任轉嫁給孩子的心理。

假設孩子在餐廳四處奔跑喧嘩。此時，父母應告訴孩子：「你繼續妨礙別人吃飯的話，我們就沒辦法在這裡吃飯了。今天先回家吧，等到你下次可以安靜的時候，我再帶你來。」並立即帶孩子離開。但是卻有父母會問孩子：「你問問別的阿姨你可不可以繼續待在這裡？」在必須堅決告訴孩子「這樣不行」的時刻，卻問孩子：「你還要繼續這樣嗎？」這種詢問法，等於父母向孩子表明「我不知道該怎麼辦了，你自己看著辦，後果自己負責吧」，將責任丟還給孩子。

以此方式教育孩子，孩子長大後可能成為對每件事感到不滿的人。在制定社會規範時，有時難免無法顧及每個人的要求。也許有人會問：「為什麼稍微開快一點就算超速？為什麼我非遵守不可？」當然，父母可以問孩子：「要穿紅色褲子，還是藍色褲子？」或是問孩子：「要玩積木，還是玩扮家家酒？」但是當父母必須傳達給孩子正確的觀念時，必須堅定地教導孩子，不必詢問孩子的意見。如果只敢對孩子說好話，永遠無法教好孩子。

Solution 12

我家孩子究竟為什麼會這樣？

「當孩子拖拉不肯嘗試，連簡單事情也不會時」

CASE

「媽媽，這個我不會，幫我做。」

「你這孩子連試都沒試過耶。自己先試試看再說。如果你試過了還不行，媽媽再來幫你。」

「不要，我不會就是不會，幫我做。」

這是參加文化中心摺紙課程的韶允（四歲）和媽媽的對話。其他同齡小朋友都躍躍欲試，只有韶允遇到一點困難，就向媽媽討救兵。當摺紙老師一走近，媽媽也焦急了起來。

「來，好好看媽媽怎麼摺喔。像這樣兩邊對齊後摺成一半。」

雖然媽媽在一旁認真教學，韶允卻絲毫不願意動手摺紙。媽媽望向四周，「是不是不適合韶允的年紀啊，怎麼這麼興趣缺缺呢？」雖說是針對四到五歲孩子的課程，但是仔細一看，其他小朋友都像是滿五歲了。韶允媽媽向老師問道。

「今天我們家孩子年紀最小吧？」

「不是的。今天小朋友們的年紀和韶允一樣喔。」

摺紙老師淺淺一笑，走過韶允桌邊。

其他小朋友都辦得到，為什麼就韶允辦不到？媽媽忽然大發雷霆。

「你自己試試看，其他小朋友都做得到，你為什麼做不到？」

遭到媽媽的指責，韶允立刻放聲大哭。媽媽一時尷尬不已。其他人似乎全盯著韶允看。媽媽開始以飛快的速度摺起紙來。

「唉唷，這是媽媽該做的事嗎？真受不了。媽媽就只幫你這次喔。」

頭腦聰明，卻什麼也不想做的孩子

一位家有隔年準備上小學的兒子和未滿三歲女兒的媽媽，來向我尋求諮詢。在我與其子女面對面諮商的結果，發覺兩位都是善良且聰明的孩子，但是相當謹慎敏感，也比較膽怯。不過並非敏感到神經質或難以相處的程度。女兒在家言談自如，在外也是如此。不過聽說一到了幼稚園，孩子就不肯說話。孩子現在正是展開各種學習的時期，也沒有認知能力遲緩的問題，但是卻拒絕嘗試各種新事物。為什麼會這樣呢？

孩子的媽媽和爸爸是很有教養的人，與他們溝通過程很順利和諧，基本上是相當善良的好人。兩人皆有一定的知識水準，經濟條件充裕。家中協助教養或家務的女傭多達三人。換言之，他們家是真正衣食無缺的環境。但是這個家庭的問題，正是在於過度的「衣食無缺」。

「在我能力範圍內會答應孩子所有要求」，是這位媽媽教養子女時最重要的原則。這包含了時間、經濟、體力等能力。**媽媽以為這麼做可以讓孩子的發展更好，不過結果總是事與願違。**

一般老二出生後，父母對老大的關心自然稍不如前。孩子經歷這種忍耐的過程，反倒可以變得更加堅強，讓耐性與社交性更加發達。但是這位媽媽並不這麼想。據說家中原本只有一位幫忙家務的幫傭，在老二出生後，又增聘了兩位。因為媽媽認為如此一來，才能將更多精神和心力放在老大和老二身上。

每個人在成長過程中可能經歷的匱乏，或是無可避免經歷的些許挫折，這些媽媽都努力不讓孩子面對。所以孩子雖然善良聰明，但是忍耐、容忍的能力相當差。稍有一點不自在，就忍受不了；困難度稍高，便輕易放棄。前述案例中的韶允，也很可能是這種情況造成的。

他們家兩名子女上的都是相當昂貴、高級的幼稚園。從幼稚園放學回家，孩子如果稍微感到不舒服，一般父母的回答多是：「休息一下吧。你今天在幼稚園玩得太開心了，所以才這麼累。」就算玩得再開心，從幼稚園或托兒所放學回家，通常已是筋疲力盡。只要稍微休息一會兒，體力即可恢復。可是這位媽媽的想法卻是：「這麼累嗎，要不要換一間幼稚園呀？孩子在幼稚園發生了什麼事，要不要讓處理家務的幫傭陪著孩子去幼稚園？」孩子稍微感到不自在，或是稍微感到疲倦時，這位媽媽不是鼓勵、陪伴孩子忍耐下去，而是在自己的經濟行有餘力或時間許可之下，盡可能排除孩子的障礙。這是過度的縱容。

媽媽告訴我，有次她在幫妹妹洗澡的時候，老大喊著「媽媽，剪刀」。如果不是非得立刻用剪刀不可的情況，一般媽媽都會說：「等一下，媽媽幫妹妹洗完澡，再幫你找。」但是這位媽媽因為有請幫傭，所以當孩子大喊時，媽媽立刻呼喊幫傭，讓她趕緊跑過去，將剪刀拿給孩子。這是她教養孩子的方式。

最近只要媽媽一開口，老大總會頂撞「吼，吵死了」。媽媽告訴我，她覺得自己已經盡了最大的努力，不知道孩子為什麼會這樣，哭得泣不成聲。答案很清楚。不過可不能這麼安慰媽媽：「媽媽您已經做得很好了，就照現在這樣繼續下去吧。孩子都是這樣的嘛。」平心而論，毒害孩子的正是媽媽。孩子不可能永遠開心、幸福。孩子也有自己必須經歷的成長過程。

過度縱容孩子的媽媽，不忍心讓孩子感到不便或痛苦。他們親自出面，為孩子解決所有問題，並且認為自己平時應無微不至地照顧孩子、接納孩子、關愛孩子。然而在超出忍耐底限時，總會暴怒地責怪孩子：「你知道我忍你忍了多久了？」這位媽媽也坦言，她發火時經常對孩子大呼小叫、暴跳如雷。孩子雖然感覺得到媽媽對自己的關愛，但是同時也對媽媽無法預測的行為感到不安。最後孩子變成無力應付壓力或容易不安的性格。

即使她的兩名子女本性較為謹慎、膽怯。不過這種特質在成長過程中，總會遇上能夠克服的機會。但是這位媽媽卻奪走了這樣的機會與經驗。讓孩子的狀況日益惡化、嚴重，而媽媽卻誤以為這才是關愛孩子。

「那麼我到底該怎麼辦？」這位媽媽哭著問我。**該等待的時候，必須讓孩子等待；該忍耐的時候，必須讓孩子忍耐**。當女兒在幼稚園不肯說話，她問了孩子：「不喜歡老師嗎？」孩子搖頭。「想去幼稚園嗎？」孩子點頭。孩子接著說道：「老師都不肯聽我的話。」媽媽陷入沉思，是否該換間幼稚園呢？請好好想想，將近二十名的幼稚園小朋友，老師要如何一一回應每個孩子的要求？我告訴她，這種時候，媽媽應安撫孩子：「幼稚園裡這麼多小朋友，老師當然沒辦法立刻回應你的要求呀。」這時，媽媽才點頭表示認同。

我建議這位媽媽接受心理諮商。媽媽說自己一路平平順順地長大，沒必要接受心理諮商。不是說媽媽有問題。作為一名成人並沒有問題，但是一旦進入教養的領域，如果總是對他人未曾煩惱過的、習以為常的行為感到苦惱不安，就代表媽媽的成長過程或內在存在著某種尚未解決的問題。

父母找出內心尚未解決的問題，解開自己的困擾，是對孩子最要緊的事。孩子不會只停留在現在的狀態。在孩子的每一個成長階段，都有必須面對的困難。問題不在於現在。如果不希望成為毒害孩子的媽媽，就必須找出現在媽媽內在尚未解決的問題。這對媽媽的人生，也有絕對的幫助。

媽媽可以選擇繼續在職場工作，也可以選擇在家全心教養子女。選擇職場而造成陪伴孩子的時間減少，或是在家全心教養子女若未能盡善盡美，這些並不會對孩子造成某種致命性的影響。反之，**選擇了職場，卻對於自己無法好好照顧孩子感到痛苦，或是全**

天候陪伴孩子，卻因為想進入職場而深自苦惱，這兩種心態都會對教養帶來負面的影響。這種心態呈現了媽媽的真實面貌，也就是媽媽內在矛盾尚未解決。這位媽媽也告訴我她想進入職場，但是為了教養子女，最後選擇了全心照顧孩子。這正是媽媽必須自己面對、解決的問題。

有些媽媽頗能接受自己因為是職業婦女，所以必須將孩子交由托兒所長時間照顧，只能在晚上見上孩子一面的情況。因此，她們會把握有限的時間對孩子更加疼愛。儘管與孩子見面的時間不多，對於孩子偶爾出現不成熟的行為也許感到抱歉，不過這股愧疚感並不足以造成她們極大的壓力。或是有些媽媽本身畢業於名校，擁有高度專業的工作能力，不過若她認為「比起進入職場，照顧孩子更重要。如果丈夫能工作賺錢養家，我就在家吧」，這也不會為親子關係造成太大的問題。即使偶爾浮現「我也外出工作如何？」的想法，只要不會為此深深苦惱，也就不影響家庭。

本人如果對於自己未能選擇的另一條路有所眷戀，並且因為無法實現的夢想感到遺憾，那麼自己的內在尚未解決的問題才會影響到親子、家庭關係。

當孩子犯錯時發火，只會養成不願嘗試的孩子

在不肯嘗試的孩子當中，也有人因為對努力的結果沒有信心，於是連嘗試也不肯。

他們容易感到不安，也較為小心謹慎。這些孩子除了需要成功的經驗，同樣也需要失敗的經驗。孩子的成長過程不可能一帆風順，也許失敗的情況可能更多。所以相較於成功經驗，虛心接受失敗的經驗更為重要。

但是孩子做錯事時，如果父母經常因此失控暴怒，可能會使孩子連嘗試的行為都感到恐懼。他們並非害怕接受結果，而是從開始嘗試到完成的整個過程，在孩子腦中留下的只有生氣、傷心的情緒。由於父母在身旁不斷刺激孩子，雖然孩子最後是哭著完成了，但是這個過程痛苦不堪，即使結果成功了，未來也盡可能不想再嘗試。日後回想起當時的場景，孩子也記不起最後的結果是成功或失敗，只記得當時那痛苦難受的三十至四十分鐘的過程。於是不願再次嘗試，也抗拒嘗試。所以教孩子時，千萬不可動輒就發脾氣。

擔心自己做不好而不願嘗試的孩子，本來就容易感到緊張且內心對外保持高度警戒。**要鼓勵這些孩子主動嘗試，必須讓孩子從開始到結束的整個過程感到放心，且無論最後獲得的結果是好是壞。盡可能讓孩子感到安心舒適，並且盡可能鼓勵孩子多次嘗試。**想要獲得成功，父母的覺悟也許比起孩子更為重要。請謹記這樣的覺悟：「無論結果如何，讓孩子盡情體驗吧！」

但有些父母也會擔心，當自己與孩子相處時，若只是一味迎合孩子，如此一來，孩子的耐性將日益降低。這個世界畢竟不是父母建造的溫室，孩子不安的情緒只會日益提高。那麼，身為父母到底該如何是好？請讓孩子一步步嘗試親身經歷與忍耐。假設孩子必須接受打針治療，太過心疼孩子的媽媽，看見孩子打針時，心裡相當難受，甚至可能問醫生：「不能下次再打針嗎？」孩子一哭，便急著安撫孩子「好，好，別哭了，媽媽對不起你」，甚至在孩子旁邊跟著哭。萬萬不可如此。

孩子該親身經歷的事情，就必須讓他勇敢面對。父母應堅決地告訴孩子：「發高燒會更不舒服。打針雖然有點痛，但是還忍得住。想退燒一定要打針才行。」即使這麼說，孩子仍可能放聲大哭。若是如此，只要從旁看著孩子即可。不可對孩子做出任何言語或行為上的刺激，例如對他大吼「噓！閉嘴！」。無論如何，一切等到孩子情緒穩定再說。待稍微鎮定後，告訴孩子：「這是你必須接受的治療，沒有其他辦法。不是你哭就可以不必打針。」並讓孩子接受打針。唯有如此，孩子才能培養應付這種情況的能力。當哭泣的孩子鎮定下來後，也許會問：「是大針筒嗎？」「不是大針筒，只是很小的針筒，針也很細。等你喊完『一、二、三』就結束了。你這樣哭，只會痛更久而已。」這麼告訴孩子後，花點時間等待即可。如果可以決定等候叫號的順序，不妨讓孩子自行選擇打針的時間。「如果你想最後一個打針也可以。看你怎麼決定。」能這樣問孩子更好。

一位媽媽向我抱怨，要讓孩子接種一針疫苗，得跑三、四間小兒科才行。因為孩子總是嚎啕大哭，不得已只好帶孩子回家。請仔細想想，去了兩趟小兒科，孩子能不害怕嗎？為什麼忍受一次即可的痛苦，要讓孩子承受數次？**如果面對孩子的態度優柔寡斷、**

倉皇失措，孩子將無力承受這個過程。在未來的人生中，孩子只要遭遇些許困難，就會宣告：「這個我做不來。」直到孩子上了小學、中學，其他同學都能忍耐的事情，唯獨自家孩子辦不到的時候，媽媽自然會更容易生氣。於是出言逼迫孩子：「你快點做看看！」「再不做我就生氣了！」真正該徹底管教孩子時不做，要到孩子長大後，因為行為出現太多問題，才開始以高壓的方式給予管教，自然行不通。

對於動作太慢的孩子，需要設定底限

有些父母會因為孩子動作太慢，難以忍受而發火。**其實當孩子動作太慢時，應優先檢視他的注意力。**如果孩子不是懶散，也不是刻意讓父母生氣的話，就可能是因為孩子大腦中處理資訊的速度較緩慢所致。

注意力或專注力不僅是指讀書時無法專注的行為，其定義其實相當廣泛。「注意力」是高層次認知能力之一，到成人期才會完全成熟，因此我們必須先認清孩子仍處於發展「注意力」階段的事實。不過，如果孩子的動作明顯較同儕緩慢許多，就得尋求專業醫師的診斷。因為檢測孩子的注意力落後同齡孩子多少，才能幫助父母掌握努力的方向，是要等待孩子、教育孩子，還是讓孩子接受治療。

注意力不集中的孩子，猶如一台處理速度緩慢的電腦。即使是困難度不高的問題，由於孩子的思考運轉較慢，連帶使得他的反應與行動有如蝸牛般遲緩。無論寫什麼作業，比起其他孩子不但更難進入狀況，連完成速度也慢。有些孩子甚至連說話也相當緩慢。

過於緊張的情緒也可能導致思路、行為緩慢。猶如我們看影片時，影片停留在緩衝階段而無法播放的狀態。當我們在處理一件事之前，如果必須先舒緩緊張感，反應的速度自然變慢。**如果父母逼迫思路尚處於緩衝階段的孩子：「怎麼這麼慢，還不快點做？」孩子只會腦袋一片空白。**因此，當孩子的慢吞吞是源於注意力的問題時，如果父母不停責罵孩子，那麼他在注意力上的問題將更加嚴重、惡化。

看著動作緩慢的孩子，部分父母有時會懷疑「這孩子是不是故意跟我作對？」這也是有可能的。如果孩子平時在親子關係中累積大量不滿時，就可能在關鍵時刻故意找父母的碴。

因此，孩子拖拖拉拉的原因，也可能是為了引起父母的注意。假設弟妹不久前才生下來，媽媽總是忙著悉心照料寶寶。孩子這時會想，自己過去平平安安長大，媽媽對我並沒有付出太多關心，但是只要一磨蹭拖拉，媽媽就會立刻過來催促自己，一邊幫忙善後，這樣才能讓媽媽來關心自己。所以也有些孩子是刻意放慢動作。

對於希望想引起父母關心而動作慢吞吞的孩子，對他置之不理無助於解決問題，反應過度也不對，必須客觀引導孩子。外出前，如果孩子的動作太慢，應告訴孩子：「恩惠呀，時鐘長針指到這個地方，無論如何都得出門才行。我的女兒最棒了，你應該可以自己完成，如果中間需要幫助，再告訴媽媽一聲。」這種說法本身即是關心的表現，能滿足孩子渴望關愛的欲望。偶爾出手幫點小忙也無妨。例如穿襪子，媽媽可以將襪子套在孩子的腳上，剩下的讓孩子自己拉起即可。

如果孩子不是有意放慢速度，平時父母應設定一定的時間底線，讓孩子練習稍微加快速度。如果其他小朋友在二十分鐘內可以完成的事，就先給自己孩子兩倍時間去嘗試。告訴孩子：「試試看在規定的時間內完成。」幫助孩子熟悉時間的掌握。此時父母千萬不可袖手旁觀。日常生活中，有許多必須在規定的時間內完成的事情。如果不加以學習，孩子未來只會更辛苦。

面對容易緊張的孩子，應先安撫孩子「沒關係，不必急著做到最好，我們只是試試看而已」，再讓孩子練習。如此一來，必能幫助孩子大幅降低緊張感。

許多父母心想「要是孩子再多點專注，再認真一點，也許動作就不會那麼慢了」，一開始先感到惋惜，最後卻會失控暴怒。對於孩子拖拖拉拉的行為，如果父母認為是孩子不夠努力所致，可能會出現「那孩子以後該如何在這險峻的社會中生存？」的想法。但是，如果孩子慢吞吞的習慣不是每一次都這麼嚴重，父母大可不必過度擔心。偶一為之無妨。孩子可能因為待在家裡較為自在，或是在世上最親的人身旁而卸下了心防，才出現如此的行為。

不久前，我見到一位小學三年級的男孩，將自己兩邊眉毛剃個精光。我大吃一驚，連忙問孩子原因，孩子告訴我他是因為太生氣才這麼做。孩子說非常討厭媽媽在家裡亂發脾氣，或是責備他。我反問：「媽媽是教你，才會這樣吧？」孩子繼續說道：「不是那樣的。好比說有時候在家上完廁所忘了沖水。我不可能出門在外也這樣吧？去別人家裡才不會這樣。因為在家裡很放鬆，有時候不小心忘了沖水，這時媽媽一定罵說：『媽媽跟你說過幾次了，多注意一點不行嗎！你去朋友家也這樣上完廁所不沖水嗎？』我很不開心。」孩子說得對。媽媽這種時候只要簡單提醒孩子：「你忘了沖水喔。下次記得沖水再離開廁所。」

青蛙們，想想身為蝌蚪的歲月吧

看見孩子連最簡單的事情也做不好，父母因此想發火時，我的建議是：請記住「孩子這一生都需要父母、老師、大人持之以恆的教導」。無論是優秀的孩子，還是能力稍差的孩子，都是一樣的。

大人經常忘了子女現在只是孩子，總以自己當下的角度看待孩子的現況。他們沒有顧慮到身為當事者的孩子的困難之處，而是焦急萬分地逼問孩子：「這麼簡單的事情都不會？」父母是大人，知道的也比孩子多，能進行較全面的判斷，且判斷能力也較孩子成熟。用這樣的角度看待孩子，將造成嚴重的問題。

父母們經常犯的第二個毛病，是多數父母總以為自己出於善意，所以為了孩子好，無論使用什麼方式對待孩子都無妨。因為出於善意，所以可以肆無忌憚說出傷害孩子的話，這是天大的誤解。孩子連簡單的事情也辦不到時，父母經常順口說出傷人的話，例如「你到底是像誰啊？」「到底要教你幾次才會阿？」「喂，有這麼難嗎？」如果告訴他們，這些話會在孩子心中造成嚴重的傷害，這些父母的回答也只是「這也不至於吧」。在大人之間看來，父母這種程度的發言無傷大雅，頂多稍微影響心情。但是對孩子而言卻影響重大，因為他們消化情緒性語言的能力也不如成人。**大人幾天內就能排解的一句話，可能留在孩子的心中留存數十年。**

面對連簡單的事情也做不好的孩子時，請父母別忘了自己是大人的事實。以符合孩子發展程度的角度看待孩子，如果有發展上的問題，務必思考如何依照孩子的程度給予幫助。

所有的教育，都是一個新的學習。要學習新的知識，必須將之輸入大腦，並凝聚為強而有力的認知後，才會被儲藏於記憶寶庫中。而且這個過程必須反覆多次，才會被深深記住。

不只是經驗構建的過程如此，體驗時的氣氛、情緒、心情如何，也造成極大的影響。從當時是否下雪、下雨、打雷，到家中的照明是否明亮、媽媽穿什麼顏色的衣服，甚至當時自己感受到的情緒如何，都包含在內。總而言之，所有訊息與當時的氣氛，會全都被收納在自己的「情緒收納袋」中。如果在接收資訊時感受到極端負面的情緒，那麼接下來會無法順利接收任何訊息。因為此時「情緒收納袋」已過於飽和，或者已經出現裂縫。所以孩子在學習新的知識時，必須讓他反覆多體驗幾次，並且在進行教育的過程中，覺得感受很自在。如果能讓孩子享受其中，從中產生幸福感，那當然是最好的。

假設孩子正在學習國字。當孩子連寫最簡單的國字也會一直出錯時，一般父母必定大發雷霆。但是一旦暴怒，造成孩子心情低落，就無法達到學習國字的效果。真正了解「情緒收納袋」道理的父母，會懂得對孩子說「要不要再試一次？有趣最重要。」而非勃然大怒。

當讓孩子學習新事物時，父母必須反覆教導才行。學校老師也是。所謂的教育，必須兼顧認知交流和情感交流的過程，才有可能成功。換言之，教育者以何種心態面對受教者，也是教育的一環。如果不了解這個道理，再怎麼簡單的事情也教不好孩子。

＼Think about parenting ⑫／

高敏感的孩子，特別難教？

若我們深入觀察這些容易讓父母們動怒的孩子案例，例如忍耐不了的孩子、具攻擊性的孩子、不易安撫的孩子、不肯乖乖吃飯的孩子等，其實多數是因為孩子的情緒較敏感而如此。只要父母妥善提供協助，孩子敏感的程度也可以隨著年齡的增長而轉變為長處。

我家孩子也相當敏感。小時候非常怕生，只要看到陌生人就哭，甚至連周歲宴也辦不成。怕生的孩子其觀察力較為敏銳，現在我家的孩子觀察敏銳的程度有時都讓我自嘆不如。若經過一輛汽車旁邊，立刻知道這輛車是幾年份的車款、有幾個汽缸。明明視力不好，卻能一眼看出某些瑕疵。由於善於觀察，連動物的行為或步行方式都瞭若指掌。孩子因為從兒時就不斷分辨熟人、陌生人，所以觀察力特別敏銳。我家孩子對聲音的刺激也相當敏銳，只要聽見汽車發動的聲音，甚至能辨別車種。

我自己也是公認相當敏感的體質，小時候嚴重偏食。不過我的敏感體質不斷往好的方向發展，成為善於觀察他人心思的人。

如果孩子過於敏感，父母在他兒時確實需要花費更多心力，不過若能好好觀察與掌握孩子的特質，在不逾越基礎規範的前提下妥善引導，敏感的特質反倒能發展為特別的能力。

Bonus Page

無論是爸爸或媽媽發火，孩子的感受永遠第一

——保護孩子遠離暴怒的另一半——

當另一半對孩子盛怒不已時，在僵持不下的情況下，我們該如何將這些情緒對孩子的傷害降到最低？這是以下探討的重點。請爸爸們或媽媽們仔細閱讀下文，並試著在另一半怒不可遏時用用看。

生氣時，不該對孩子做出的行為

別對孩子美化另一半的行為

不少媽媽會安慰孩子：「爸爸太辛苦了才會這樣（或是爸爸太累了才會這樣），我們要多體諒爸爸。」其實是因為擔心孩子對爸爸留下陰影，才美化爸爸發怒的行為。換言之，就是希望孩子包容一切，別因此討厭爸爸。

表面看似是合情合理的處理方式，不過在孩子上小學之前，

卻不容易接受這種說法。孩子不過是要爸爸或媽媽陪自己玩，但爸爸或媽媽卻因為忍受不了而擺臭臉甚至口出不遜，要孩子如何理解？希望小孩能體諒、理解大人的情緒，這只是父母單方面的想法。在這種情況下，孩子比任何人都要慌張、恐懼，卻希望孩子體諒爸爸，並不恰當。

別將暴怒的起因歸咎於孩子

當孩子玩具玩到一半，也許偶爾會因一時不滿而氣得到處亂丟。媽媽看見孩子亂丟玩具，也跟著生氣怒吼：「我跟你說過玩具不能亂丟吧？媽媽這麼生氣都是因為你亂丟玩具。」或是翻起舊帳「你每次都亂丟東西，連在幼稚園也亂丟玩具！」這都是不對的。媽媽只是為了盡快收拾眼前的爛攤子，而任意怪罪孩子。

孩子雖然亂丟玩具，但是媽媽生氣的模樣更令孩子感到恐懼，此時即使教導孩子，也發揮不了效果。必須先安撫孩子的情緒，再好好教他。若非如此，只會在孩子心中留下陰影，而無法使孩子自覺犯了錯誤。

另一半生氣時，我該如何面對孩子？

首先安撫孩子的情緒，接著說明錯在父母

請先安撫孩子：「有沒有嚇到？你找爸爸一起玩，卻被爸爸大吼，一定覺得很害怕吧。媽媽幫你問爸爸，為什麼要對你大呼小叫。不管是什麼情況，大呼小叫就是不對。」如此一來，孩子才能學到「在任何不開心的情況下，都不可以大呼小叫」的道理。

在孩子面前，和緩釐清是非對錯

如果另一半的行為已經失控，最好帶孩子離開現場。稍走一段路後，有助於沉澱孩子的情緒。不過在離開前，不可以讓另一半以為自己生氣而一走了之。應告訴對方：「我和孩子先出去一會兒，等你冷靜了再回來。」

當另一半情緒緩和下來後，必須告訴另一半：「你這樣的行為對教育毫無幫助。孩子雖然也有錯，但是你也應該反省自己失控發飆的行為。」此時千萬不可過度責難或怪罪另一半。以這種方式對話，一旁的孩子才能學到如何安全應對他人不滿的情緒。

讓爭端平和結束

待夫妻妥善溝通後，引導另一半向孩子道歉。問孩子：「剛才爸爸那樣讓你嚇到了吧？」如果孩子只是哭個不停，請另一半對孩子說：「真對不起，爸爸不該對你大小聲，」要減少父母失控暴怒對孩子造成的負面影響，最好的辦法是立即解決當下的問題。若是父母相互責怪，或是其中一方一走了之，造成雙方冷戰的局面，都不可取。無論如何，平和地結束每一次的狀況，不讓彼此心中留下情感上的傷害，才能讓孩子保有情緒上的安全感。

如果另一半時常暴怒，建議接受婚姻諮商

如果夫妻其中一人經常不受控制，另一方為了配合對方而受盡委屈，建議最好接受婚姻諮商。婚姻諮商並非爭論誰是誰非，而是藉由諮商了解自我心理反應的特徵，徹底認識自己。在此過程中，無須急著理解對方，認識自己才是當務之急。如此一來，雙方溝通將更加順暢。誰都知道夫妻不應該在孩子面前吵架。如果數年來難得在孩子面前吵一次架，倒是無妨，不過如果吵架的次數過於頻繁，夫妻雙方就得努力設法改善。

即使孩子裝作不知道，也得好好收拾善後

假設昨天在孩子面前爭吵，今天一切已相安無事。當我們詢問孩子的感受時，有的孩子會說記不得昨天父母吵架的情形，有的孩子則回答不要緊。這種時候，也得好好解決問題，做好善後工作。其實孩子的內心相當混亂。夫妻之間也許不必收拾昨天的衝突，今天見面依然可以相安無事，但是孩子不一樣。大人承受情緒的耐力，與孩子承受情緒的耐力截然不同。

孩子可能真的記不起昨天的事情，但這是因為昨天發生的事情太過衝擊，讓孩子的大腦刻意忘記。實際上，他並沒有忘得一乾二淨。孩子看見的、聽見的、感受到的所有資訊，必然以某種形式儲存於腦中。即使孩子回想不起來，父母也應該向孩子道歉，例如：「昨天我們不是去了超市，爸爸和媽媽那時候吵了架對吧？那時爸爸和媽媽的想法不太一樣，所以聲音大了點。但是爸爸和媽媽依然相親相愛。很抱歉在你面前大吼大叫，以後我們會好好溝通的。」另一半也應該向孩子道歉，說聲「對不起」。如此一來，孩子才會知道「這個情況到此劃下句點，爸爸和媽媽還是相愛的」，真正放下心中的疙瘩。

Part4

如何不讓孩子變成暴怒的大人？

「孩子都這樣」、「等他長大就會好了」，
樂觀的想法只是讓父母心裡舒坦，
終究對孩子沒有幫助。
如果希望培養不易暴怒的孩子，
從小就必須教導他們自我省察的方法。

輕易動怒的大人，造就不安全的世界

情緒教養失敗，導致社會案件頻傳

●社會案件一

在嚴重塞車的道路上，右側車道的某輛汽車不停閃著方向燈，準備切進左前方。然而當時的情況不允許讓這輛車切入。於是這輛汽車離左側車道上的車越來越逼近，車主也不斷出言辱罵。眼看硬切車道不成，車主索性走下車，橫擋在左側行進間的車輛前，舉起可伸縮長度的防身棍猛砸未讓道的車輛。

●社會案件二

一名壓低帽沿的年輕男子走進傳統市場內，掏出口袋內的打火機，朝著布莊店外的棉被堆縱火。瞬間火舌竄起。這名男子是該地區區公所的替代役，因為女友嫌棄他收入不多而瞧不起他，跟學長借錢又被拒絕，於是憤而「隨機縱火」。

●社會案件三

一名男子剛下車，這時突然有部車忽然向著他加速衝撞過來。男子被撞倒在地，車子的擋風玻璃瞬間碎裂。原來駕駛衝撞的對象，是不久前曾與他發生交通糾紛的車主。據稱，駕駛當天遭到上司的嚴厲斥責後，在情緒不穩的狀態下開車，想起了這樁恩怨，於是蓄意開車衝撞對方。後來這名嫌犯被以殺人未遂罪名逮捕。

●社會案件四

因家中喜事難得齊聚一堂的家族成員，沉浸在美食、美酒與音樂的愉快氣氛中。正當聚會進入尾聲之際，某桌忽然傳來爭吵的聲音。原來是姐夫與小舅之間起了衝突。小舅質問姊夫為何對姊姊不客氣，並朝姊夫的臉上揮了兩拳。姊夫因為小舅出拳施力過當，當場腦充血，失去意識，隨即撒手人寰。

●社會案件五

凌晨的電子遊樂場外，有八名二十多歲的年輕男子正上演全武行，宛如電影中暴力集團鬥毆的場景。直到警察出動，他們才悻悻然罷手。鬥毆的原因只是因為彼此互看不順眼。

●社會案件六

有名四歲小朋友用餐時因吐掉泡菜，遭幼稚園老師掌摑後，整個人跌倒在地。小朋友爬起身後，這名教師還讓孩子重新吃下吐出的穢物。除此之外，這位教師也曾掌摑吃下香菇又吐出的小朋友，或是用力拍打將點心吃得杯盤狼藉的孩子後背。這名教師坦言：「我因為克制不住瞬間湧上的怒火才會使用暴力。」

●社會案件七

有對夫妻天天吵個沒完，妻子一氣之下，失手殺害自己六歲的孩子。

●社會案件八

二十多歲的男子走向身旁的年輕女子，莫名出拳毆打對方。根據警方調查，這名男子自大學畢業後，工作面試多次皆未成功，憤而犯下隨機攻擊事件。

●社會案件九

一位三十多歲的男子走向路旁正在講電話的四十多歲女子，沒來由地攻擊對方。女子倒地後，男子置之不理，逕自逃離現場。這名女子由於遭到男子的攻擊，造成顏面骨頭碎裂，身受重傷。並向警方表示她不認識對方。經過警方四處訪查後將男子逮捕歸案，男子表示當時是因為女子擋住自己的去路，憤而出手。

上述羅列的事件，都是在社會上真實發生過的案件。只要你在網路搜尋「暴怒」、「憤而……」等關鍵詞，即可看見更多相關社會事件。各位心中肯定會想：「現在的社會風氣真可怕。」不過真正駭人的是，我們不會永遠只是被害人。這些犯罪者其實平常和我們之間並沒有太大不同，都是相當平凡的小人物。

如果施暴者沒有真正下定決心，「我非得改掉這壞脾氣不可」，那麼暴怒的行為將一再發生。而且他們接下來將不斷提高其暴力強度，這就是「暴怒」的特性。具有經常性暴怒性格的人，當和別人溝通時，總認為若輕聲細語回應對方的話，力道不夠，對方會聽不懂他說的話。似乎非得大吼「喂！」，滿臉青筋暴起，強烈表達自己的情緒，才能壓過對方的氣勢，讓對方聽懂我說的話。

以力量壓迫某人時，人類心中會產生一股莫名的快感。一旦開始體罰孩子，便再也停不下來，這種心理也是因為自己在不知不覺中熟悉了這樣的快感。當我們生氣時，體內分泌出的荷爾蒙，大多是與他人採戰鬥狀態時才會分泌的荷爾蒙。假如遇見猛獸或遭受他人攻擊，我們的身體會自然進入備戰狀態，而暴怒時也處在相同的生理狀態。所以看見對方因為我暴怒的模樣而恐懼時，便感受到一股莫名的快感。一旦熟悉了這樣的快感，即使是微不足道的小事，也想以激烈的方式表達情緒。這正是暴怒成癮的症狀。

一個人在爛醉狀態下特別容易惹事生非，是因為酒精瞬間麻痺了腦部功能。所以我們和爛醉的人無法進行理性的對話，他們會變得異常固執，更輕易做出不該做的行為。這是因為飲酒過量時，導致我們腦中負責理性判斷與行為控制的前額葉部位會停止發揮作用。

當一個人失控而憤怒時，大腦也會變成這樣的狀態，自己無法控制自己，表現出情緒穩定時絕不會出現的行為。如果容易暴怒的人又喝得爛醉，絕對會成為一顆不定時的炸彈。因此，當暴怒的風氣橫行於世界，我們都可能成為潛在的被害者，或是潛在的犯罪者。

如果我們身處的世界處處充滿了情緒地雷，那麼誕生於這個危險世界的孩子，又該如何平安成長？

任何人都無權將情緒發洩在他人身上

若有人因一時的憤怒而吵得不得安寧時，旁人必先俯首稱是。這不是因為害怕而臣服，而是因為厭惡而避開。當父母因生氣對孩子大呼小叫時，孩子之所以乖乖待在原地不動，也不是因為尊敬父母或覺得父母的想法正確。而是因為畏懼憤怒的父母，導致腦袋瞬間空白，身體僵硬，一動也不敢動。但是等孩子稍微長大後，又面臨同樣的情境時，他心裡想的卻是「喔，他又在亂發脾氣了」，而會設法躲避父母。無論我們感受到什麼樣的情緒，向他人表達情緒時，如果過於負面且不適當，就必須加以修正才行。誰都無權將自己化解不了的情緒，發洩在他人身上。

一個人是否有「暴怒」的性格，與自身的品性發展相關密切。當我們會考量自己的行為或言辭是否可能對他人造成什麼樣的影響，並尊重他人的權利，這就是「人格端正」。但動不動就暴怒的人的人格，卻在發展萌芽階段就遭受阻礙。

該是重新檢視我們內在涵養的道德觀的時候了。為了打造更安全的社會，我們務必具備以下三項道德觀。

第一，誰都無權攻擊他人，面對親生子女也是如此；第二，誰都無權將自己化解不了的情緒發洩在他人身上；第三，他人的權利與我們的權利同等重要。即使與我們有所利益衝突，也必須欣然接受。如果侵犯他人權利，我們必須為此付出代價，而蒙受損失。

每個社會都有其必須遵守的規範，然而這個規範並非盡善盡美。可能有我們不認同的規範，也可能有造成我們個人損失的規範。儘管如此，他人被賦予的權利或我們被賦予的責任，都必須遵守到底。這才是心胸開闊的思維。個人的利益，絕不可凌駕於他人的權利或社會秩序之上。就像政治人物為了獲得選票，經常會激發人們利己的心理並恣意濫用。他們揚棄多數人的權利，開出照顧特定少數或自己利益的政見。這時，千萬不可為了個人的損失或利益，而忘記或破壞了更高層次的道德標準。

這段話雖然看似高談闊論，不過在一般家庭中也適用。例如爸爸整天在公司忙得不可開交，下班後拖著疲憊的身軀走進玄關，這時孩子喊著「爸爸！」，一邊跑向玄關。即便如此，爸爸也不能對孩子說：「唉唷，走開。爸爸很累。」雖然我們下班後還要照顧孩子很累，但是也必須尊重孩子有和父母相處的基本權利。職場、家庭生活中的各種困難，是我們必須面對的課題。不可因為自己的課題，影響了孩子的權利或他人的安全。

所以不論是在家庭、學校、職場、或社會，人生的各個層面與階段，我們都應嚴守上述三項道德觀。

自我省察能力與人生發展密不可分

任何人在某種情況下都可能生氣。當時生氣的想法，可能是「那個人怎麼可以對我說那樣的話？」雖然心情受到影響，一時氣憤難平，但是自尊心強的人，並不會因此撼動內在的自尊心。反之，自尊心低落的人一旦生氣或心情消沉，便久久難法平復，甚至自尊心越來越低。於是變得更容易失控動怒，導致社會上大大小小的事故頻繁發生。

請仔細想想，行為脫離常規的人到處都有，甚至也可能有人以脫離常規的方式對待我們，那麼錯誤確實在這個人身上。不過心理健全的人看見這類人，只會想著「原來也有人那樣思考、那樣行動的啊」，並不當一回事。即使感到不悅、生氣，也不到「暴怒」的程度。身為有血有肉的人類，一般在該生氣的情況下都會生氣。但是這樣的情緒並不會動搖這些人的自尊心，他們在生氣的這道防線之前，便已消化完情緒。

俗話說：「吃虧就是占便宜。」這句話所言不假。有時候，輸給對方，就是贏過對方。自尊心低落的人較不肯輸給他人，因為一旦輸給對方，將會撼動自我僅存的自尊。所以就算知道錯在自己，也不肯承認，堅持自己沒有錯。因為若認定自己犯錯，或是自己輸了的事實，猶如否定了自己。自尊心強的人即使受了傷，也能將傷害降到最低，而自尊心低落的人受了一點小傷，卻因此受創甚深。也因為受創心理一再隱隱作痛，不得不投入所有的注意力和能量，更加武裝自己，避免受到傷害。

自尊心低落的人因為太在乎他人的評價，而無法真誠表達自己的情感和對應的行為。他們往往因為無法正確表達自己的想法而失利，卻以為自己是無端受害，於是將此情緒轉嫁至最無害、最弱勢的人身上。他們施暴的對象通常是家人，尤其是配偶或子女。自尊心低落的人除了對待家人如此，他們也經常在另一個地方發洩怒氣，這個地方正是「網路世界」。**在網路上恣意發表極端言論的人，多數是在現實生活中居於弱勢，無處表達自我主張的人。**

如果我們是動不動就發脾氣的人，就有必要好好思考這個問題：「為什麼我的自尊心會這麼低落？」如果聽見這句話，立刻暴跳如雷，心想：「我哪裡自尊心低落了，我不是過得好好的嗎？」那麼自己極有可能就是自尊心低落的人。如果心中想的是：「我有那樣的一面嗎？」甚至是：「啊，我可能真的有這樣。」至少情況還算輕微。總而言之，務必給自己時間思考自尊心是否太薄弱的問題。因為這種反省，也是重新找回自尊心最基本的方法。

我們也有必要審慎檢視自我省察的能力。即使我們可能承載著國家民族曾背負屈辱的集體意識，或經歷成長過程中承受父母帶來的創傷，但這都是我們人生必須學會承擔的課題。再怎麼刻骨銘心的傷害，如果因此對每件小事都感到委屈，就可能有「自我省察能力」不足的問題。例如A女因為婆婆的關係，而在夫家過著艱苦的生活，於是心中不斷鬱積怨恨。就算錯不在自己本身，當對方對我們造成影響時，也必須當作磨練，努力克服問題。

藉著生命中困頓的時刻，我們可以反思自己：「有沒有我可改善、反省之處？」若在日常生活中沒有反省的能力，而將所有不順「自我合理化」，那麼久而久之就會成為將「暴怒」當成自我防禦工具的人。

雖然我不具有攻擊性，但我其實是個攻擊能力強的人。因為那是生命能量的某部分原動力。在我人生中，曾經有過攻擊能力比現在強很多的階段。那是某個雨天，人們在計程車招呼站大排長龍，等著坐上計程車。忽然有人插進了隊伍的最前方。我不假思索就走向那人，告訴他：「可以請您到後面排隊嗎，您沒有看到這裡這麼多人在排隊嗎？」這就是攻擊能力的表現。如前所述，這種攻擊能力若脫離自我掌控，就會以具有攻擊性、情緒性、衝動的行為表現出來，這就是暴怒。

但是現在即使是相同的情況，我也不會做出當時的行為。不是因為害怕，而是後來我心中出現了一種未曾有過的情感，那就是對人的惻隱之心，而且與時俱增。惻隱之心有兩種，一種是感到「那個人大概也過得很苦吧」，另一種是感到「就算後面排這麼多人，他還是想插隊。這樣的作為有失格調。」也許是因為這樣的想法，所以後來就再也不會發生攻擊能力凌駕理性之上的表現了。

隨著進入不同的人生階段，人們看待自己與世界的眼光一點一滴改變，對待生命的方式也逐漸變得圓融。這就是人類成長的方向。不過要是不肯思考、反省與努力，看待世界的眼光將停滯不前，那麼有如「暴怒」這種無助於自我發展的行為，也不會改善。孔子所說的不惑（不因周遭影響判斷）、知天命（明白上天的意旨）、耳順（入耳之言無礙我心），並非隨著時間推進就能自我成長，而是自我覺察、反省的能力也要與時增進，才能夠讓自己逐步自然到達這些境界。

老是發火的父母，該如何尋求改變？

先承認自己的不安，和情緒控管有困難

容易失控暴怒的人，是情緒收納袋較容易破裂的人。如同我們將滾燙的熱水倒進玻璃容器中，容易因此造成玻璃破裂，必須稍待冷卻後再倒入，然而情緒控管不佳的人卻等不了熱水冷卻，負面情緒的高溫就使得情緒收納袋瞬間爆裂。這個世界上各種意外事故不斷，也存在許多外在刺激。這類人總是先被情感淹沒，而非整理思緒，於是經常說出日後悔不當初的話，做出讓自己後悔不已的行為。

然而隨著年齡的增長，暴怒的習性並不會自動改善。如果歲月能夠解決這個問題，那麼六、七十歲的長輩為什麼也會因為暴怒而鑄下大錯呢？近來新聞上頻頻報導的幾則有關長者糾紛的社會案件，在在證明了我們如果不努力改善暴怒的習慣，隨著年齡的增加，問題反倒可能更加嚴重。如果不積極正視自己的敏感與不安，即使過了十年，問題很可能仍未解決。因此，千萬不可置之不理。

那麼，若想改善情緒控管不佳的問題，我們得先從哪裡開始才好？首先最重要的，是承認自己的敏感與不安，以及情緒控管上的困難。此外，也必須認知到這些問題可能化為一把利刃，造成我個人的傷害，甚至波及身旁親愛的家人。這完全是我們自身所為，不可將原因歸咎於他人。雖然受到他人的刺激，可能讓我們變得更加敏感。即便如此，仍必須承認整個事件起因於我，解鈴還須繫鈴人。

如果經常感到不安而無法忍受，那麼我們會較容易承認這個事實。問題有時候自己都難以察覺不安的情緒，於是一再壓抑下，最後轉瞬間化為暴怒的情緒。

當我們出現某種不安的情緒時，必須這樣接納情緒，「也是，這點確實令人擔心」。而面對某些問題時，不妨這麼想：「啊，何必為了這種事煩惱。一切會沒事的。」這便是情緒控管的彈性。若是一再過度否定內在的情緒，其實就是害怕情緒管理本身。因為處在情緒中令人不安，於是不如全盤予以否定。

急著隱藏自己的不成熟和弱點的人，也很有可能是敏感、不安的體質。因為內心越堅定的人，反而越能充滿自信地看待自己的不成熟與弱點，大方承認「這個我辦不到」、「我小時候比較柔弱」、「我小時候很容易想東想西」等。然而越是性格不穩定、不安的人，越無法如此。他們總是表現出一副虛張聲勢的樣子。

對時間和金錢分秒必爭、錙銖必較的人，也可能是基於情緒不穩的性格。為了避免使自己感到不安，他們習慣以數據管控身邊的人。最典型的例子是孩子的返家時間。當規定好孩子的返家時間後，就算孩子只遲到了五分鐘，父母也焦急得不得了，像是貓等著捉老鼠一樣守著孩子回家。無論自己再怎麼站得住腳，過度控制對方的行為背後，很可能充滿了「不安」的情緒。當事情沒有按照自己的計劃進行時，便覺得渾身不自在，這就是不安感作祟。也有些人在購物時不懂得輕打細算，有時卻會對十塊錢錙銖必較。在這種不理性的行為之下，也可能隱藏著不安。

雖然本人沒有意識到，不過身體各種症狀會反應不安與敏感的問題。例如醫院裡一些身體沒有異狀，卻經常喊著消化不良、頭痛、腹瀉、腹痛的人，就得思考自己是不是容易不安、敏感的性格。這些症狀有時也可能同時發生。陷入不安的情緒時，容易讓人感到全身某處疼痛，這時如果有誰冒犯了我，便覺得心煩氣躁。而容易對雞毛蒜皮的小事感到憤怒，或是對微不足道的小事過度神經質、煩躁的人，也必須審慎思考自己是否擁有容易敏感或不安的特質。

我們是自己情緒的主人，在思考過「我為什麼這麼性急」、「我是否有過度敏感的一面」等問題，掌握自己的情緒表徵後，才能由自己親自解決問題。如果總是抱怨「因為他們冒犯我」、「因為他們惹我生氣」、「因為他們說那樣的話」，將自己暴怒的原因歸咎於他人，那麼問題終將無法解決。

如果自己會因為看見孩子耐性差的模樣而生氣，那麼自己本身其實也和孩子沒有兩樣。所以掌握孩子之所以耐性低落的原因，也等於是找出自己為什麼會動不動就發脾氣的原因。同樣的，找出自己的原因，即是找出幫助孩子的方法。如果問題在於個人特質，就必須先從自身的問題開始改善才行。

找出引發暴怒的共通點

暴怒雖然是各種情緒的匯集，不過負面的情緒一般多於正面的情緒。這些情緒平時不斷累積，一旦發生某個事件，就會成為觸發暴怒的導火線，讓情緒瞬間爆發。

觸發暴怒的導火線相當多。有些人聽見孩子不斷尖叫的聲音，會使暴怒的情緒被觸發，對孩子大吼「喂！」；有些人對孩子的笑聲相當敏感；有些人無法挨餓，當自己肚子餓，而孩子又不斷提出某種要求時，即使是平時立刻答應的事情，也會成為暴怒的原因；也有些人在疲勞、犯睏、沮喪、煩惱時，特別容易暴怒。

任何人在照顧子女時都曾經暴怒，不過仔細探究其中的原因與狀況，其實不盡相同，我們必須找出背後的原因才行。請試著寫下在日常生活中，什麼情況下會引發自己暴怒的衝動。掌握了特別容易激怒自己的狀況後，就可立即應用至人生中。這是事先做好預防措施，盡可能避免這個狀況再度發生。

如果自己肚子餓時，容易對孩子暴怒，平時不妨準備一些麵包或餅乾在身邊。尤其育兒初期可能無暇準備三餐，即使簡單吃幾口餅乾、零食，也能避免自己處於飢餓的狀態。如果自己主要在教孩子讀書的時候發怒，那麼最好避免親自教孩子讀書。可以送孩子上補習班，或是請配偶或家中其他成員協助。

至於我們之所以會生氣的原因，必須多花時間些省思。因為很可能是各種原因的交互作用下，讓自己因此受到影響。例如，當遇到孩子出現攻擊行為的情況時，父母難免會因此失去教養的平常心。在短暫生氣後若能重新找回平常心，倒是無妨。如果一陣子過後仍不能找回平常心，甚至像孩子一樣出現攻擊行為，就有必要好好反省自己，並且先從自己本身的行為開始改變。

要找出自己暴怒的原因，並且從根本上解決這個問題，一般得花費不少時間。但應該優先捨棄藉由大發雷霆來控制孩子的態度或情緒的想法。**孩子從小就從父母身上學習如何表達情緒，無時無刻都在觀察父母的一舉一動。**如果以具有攻擊性的行為控制孩子，那麼孩子只會步上父母的後塵，逐漸變成無法忍耐且具有攻擊性的大人。如果我們發現自己在憂慮不安或時間緊迫時容易暴怒，那麼在特別容易焦慮的日子，應隨時安撫自己的情緒，對自己說：「我現在是因為擔心那件事而特別焦躁，並不全然因為孩子的表現才如此，我應該冷靜一點。」**我們必須對自己的弱點瞭若指掌，如此才能減少弱點**

對彼此造成的傷害。

在外與他人相處時，自己什麼時候較容易動怒，也請記錄下來。人生中總會偶爾現這樣的想法：「我平時算是耐性好的人，可是在這種情況下卻辦不到。」例如有些人看不慣別人擺出強硬的態度，當對方態度強硬時，即使是無關緊要的事情，也要立刻與對方拚出輸贏。有些人特別不能忍受插隊，一句「天啊，竟然有這種人」，就可不再追究的事情，竟因此怒火攻心。這些都是因為我們心中仍有尚未解決的課題。

寫下我們在日常生活中特別容易發怒的情況後，接著寫下自己在這些情況中看見的共同反應，或是相同的反應模式。若能在日常生活中養成此習慣，對於了解自己將大有幫助。光是這點，就能大幅降低動怒的頻率。

曾經有一位年輕的A小姐找我諮詢。她某天去了大眾浴池，和其中一位客人起了嚴重的爭執，導致雙方不歡而散。爭端起因於身旁的某位女子不斷激起水花濺到他。A小姐一開始就對此擺出微慍的神情，女子只是轉頭看了一眼。原以為接下來對方會注意一點，沒想到卻依然故我。於是A小姐開口發難：「水潑到我了，請小心一點。」還以為對方會說句「對不起」，豈料竟反問A小姐：「位置這麼多，去別的地方就好啦。為什麼要坐在這裡？」A小姐一時氣不過，兩人就全身赤裸地上演全武行。

我與A小姐相識許久，她品行良好，並非容易生氣的人，卻偶爾會與他人起衝突。

我問A小姐，這些與她起衝突的對象是否都具有共通點。經過一陣對談後，才發現當對方表現出缺乏常識的行為時，會讓A小姐特別受不了。因為A小姐是努力遵守常規的人，平時會盡可能不造成他人的困擾。只要自己可理解的事情，即使蒙受損失也無妨。

我建議A小姐：「您的行事作風就常識而言是標準答案，但是這個標準若套用在精神變態、反社會人格者，甚至是地痞流氓身上，就不一定行得通了。標準得視每個人的情況而定呀。」A小姐隨即明白我所說的話。即使我的標準正確，這個世界上還是有不適用的人。她緩緩點了點頭，反問我，這樣自己不是太委屈了嗎？當然可能很委屈。但是對素不相識的人，有必要如此感到委屈嗎？我告訴A小姐：「那個人不是素昧平生的陌生人嗎？是否因為那個人感到委屈，其實一點也不重要。當您在與生命中重要人物的關係中感到委屈時，才是真正的問題。」

如果發現自己無意識間出現的反應，都具有一定的模式，或是經常在某種狀況下出現類似的感受，那麼這些就是對自己相當重要的「某件事」。在第三者看來，也許會覺得「那種事有什麼好大驚小怪的」，但是這卻是對自己相當重要的事。因此當相同的問題反覆出現時，必須回過頭來省視自己。唯有如此，才能看見問題的起因，並且找出問題的解答。

回顧自己與父母之間的關係

當我們想要了解自己，也必須回頭檢視自己與重要人物之間的關係。首先應以我為中心，找出影響自己最深的對象，例如重新思考自己與父母之間的關係。之所以回頭檢視自己與父母的關係，不是為了挑出父母的缺點，要求父母道歉，也不是為了將父母改變成更好的人。因為上了年紀的父母絕對改變不了。我們必須理解自己在往日的親子關係中，受到了什麼樣的影響。接著以此回顧我與配偶之間的關係、我與子女之間的關係，仔細思考我為他們帶來了什麼樣的影響。

尋求專業醫師的心理諮詢，或是閱讀相關書籍，都有助於檢視自己與父母之間的關係。當腦海中浮現兒時重要的回憶時，請隨時記錄下來。不論是高興得意的回憶、傷心難過的回憶、失望沮喪的回憶等，任何重要的事件都應記錄下來。經常思考這些情緒記憶中，何者與激發自己情緒地雷的關聯性較強。兒時正向記憶越多的人，與父母之間大多保持良好的互動關係。然而孩子與父母之間的相處，不可能總是百分之百美好的。那些埋藏在自己底層潛意識中的記憶，並不容易浮現腦海，必須經過多次深入思考才能找到端倪。

當我建議年輕的父母回頭檢視與原生父母之間的關係時，許多年輕父母表示若心中有傷口希望得到原生父母的理解與修復。他們希望父母認同自己的情緒，那怕只有一次也好。他們渴望聽到父母說的，不是「我們真的錯了」，而是「原來如此，我們沒有那個意思，卻讓你受苦了」。然而如此簡單的一句話，對於上一代的父母們卻不太可能輕易說出口。越是不肯承認自己有點教養失當的父母，越無法理解子女那樣的情緒。

養兒育女不只是給予物質上的照顧，也需要情感上的照顧。然而上一代父母大多是只重視物質的付出。所以當子女抱怨兒時留下許多遺憾時，他們反倒會說：「我們數十年來含辛茹苦就為了努力把你養大，你怎麼可以說出那樣的話？」他們並不了解對孩子情感上照顧的重要性，無論再怎麼對他們說明，他們也聽不進去。於是父母因為子女一再強調兒時的遺憾，反倒覺得不是滋味。部分父母甚至因此發怒，再怎麼向他們說明幾次也沒有用。

子女對於這類父母是又愛又恨。因為自己確實從物質上獲得了他們的關愛，不過在情感上仍存在著尚未解決的糾葛。雖然並非憎恨父母，但是心中總有疙瘩。在尚未成家前，雖然父母不曾滿足自己在情感上的需求，但是我們也知道父母確實愛著自己。即使心存芥蒂，我們仍願獨自承受著這個糾葛長大成人。然而當自己為人父母後，情況又有所不同了。我們與原生父母之間的糾葛，會在自己養兒育女的過程中逐漸浮現。

好比說今天爺爺、奶奶來家裡玩，孩子不巧當天身體不適，有些哭鬧。爸爸一邊安撫孩子，一邊問：「是不是哪裡不舒服？」看見這一幕的爺爺，告訴爸爸：「唉唷，孩子不能這樣教，以後會沒規矩的。」爸爸答道：「啊，孩子平時本來不是這樣的。他是今天身體不舒服才會這樣。」不料奶奶也出面附和：「你說的什麼話，我看你們都太寵孩子了。」聽完原生父母的話，爸爸心底不由得竄起一股怒氣。雖然很清楚父母努力栽培自己長大，但是兒時的自己從沒能好好向父母撒嬌。現在我身為父母，可不希望像上一代父母那樣教育子女。於是潛藏在親子之間的情感糾葛瞬間一觸即發。

關於不同世代之間教養觀念的演變過程，我們也需要多加理解。大致是從一九七〇至一九八〇年起，人們才開始真正認知到教養的重要性，於是有比較多人大量投入學習的行列，有的人出國留學，有的人選擇研究、進修。進入二〇〇〇年後，由於教養水準的提升，以及對於心理學大幅關注。父母們開始懂得傾聽孩子的心聲，或對孩子看不見的情緒學會同理。世代教養觀念的變遷，以及隨著孩子的出生，讓許多這一代的父母們一邊回顧自己的兒時，一邊發出「唉，原來專家要父母們別對孩子做的各種行為，我的父母都對我做過」的感嘆。有些人，對此感到難過疑惑，而這個想法也逐漸成為親子間紛爭的主因。

對陌生人生氣前，想想「他對我重要嗎？」

遇到平時容易對陌生人大發脾氣的案主找我諮商時，我經常這麼問：「對方是你平時認識的人嗎？」如果他搖頭，再繼續問：「喔，原來是不認識的人啊。那麼未來你和那個人有合作、共事的可能嗎，他是你重要的人嗎？」如果又搖頭，才接著說：「原來不是你重要的人啊。」這麼一來，多數人都會從對談過程中稍微釋懷。

人類具有各式各樣的情緒，在某種情況下當然可能生氣、煩悶。不過在我們必須處理的事情中，應區分出重要的與較不重要的事情。因為我們的情緒能量有限，必須妥善分配才行。對於較不重要的事情，應給予較少的關注，盡快結束。若非如此，在真正重要的事情發生時，情緒能量將面臨枯竭的窘境，無法適度發揮。

有些人對世界抱著憂心忡忡的目光，批評人們總是我行我素，再這麼下去，這個國家不知道會變成什麼樣子，甚至因此遷怒他人。如果我們批判的對象是社會上位高權重的人物，確實值得為此憤慨。不過若非上述情況，其實不必為此暴跳如雷。不是說其他人的行為可以被容忍，而是沒有必要表現出如此憤怒的態度。

無論如何，這個社會充斥著形形色色的人。有優秀傑出的人與勤懇踏實的人、有得過且過的人也有作惡多端的人。各自占社會的人口比例大多相去不遠。曾有某位學者在研究螞蟻群體時，發現只有百分之二十的螞蟻會認真工作。如果將這百分之二十的螞蟻從群體中隔離開，接下來又會出現另一群認真工作的螞蟻，同樣占蟻群的百分之二十。這種八十／二十法則，又稱為「帕金森定律（Parkinson's Law）」。人類社會也是如此。在社會上，任何一個群體都存在類似的比例，這是不可忽略的事實。

如果我們能懷抱著正直善良的理念過一生，縱然是好事。但不必因為他人與我們的行事作風不同，而希望能影響對方、逼迫對方屈服，使其自覺「原來如此，我的行事作風是錯的」。也不必因為對方不認同我們的行事理念，而大發脾氣。再說，這個人如果和我們素未謀面，何必發這麼大的脾氣？如果是我認為重要且未來必須共同生活下去的人，彼此之間若有任何不快，只要互相協調遷就即可。如果不是重要的人，即使走路時不小心擦撞、開車時意外被追撞，或對我們的態度不夠親切，也沒有必要與對方起衝突。

近來社會上到處充斥著毒舌與低俗的言辭。當某人對我們使用低俗的言辭時，應先思考這個人對自己有多重要？如果是毫不相干的人，大可不必放在心上。我們不需要替別人的犯錯耿耿於懷。即使心情受到影響，只要這麼想就好：「這個人怎麼會說出那種話啊？這樣說是不對的。」不過如果對方是非常親近的家人，就不能用這種方式回應。越是家人，越需要好好溝通。如果身為父母的我們過去不曾與孩子好好溝通，請開始學著對孩子說：「對不起，過去媽媽是不對，說話時沒有理解你的心情。但是我對你的愛無庸置疑。」孩子也許會反問：「因為愛我就可以這麼做嗎？」父母必須回答：「不可以，那樣是不對的。我會好好改進。」

當我們遇到對方因失控而發火的情形，最好的應對方式其實是裝傻、或幽默以對。

你可以回應：「唉唷，何必生這麼大的氣」、「氣成這樣會有害健康的，改掉它吧」。用這種方式一笑置之，多少能降低自己受害的感覺。雖然我們必須擁有相當強的自尊心，才能對試圖攻擊自己的他者做到這個程度。但幽默與風趣也是極為重要的領袖特質，不妨學看看。

就算發脾氣的是對方，也別加以責怪

「責怪他人」是最能引起對方「暴怒」的導火線。若不想辦法妥善解決眼前混亂的局面，卻頻頻翻舊帳，將所有錯誤的根源歸咎於對方，這無異於是在激怒對方。而在怪罪對方後，錯誤似乎就真的被歸咎到對方身上，讓我們進而出現深受其害的感覺。因為上述的表達也會讓對方更怒不可遏，在自己眼中看來猶如「做賊的喊捉賊」。因此，當我們怪罪他人時，最後只會使自己的怒氣更加強烈。

在養兒育女的過程中，必然遭遇各種困難。當這些困難一再出現時，即使是教養中一個微不足道的事件，也會導致嚴重的夫妻爭執。此時最常聽見的藉口，便是：「如果你多付出一點心力照顧孩子，我就不會變成這樣了。」或是經常對孩子或另一半說：「我真的很討厭這樣，要是你們不這麼做，我根本不會發脾氣。」他們想的不是如何減少自己暴怒的行為，而是將自己暴怒的行為歸咎於對方。這種想法好比走在路上不停吐痰，若有人出面制止，反倒質問對方：「難道這邊有垃圾桶讓我吐嗎？」無論如何，「暴怒」終究是因為我們的負面情緒累積到一定程度，最後爆發出來的行為。這是個人必須處理、消化的問題。如果總是認為「千錯萬錯，都是別人的錯」，那麼暴怒的習性將永遠無法改善。

如果對方因為脾氣太差遷怒怪罪我們，也不必隨之起舞，而是要向對方傳遞這樣的訊息：「我知道你很辛苦，讓我來幫你吧。」如此一來，對方也會減少暴怒的力道和頻率。

當媽媽在教孩子功課時，有時難免因各種情況而發火。例如遇到同樣的問題時，孩子不斷出錯、解題動作太慢、解題步驟漏東漏西、注意力不集中、姿勢不良、該寫作業卻食言等，各種原因都能讓媽媽大發雷霆。此時若再聽到晚歸的丈夫一進門就說：「何必讓孩子寫功課寫到這麼晚？別做了。」妻子聽了更加憤怒，只好忍不住對丈夫怒吼：「什麼別做了？這是今天學校的作業！」「別做了」這句話聽在妻子耳裡，像是在說：「啊，吵死了。雖然不知道你們之間發生了什麼事情，但既然會引起爭端，那乾脆就別做了。」其實這種時候，丈夫應先掌握來龍去脈，再向妻子傳達這樣的訊息：「我知道事情的原委了。我會盡可能多投入時間、精力和各種努力來解決這件事。希望多少能幫上忙。」

當孩子不肯乖乖吃飯或不肯早點睡覺時，也容易讓疲累了一天的媽媽們生氣。這種時候，丈夫千萬不可以說：「都當媽媽的人了，還不會餵孩子吃飯嗎？」或是「因為你那樣做，孩子才會不吃啦。」孩子並非出媽媽獨力扶養，而是夫妻共同扶養。如果妻子對孩子的吃飯問題或哄孩子入睡備感壓力，丈夫應試著一天至少餵孩子一餐，或是週末背著孩子，哄孩子入睡，如此才能減輕妻子的煩悶。

當妻子說「孩子不肯吃，全都吐出來了」時，如果丈夫說：「那就別餵了」聽在妻子耳裡，就像是在說：「都是你不會餵才會這樣，乾脆就別餵了。」其實丈夫這種時候的正確反應，應該是「是嗎，要不要我來餵看看？」或是「孩子會不會肚子不舒服？」

為什麼爸爸們總是不先了解來龍去脈，也不幫忙妻子，卻急著生氣或放棄呢？因為容易暴怒的人，不擅長心平氣和地調適情緒。當鬱積在心中的情緒瞬間湧上來，就會變得相當急躁。一急躁起來，便想盡快釋放情緒，盡快處理問題。所以他們無法慢條斯理地分析、掌握情況，只想盡快結束。當看見孩子與妻子爭吵的模樣，爸爸們只想盡快結束這場紛爭，讓家中回歸平靜，於是大喊「吵死了！都別做了！」然而此舉並不能妥善解決情況，只是讓眼前的問題暫時停止而已。

當妻子對孩子發怒時，丈夫即使從旁觀察，也大約能知道發生什麼事情。此時，千萬不可責怪妻子：「都是因為你那樣，孩子才會這樣」。**配偶之間，千萬不可用專家或治療師的口氣溝通。因為夫妻是必須手牽手一起解決困難的人，如果站在第三者的立**

場，像是專家一樣客觀地分析「與其那樣，倒不如別做」，必然招致另一半的厭惡。最重要的是，對當時的情況保持冷靜，避免情緒比當事人更加激昂。然而過於中立的態度，可能使另一半誤以為自己覺得「這不甘我的事」，必須特別謹慎。

如果家中的紛爭往往是來自於夫妻其中一方的情緒控管問題，另一半也許會說：「這些問題都是因為你情緒控管能力不佳才會出現的。只要你改過來，我們家就天下太平了。」這種態度根本無濟於事。因為嚴格來說，事實也不一定如此。雖然暴怒會對孩子造成負面的影響，不過問題也可能出自於孩子，這些都必須經過通盤了解才行。如果孩子或配偶存在某些問題，只要這些問題沒有獲得改善，未來他們遇見同樣的情緒地雷，必將同樣出現暴怒的反應。因此，當務之急是清楚配偶的問題和孩子問題的特性，而非抱怨。

在與他人溝通時，我們總是輕易將問題的原因歸咎於對方，而非客觀看待問題本身。然而這正是分化雙方的感情，導致對方暴怒的開端，這點務必銘記在心。

不在孩子面前暴怒的父母

虎媽教育，對孩子比較好？

當孩子的一天被大大小小的行程占滿，只要一有空閒，就想放鬆玩耍也是人之常情。如果父母拖著疲憊的身軀，投入大量時間與金錢帶著孩子四處上課，孩子卻沒想過要認真學習，只想盡快敷衍了事，滿腦子想著玩樂，那麼媽媽心中必定是五味雜陳，牢騷滿腹。

看看近來父母為孩子安排的滿滿的課程，這就是教出一個具有情緒管理障礙孩子的最佳培養皿。**當父母急著盡快將某種東西教給孩子時的急躁表現，與對孩子發脾氣時潛移默化的影響是同等的。**

在我兒時的那個年代，我算是同儕中接受較多元教育的人。不過並非受到父母逼迫，大多是我想學而開始學習的。我學了好長一段時間的鋼琴，也能即興作曲，不過現在已經忘了許多，彈得不好。我也喜歡書法，甚至獲得文化教育部的部長獎，隸書、草書等常見書法字體我都學過。不過現在真要我寫，也寫得不好了。

如今回想起來，小時候學鋼琴時，多練一首或少練一首徹爾尼（Carl Czerny，曾師事貝多芬的奧地利鋼琴家，門下誕生李斯特等大師）的鋼琴奏鳴曲，其實一點也不重要。**助長虎媽風格的過度教育的人，總強調孩子幾歲必須教什麼，又應該教到什麼時候，不過我認為沒有那個必要。教什麼都好，只要是孩子樂在其中的學習就行。**若硬逼孩子幾歲該上什麼學校，什麼階段該到達專業的程度，這種像義務教育一樣帶有明確階段性目標的教育，就稱為過度教育。

這並非要父母們別教孩子。如果孩子想學鋼琴，只要孩子覺得開心，就讓孩子繼續學。即使只會彈一首簡單的曲子也無妨。如果孩子不願意，沒必要抓著孩子勉強他們學習七至八年。游泳也是一樣的。如果不想溺水，就得學會游泳才行。一旦學會游泳，玩水也可以玩得更開心。學到這種程度就夠了。但是每次看到有些父母冬天硬是帶著百般抗拒的孩子去游泳池，我心裡總懷疑這到底有何意義。要是父母們能放下對孩子過多的期許，讓孩子過得更開心，該有多好。

無論是送孩子上補習班，或是帶孩子進博物館，近來父母為孩子安排的任何活動，似乎都有些過度的傾向。**孩子非常需要休息的時間，因為任何資訊只會在休息時儲存於大腦內。**如果讓孩子忙到沒有休息的時間，那麼孩子一抓到空檔就想玩，讓學習的過程淪為例行任務。若是如此，真正該專注於學習時，孩子對學習本身將產生排斥感。長期來看，眼前的過度教育完全無濟於事。孩子也因為自我主導性偏低，將無法堅持必須「長期抗戰」的學習。

小學的時候，我總是比不上周遭的小朋友。其他人的父母經常來學校探望孩子，而我的媽媽則是一年頂多來學校一趟。有些同學課後甚至會上美術課，也學小提琴。看著這些同學，我當時心想：「完蛋了，我什麼都不會。」所以告訴媽媽，就算沒辦法讓我學小提琴，至少也要學鋼琴。媽媽只問我：「家裡沒有鋼琴，該怎麼學？」並沒有表現出積極的反應。反倒是我拜託媽媽先讓我上補習班，並承諾在補習班一定會認真學習。但是我們家附近沒有鋼琴補習班，最後找到一間距離家裡三十分鐘路程的鋼琴補習班。這是我開始學習才藝的故事。

近來孩子們在出現某種學習動機之前，多數父母們已先為孩子提供各種機會。當然，這個部分確實有其必要，不過父母們卻給得太多。**人類必須先感覺到飢餓，才會出現吃飯的欲望。如果肚子還不餓，卻不斷餵食，自然會討厭吃飯，甚至連「食物」也感到厭惡。**在我看來，今日一切的教養行為都已經逾越分寸。不禁令人擔心，父母們會不會因此變得更忙、更辛苦、更容易情緒失控。如果不希望在教養過程中壓力太大，或許必須檢視自己的教養行為是否有過度之處。

施加過度教育的媽媽們，認為必須讓孩子多方嘗試，才能發現孩子的才能。其他小朋友正在進行的事情，父母不妨也讓孩子試試，不過必須維持一定的限度。如果孩子拒絕，千萬不可強迫為之。

如果讓容易膽怯的孩子學習滑冰，孩子只擔心會不會在冰上滑倒，之後怎麼也不肯穿上冰鞋。這是因為沒有考量到孩子的特性。韓國的金妍兒選手在挑戰各大滑冰比賽時，也讓韓國激起了花式滑冰學習熱潮，數以萬計的父母正載著孩子在各個滑冰場間南征北討。近來也有許多號稱「天才」的兒童出現在藝能節目上，不過在我看來，卻過於強調「小時了了」的重要了。令人擔憂的是，這個社會似乎忽略了教育什麼並不重要，訓練孩子接受教育的態度才重要的事實。

我曾經住在法國巴黎一週。在那段期間，我幾乎天天去羅浮宮。羅浮宮也有許多韓國觀光客，他們經常聚集在《蒙娜麗莎的微笑》前，拍完團體照後離開。有些媽媽對孩子說：「喂，這就是達文西畫的《蒙娜麗莎的微笑》啦。你看她沒有眉毛吧？看清楚了嗎？好，下一個！」

即使讓孩子看畫，要孩子自己欣賞，當孩子提出「這個為什麼會這樣呢？」的疑問時，父母也必須告訴孩子這幅畫的時代背景，但是這位媽媽並沒有這麼做。如果她沒有急著讓孩子看更多畫，而是思考「這個展覽將會帶給孩子什麼樣的教育意義？又會在孩子心中留下什麼樣的記憶？」那麼對孩子而言，或許會是藉由欣賞畫作來擴大思考視野的絕佳機會。

重新思考「效率」、「迅速」的價值

有位出生於相當貧困的家庭，日後白手起家的爸爸。他比任何人都更努力，也深愛自己的家人，尤其對獨子更是疼愛有加。不過這位爸爸的缺點，在於任何事都以「經濟效益」看待。當投資不見成果時，便認為沒有投資的必要。對孩子也是同樣的態度。當孩子成績差的時候，在孩子面前毫不避諱地說：「我這孩子讀書似乎不太行。」讓孩子上昂貴的英語補習班，如果成績不見起色，便告訴孩子：「這筆錢白花了。不要上英語補習班了。」有時說法雖然較委婉，卻是如此：「這麼辛苦的話，別上英語補習班了。把上補習班的錢存下來，以後都留給你。」

教養子女時，如果過於計較「效率」或「成果」，將大幅增加父母動怒的機率。「效率」與「成果」不適合作為教養孩子的標準。父母只能盡其最大的努力，至於結果應由子女承擔。千萬不可對孩子說：「我已經盡了最大的努力，所以你也得拿出最好的成果才行。」父母對子女的愛永遠是無條件的。孩子乖乖聽話就多愛孩子一點，否則收回對孩子的愛，這是絕對不該有的想法。

幾天前見了這位爸爸的孩子。我問孩子：「你很會讀書吧？」孩子告訴我：「才沒有，我數學還考了零分呢。」我問他怎麼考了零分，他坦言自己沒有好好準備。接著又說：「醫生，我爸爸說任何事都要做到最好才行。」孩子思考一下又說：「我啊，我認為只要一步步加強實力就可以了。」並問我是不是也這麼想。我說：「賓果！你說得沒錯。如果都會的話，何必上學呢？我們本來就是從錯誤中學習的呀。不過要是犯了錯，就得不斷改進才可以。不必因為錯誤感到挫折。」話一說完，孩子露出了堅定的笑容。

雖然父母疼愛子女，用心扶養孩子，不過有時因為魯莽冒失的表達方式，對孩子造成了傷害。尤其爸爸們更是如此。他們對於工作的方法很熟練，卻不懂得疼愛孩子的方式、正確表達愛的方式。他們知道如何製造新的產品，也知道如何對其進行市場行銷，卻不知道該如何與孩子溝通、如何與家人相親相愛，過著幸福的生活。爸爸為了家人忍受社會上各種惡劣無理的對待，刻苦勤奮地生活，但是在家庭中卻得不到相應的認同，並對此感到遺憾。而孩子雖然獲得父母物質上優渥的援助，卻一點也不幸福。這實在令人心痛。

今日父母們成長的時代，正好趕上因快速工業化與經濟成長帶來物質豐饒的時代，同時也是開發主義至上的時代。不過也因為如此，他們從小接受的教育過度要求他們專注於眼前可見的成果，而忽視無形的內在價值的重要性。因為他們在那樣的教育氛圍下長大，對子女的教育自然也強調如此。

如今該是重新思考教育的時候了。在教養子女時，「效率」不應該成為唯一標準。如果奉效率為圭臬，便容易忽略過程，誤以為不管用什麼方式處理、過程如何，只要盡快交出優秀的成果就好。

但是教養子女最重要的正是過程。在孩子成長的每一個階段中，父母都必須觀察與安撫孩子的心，竭盡最大的努力，孩子才能健康茁壯。父母們千萬不可忘記，一個人優秀的能力終究源自於正確的心態。

觀察孩子，並建立孩子的資料庫

人們經常問我：「醫生，您是怎麼立刻矯正孩子的行為？」因為我投入大量時間細心觀察孩子，用心傾聽孩子說的話，得以找出其中共通的部分。父母如果不希望在孩子面前動怒，就必須透過觀察累積大量客觀的資訊，真正務實地掌握孩子的特性，並予以認同。為此，夫妻之間也應時時交換意見。

如果孩子上超市就哭鬧，我們必須與另一半討論對策。當妻子表示：「怎麼辦，我一定得去趟超市，你可以幫忙買嗎？不過要買什麼東西我比較知道，看來還是我去買吧？」丈夫應該回應：「那麼孩子由我來照顧。」經過這樣的溝通後，再上超市買菜。如此一來，將可減少孩子因缺乏照料而大吵大鬧的情況。

平時，父母必須仔細觀察孩子的行為，例如孩子是不是到了空曠的地方，特別喜歡東奔西跑，或是遇到得和朋友分享玩具的情況就無法忍受，或是肚子餓、犯睏就容易煩躁，或是上餐廳時容易不聽話。此外，也應掌握孩子在什麼情況下較能忍耐。父母對孩子的表現應先仔細觀察、客觀理解，該接受的就欣然接受，該認同的就給予認同，接著針對其他問題找出合適的對策。

我曾在前文中多次強調，教養絕對不是出一張嘴，而是必須以行動實踐。**孩子到了外面不受控制地四處亂跑時，父母應牽起孩子的手一起走**。當父母反被孩子牽著走時，問題不在於力量大小，而是引導能力出了問題。無論如何，大人的力氣比孩子大。如果孩子想要掙脫父母的手到處跑，父母應與孩子四目相接，告訴孩子：「不行。不可以在這裡亂跑。」再牽起孩子的手。這才是正確的引導。父母若一邊扯著喉嚨大喊：「為什麼亂跑，你要去哪裡？」一邊被孩子牽著走，或是為了抓孩子四處跑，這就是引導能力出了問題。孩子越小，越應該將孩子放在父母照顧得到的範圍內。不管是為了我們的孩子，還是為了他人，都是非常重要的原則。

當孩子年紀越小，父母越需要仔細觀察。例如看見孩子身體忽然發抖，媽媽立刻問孩子：「很冷嗎，要不要穿一件毛衣？」這時孩子的感受是「哇，媽媽真懂我」。當孩子冷得直打哆嗦，而媽媽卻忙著和朋友聊天說笑，如果孩子纏著媽媽說要回家，媽媽反倒質問孩子：「你說好今天不會吵鬧，媽媽才讓你跟來的。如果要在這裡耍脾氣，當初和奶奶在家就好啦。」其實孩子不是想回家，而是冷得受不了。直到孩子大吼：「我很冷，冷死了！」媽媽才說：「欸，所以媽媽是不是出門前就叫你衣服穿厚一點。都不聽媽媽的話。」想想，聽到這話的孩子又作何感想呢？

假設父母觀察孩子後，發現孩子經常在哭，或者孩子經常對父母頂嘴，又或是經常生氣，這些情況偶爾發生個一兩次也在所難免，不過次數過於頻繁時，就可能有問題。儘管這裡所談到的問題，並非身體上的疾病，但父母也必須加以了解問題的成因。

掌握孩子的問題後，接著必須思考如何幫助孩子。某些父母雖然掌握了孩子的問題，卻以一句「孩子都這樣」帶過。並非所有孩子都是如此。這種想法過於樂觀。過於樂觀的想法只是為了讓父母心裡舒坦，終究對孩子沒有幫助。這些父母們總是說：「孩子們長大就沒問題了。」當然，有些問題可能隨著年齡的增長而改善。但是在改善的期間，這個問題可能對孩子造成負面的影響。「我們家孩子為什麼老愛頂嘴？有沒有需要幫助孩子解決的問題？我自己對孩子的態度有沒有問題？」觀察孩子的一舉一動，一旦發現任何問題，應立即真誠、坦然地思考。

每天安排十分鐘，作為家庭自我省察時間

暴怒行為與自我省察能力間有著密不可分的關聯。如果一個人不懂得自我省察，情緒失控的行為必然有增無減。我曾經見過一位媽媽，在諮詢期間不停抱怨孩子的導師。她說雖然孩子也有問題，但是因為換了這個導師，孩子的問題才變得更加嚴重。甚至激動地質問身為老師的人怎麼可以這樣。「要是老師多幫一點忙，孩子就不會變得這麼嚴重了。」對於父母們的這種心情，我完全理解。雖然導師不成熟的處理方式令人惋惜，不過孩子問題變得嚴重，不能全然怪罪老師。孩子之所以會面臨這樣的困難，父母也發揮了一定的影響。我請他們回想過去是否曾有類似事件，得到的答案卻是「沒這回事」、「不清楚」。我的問題是為了讓這些父母「自我省察」，但是他們卻不懂得反求諸己。不懂得自我省察的父母，總是怪罪孩子或他人。

要解決問題，就必須改變我們自己。因為改變對方並不在我們的能力範圍之內，必須反省「自己」才行。提出問題，引導孩子自我省察，也有其必要。「你有很多優點，但是人並不完美。你覺得自己有什麼需要改善的地方嗎？」對孩子提出這樣的問題後，十人中有三人會回答自己完全不需要改善。「不是的，我不是說你不好或做錯了什麼。人不可能十全十美。只要反省自己，就會發現自己比較負面的一面，也會有不成熟的地方或缺點吧？醫生也是一樣的。我們必須退一步反省自己，才有成長的機會呀。」即使

這麼說明，依然有不少孩子回答「是喔，我不知道」，甚至是「我沒有那些問題」。

在那些不懂得自我省察的人眼中，這個世界處處充滿了令人難以忍受的事情。因為他們認為自己永遠是對的，而錯誤總在對方身上。因此，如果希望自己不要對孩子動怒，必須有意識地進行「自我省察」；如果希望培養不易暴怒的孩子，從小就必須教導他們自我省察的方法。每天安排時間在家裡進行自我省察，就能對孩子與父母雙雙達成以上效果。

最適合與孩子一同回顧當天，表示感謝或反省的時機，就在晚餐時間。當媽媽備妥晚餐後，試著在用餐前說聲「謝謝上天讓我們享用美味的一餐」，獻上感恩祈禱。就算沒有宗教信仰，也需要這樣的祈禱。用過晚餐後，在享用餐後甜點或水果時，利用一點時間閉上眼睛，由爸爸媽媽開始反省自己。「今天應該好好和你們溝通的，很抱歉對你們大吼大叫。以後我會盡量心平氣和地表達意見。」當父母這樣做完一天的反省後，孩子也會一樣回顧與反省自己的一天。這正是自我省察教育。也可以讓孩子在睡前回顧他今天是否做錯什麼、有沒有感到後悔的事情。這種時候，父母應陪伴在孩子身旁。生活中的自我省察習慣，不僅有助於減少不滿的情緒和暴怒的行為，對自我發展也有極大的幫助。

除了一天安排十分鐘自我省察的時間外，培養全家人一同閱讀的習慣，或是為自己安排冥想的時間，也有助於減少自己與孩子的暴怒情緒。近來孩子們在進入校園前閱讀了大量的故事書，然而上學後卻不愛閱讀。閱讀是透過書本與世界溝通，靜靜窺探自我內在的過程。唯有熱愛閱讀，才能培養思考的習慣。

父母也可和孩子一起安排時間欣賞音樂，或是閉上眼睛思考五分鐘，都是不錯的方式。當我們懂得享受寧靜的時刻，才能提升容忍的能力。當容忍的能力提升了，情緒耐力也隨之增強，自然大幅減少暴怒的行為。

近來孩子們從事的活動若不夠刺激，他們便不肯安分地進行。例如：他們無法靜靜看著窗外的雲朵飄過，無法在腦中做各種天馬行空的想法，靜靜地度過這段時間。能否讓自己安於平靜的情緒，這與情緒耐力有著密不可分的關聯。當情緒耐力低落時，孩子就想藉由行動發洩不滿的情緒，例如大發雷霆、四處破壞、欺負他人等。這也是近來暴怒的情況頻繁發生於家庭、社會的原因。

不是無條件忍耐，而是無條件等待

在教養子女時，其實單單做好等待這件事，就能大幅動怒的情況。不只是教養子女，在任何情況下都是如此。要是現在的人們能多等一些時間，那麼社會案件將大幅減少，就連看待世界的眼光也會大為不同。

我在看診、演講或廣播節目中，經常要求父母們再多等孩子一會兒。然而令人不解的是，父母們大多以為等待孩子就是要求自己壓抑、隱忍怒氣。或許要求父母們等待孩子的說法，聽起來就像是要求他們無條件包容孩子的行為，所以才有這樣的誤解吧。其實父母在教育孩子時，多等待一些時間，是理所當然的事。如果腦中盡是自己正在「容忍孩子」的念頭，必然接著出現「我得為孩子犧牲多久」的想法，於是忍著忍著，最後只好大喊「我再也受不了了」，反而更容易瞬間暴怒。

教養子女時，「等待孩子」絕非「容忍孩子」，而是「陪伴孩子成長的過程」。在此過程中，「親子的情感羈絆」逐漸萌芽、成形，孩子也得以穩健地成長。

請父母等待的過程並非毫無作為、袖手旁觀而已，而是有非做不可的重要任務，那就是「觀察」。一邊從旁守護孩子，一邊靜靜觀察。經過多次觀察，發現孩子出現某些共通的問題後，接著必須在適當的時機點嘗試「介入」。如果孩子總是氣呼呼地說話，父母可以多次引導孩子「有話好好說，不要動不動生氣」。不帶有任何情緒地持續介入。這時，父母如果期待一次的「介入」就能帶來效果，必定以失敗收場。因為期待一次見效，將會帶給孩子過度的情緒刺激，而代價便是失去讓孩子穩健成長的重要機會。

如果給孩子多次機會後，他依然沒有改善，此時必須著手矯正孩子的問題。若孩子與媽媽對話時，總是滿腔怒火，那麼媽媽不妨問孩子：「智秀呀，為什麼你對媽媽說話的時候，一定要那麼生氣啊？媽媽很好奇你為什麼會這樣。」藉此指出孩子自身的問題。**當孩子不知道該如何處理情緒而出現某些行為時，父母必須教導孩子處理情緒的方法。**

「就媽媽觀察的結果，你好像不只一次這麼做，常常對媽媽說話都氣呼呼的。為什麼這樣呢？如果媽媽知道原因的話，或許能幫上忙的……。」

「不知道。」

「好好想清楚。一定有讓你生氣的原因。」

「因為媽媽都不答應我的要求。」

「可以答應你的，媽媽一定答應你，沒有拒絕你的道理呀。但是媽媽不可能所有事情都答應你。因為有些事情是不可以隨便答應你，因為那對你不好。」

以這種方式與孩子對話，那麼孩子也會說「知道了」，同意媽媽的話。等待時最重要的是「觀察」，也需要恰到好處地適時「介入」。然而該等待多久，又該如何介入，確實不易拿捏。

為幫助讀者理解，在此暫時以我家兒子為例說明。我家兒子小學時每到運動會當天一早，總會哭著說：「要是下雨就好了。」兒子告訴我他很討厭運動會。大概在小學三年級左右，我去了一趟學校的運動會，發現其他小朋友在百米賽跑中全力衝刺時，只有我家孩子不疾不徐地走著。於是運動會結束後，我問兒子：「賽跑的時候，為什麼只有你用走的？」兒子回答：「媽媽，跑步跌倒的話，我會受傷啊。」我差點沒昏過去，告訴他：「跑步不會跌倒的。」他卻回答我：「媽媽不是說堅持到底就好了嗎？」也是，我確實曾經對孩子這麼說：「如果你的夢想不是成為運動員，只要開心地堅持到最後就好，就算最後一名也沒關係。」

仔細回想，兒子在小學二年級以前，還不敢把腳伸進電梯裡。下樓梯時，也是害怕得雙腳發抖。他的個性非常小心謹慎。「原來我們家孩子比較膽小，不太喜歡運動啊。我得幫幫孩子才行。」於是從那時起，我讓兒子每週運動二至三次。之後過了五年左右，兒子的身體變得健壯，開始對運動產生了信心，當他再也不害怕運動時，也常會因此碰撞或受傷。從我下定決心幫助孩子解決問題，到孩子的行為真正改善為止，等待了五年的時間。也許當時如果沒有讓孩子多參與運動，孩子至今仍會出現類似的行為模式吧。

無論如何，**先觀察自己的孩子。了解孩子的情況後，一旦出現「這件事我得幫忙不可」的想法，最好尋找適當的時機介入，並設定幫助孩子的長期計劃。但父母要有心理準備，孩子的問題絕對不會一次就改善。**

如何培養耐性低孩子的情緒控管理能力？

「過度縱容」或是「過度壓迫」的教養分際

如果希望現在動不動就忍耐不了、脾氣固執、容易哭鬧、或行為具攻擊性的孩子，長大後不要成為易怒的大人，該怎麼做才好？簡而言之，過度縱容不好，過度壓迫也不好。從小接受壓迫式教育，情緒受到壓抑的孩子，和從小接受縱容式教育，對父母言聽計從的孩子，都會容易變成情緒控管能力差的大人。

幼時接受壓迫式教育，而在情緒上過度壓抑的孩子，一輩子將留下情緒未得到父母認同的傷口。所以一旦有誰對他們態度不佳，或是不懂得體諒，立刻怒火中燒，動輒失控。他們也可能變成情感上較自私的人。因為兒時不曾受到同理心的對待，自然不懂得設身處地為他人著想。與他人產生糾紛時，也無法圓滿解決問題，因為他們通常只重視

自我感受。即使在清楚自己必須體諒對方的情況下，也會認為是對方犯下了有違常識的行為，自己才會因此發脾氣。此外，由於從小所見所聞皆是壓迫式的處理態度，「暴怒」便成為他們唯一熟悉的處理方式。即使他們深知這並非最好的方式，最終仍以暴怒的習性來面對一切問題。

縱容式教育表面看來光鮮亮麗，然而這也是另一個裹著糖衣的毒藥。採取寬容式教育的父母，只要在可以接受的範圍內，都會盡可能原諒孩子的行為。如此一來，孩子便失去學著控制自我情緒的機會，無法接受超乎情緒容忍度的事情。因為從小父母已經為孩子做好一切準備，孩子只需要單方面接受，就可一直過著舒適的生活。然而這個世界上並非所有人都像父母一樣，有時也有孩子必須付出的時候。在縱容式教育下長大的孩子，面對自己必須付出的情況，就會嚴重缺乏耐性。

總而言之，對孩子過度壓迫時，孩子可能在未來的某一天暴怒失控；對孩子過度縱容時，孩子長大成人後，當旁人不肯按照自己想要的方式進行時，就可能時常感到不滿、對他人或環境憤憤不平。

過去不少孩子在採取壓迫式教育的家庭中長大，因而成為容易暴怒的大人。不過近來時代不同，在縱容式教育下長大而暴怒的孩子，反倒大幅增加。一位小朋友跟著媽媽來到我的門診，拿著水果和蔬菜的玩具玩。過了一會兒，孩子用手開始剝起玩具上的白菜葉。雖然這個玩具並不是設計讓孩子剝白菜葉，不過孩子才兩歲，可能曾經在家中看見父母剝白菜葉，所以出現這樣的行為。孩子剝下來的白菜葉，似乎也可以讓其他小朋友玩。但是這孩子剝下白菜葉後，竟再將白菜葉撕成碎片。如此一來，玩具便再也無法使用。孩子的媽媽就在一旁。這時，媽媽應該對孩子說：「不可以亂撕，要這樣玩才對。」不過這位媽媽卻默不作聲。

這位媽媽沒有開口的原因，可能是擔心孩子當下正玩得開心，如果制止孩子，會造成孩子的壓力。他們的觀念是壞掉的玩具再買就好，讓孩子盡情玩樂才能感到自由與幸福。這是採取縱容式教育的典型父母。

無論什麼事情，都必須考量普遍性的標準。不過孩子做出任誰看來都是不對的行為時，即使一時造成孩子的壓力，也應該告訴孩子不行這麼做。有些長輩說：「惹孩子哭的話，以後孩子的脾氣會變差。」這句話對了一半，其實是要父母別造成孩子不必要的哭泣，而非無論如何都不能惹哭孩子。脾氣固執倔強的孩子常常發自內心哭得不能自已。這個模樣看在父母眼裡，覺得既心疼又過意不去。但是最重要的是對孩子的教育，孩子再怎麼哭，都應置之不理。只要從旁守護孩子，等待孩子自行停止哭泣即可。擔心孩子承受太大的壓力，因而中途答應孩子的要求，那麼父母這個舉動終將造成孩子更大的傷害。因為孩子如果連最基本的標準都忍受不了，未來將會成為抗壓性低的人。

三歲以後，就可教孩子「調適情緒」

父母沒必要為了訓練孩子，刻意讓孩子過得更辛苦。在可以接受的範圍內，應盡可能答應孩子的要求。不過並非如此，就得答應孩子所有的願望。必要時，也應給予管教。但是對待各個年齡層的孩子，不可一視同仁地使用相同的管教方式。在三歲以前，無論孩子如何哭鬧、耍脾氣，父母只要告訴孩子什麼行為不該做即可。

因為在三歲以前，孩子大腦的發育程度尚不足以調適、控制情緒與欲望。此時比起矯正孩子的習慣，更重要的是傳達對孩子的「愛」。父母必須將所有精力放在表達「愛」的共感上。**過了三歲以後，孩子的生理與心理才成熟到足以接受所謂的「家庭教育」。我所發明的「管教姿勢」，也不適用於年紀太小的孩子。**在管教過程中，有時也需要父母與孩子坐下來面對面一個小時左右，不過三歲以前的孩子在發育上仍受侷限。他們還無法採取正確的姿勢坐下。如果要求孩子做出生理上無能為力的事情，那麼別說是學習調適情緒，也許還會出現更多問題。

我曾在百貨公司見過在嬰兒車內嚎啕大哭的孩子。哭聲之淒切，令經過的行人都看上一眼。嬰兒車裡的孩子，是未滿一歲的幼兒。但因為孩子的哭聲不曾間斷，人們開始斜眼望向孩子的媽，發出「趕快想辦法解決吧」的信號。媽媽雖然感受到了旁人的眼光，卻沒有將孩子抱起。一位看不下去的長輩對媽媽說：「唉唷，再這麼哭下去都要窒息啦。抱抱孩子吧。」媽媽答道：「不行，這樣會養成孩子的壞習慣。」說完帶著孩子匆忙離開。

這時應該抱起孩子才對。所謂別隨意抱起孩子，是指孩子以操控父母為目的，向父母討抱的時候。當父母管教孩子時，孩子不肯聽父母的指示，吵著要父母抱抱，這種時候不可抱起孩子。因為孩子試圖將當下的狀況，轉變成由自己主導，讓父母答應自己的要求。這是脾氣固執、耍賴的孩子為了控制父母而經常使用的手段。

但是當孩子喜歡父母而討抱，或是犯睏而討抱時，父母必須回應孩子的要求。再說，他是未滿周歲的幼兒，當然得好好抱一抱。在嬰兒車內的幼兒，進入新的空間或廣場等寬闊的場所時，可能會感到不安、害怕。當孩子出現這種情緒上的不安全感時，必須立刻給予擁抱。

但是過了三歲後，在孩子做出錯誤的行為前，應確實告訴孩子這麼做不對，並且明確教導孩子何謂該做的行為與不該做的行為。若非如此，日後將引發更大的風波。因為從這個年紀起，不再只是孩子與父母的親子世界。進入群體後，必須學著與其他人相互協調。如果不能調適與管理情緒，就連能否順利習得知識本身都將受到限制。因為脾氣固執、任意哭鬧、我行我素的孩子，自然無法好好學習。所謂學習，是吸收知識的行為，而不是隨心所欲的遊戲。如同二加二等於四，不可能因為孩子喜歡七而回答等於七吧！

過了三歲後，隨著進入團體生活，與同儕間的關係也開始形成。連基本的自我管理都處理不佳的人，也無法與同儕和平相處。若想避免孩子在社交能力發展初期出現問題，**當孩子過了三歲後，看見錯誤的行為就必須確實告訴孩子「不可以」**。

與父母之間的情感關係深厚的孩子，即使父母不嚴厲管教，也能達到管教的效果。如果孩子管不動，必須仔細檢視目前自己與孩子的情感關係。如果情感關係不穩，當務之急並非尋找管教方法。因為無論父母再怎麼努力管教，在孩子身上也發揮不了效果。須待親子的情感關係穩定成形後，孩子與父母才能順利的溝通。

無論大人或小孩，都比較能接受與自己關係良好的人所說的話。平時照顧自己、體諒自己的上司，即使忽然說話較為嚴厲，身為大人的我們也願意虛心接受，但是與自己平時關係不佳，甚至打從心裡討厭的人，如果對我們提出建議，也只是左耳進，右耳出，心想「哼！他自己是多厲害」。孩子也是如此。必須在他們與父母的關係穩定時，孩子才願意接受父母的管教。當父母說「你不可以做出這種行為」時，在孩子信賴父母的前提下，才會有此想法：「啊，父母勸我別再做，那我得立刻改過來。」當孩子對父母缺乏信賴感時，或是在過度縱容的教育下長大，不知道這個世界上有自己不能做的事情時，孩子就可能變成忍耐度低落的孩子。因為他們以為自己說的話就是一切，如果不順他們的意，就會立刻大發雷霆。

不要永遠把孩子放在第一順位

近年來擁有獨生子女的家庭不斷增加，讓全家人的照顧心力都放在唯一的孩子身上，導致許多「一切以孩子為中心」的過度教育情況。**「尊重孩子」和「一切以孩子為中心」，是截然不同的概念。**尊重孩子是認同孩子此一個體的存在與特性，不過孩子也是社會成員之一，為了幫助他們遵守社會秩序，成功在社會上生存，父母必須教導他們基本禮節，為其設定規範與限制，引導他們接受規範，使他們從中學習自我調適、管理與責任感。這是相當重要的意義。

一位媽媽和孩子外出丟棄回收垃圾，遇見了公寓的房東。當房東談起昨天在管委會上，有人提出了電梯有待整修的意見。當下媽媽必須和房東討論正事，可是孩子在一旁不停喊著「媽媽」。如果孩子以為外出會立刻回家，因而穿上輕薄的衣服出門，此時冷得直喊媽媽，那麼媽媽應該將外套脫下，告訴孩子：「快把這件衣服穿上。」但是如果孩子並非為了要緊的事情呼喊媽媽，媽媽必須告訴孩子：「現在媽媽和房東有重要的事要談，你先等一下。」若父母們不懂得以此方式處理，孩子自然也學不到對他人基本的體諒與同理，進而成為總是想著先滿足自己的人。

如此一來，即使媽媽已經盡了最大的努力，孩子依然覺得不滿足。沒有人可以百分之百滿足孩子的欲望。如果父母採取過度縱容的教育，日後雖然十次有九次答應孩子，然而一次的拒絕，就可能讓孩子懷恨在心，對此感到傷心難過。

任何事情都不應該超出限度。教養子女也是如此。雖然沒有必要刻意為之，但是有時也得讓孩子經歷挫折，知道有些事情由不得自己胡來，該等待時必須等待。偶爾天氣冷時，讓孩子忍受寒冷；天氣熱時，讓孩子忍受炎熱；忽然下雨時，讓孩子頂著書包在雨中奔跑。唯有如此，孩子才能健康茁壯。只想時時刻刻讓孩子享受最自在舒適的生活，便是過度教育。

有些孩子儘管父母已經給予合情合理的對待，卻依然覺得父母給得不夠。孩子之所以會這麼想，當然有各種原因。如果問題在於父母，父母必須自我改善；如果問題在於孩子，父母必須給予孩子適當的協助。若是置之不理，讓孩子維持這種態度下去，那麼長大成人後，在群體生活中就容易惹麻煩。

孩子必須學到這樣的觀念：即使對方惹了自己生氣，也不代表對方故意為之。若非如此，孩子可能動輒發怒胡鬧。他們經常以為所有人都應該親切對待自己，更正確來說，只要自己沒有受到特別待遇，心情就會大受影響。甚至即使自己沒有能力，也要編出各種謊言來獲得特別待遇，若沒有教孩子對他人基本的體諒與同理，這種症狀只會日益惡化。因此，從小必須讓孩子學會遵守規範，該等待的時候就得等待，不可讓孩子累積過多自己應被優先對待的經驗。

當然，父母必須讓孩子感受到他們是父母最珍惜的寶貝，在孩子心中植下「父母永遠最愛我」的信念。不過這並非時時要將孩子捧在手掌心上的意思。過三歲以後，孩子必須經歷「我不會永遠第一」的情況。長大成人後，更是如此。無論在能力或經濟上，我們都不可能永遠第一。**如果無條件將孩子放在第一順位，當孩子未來遇上自己不是第一順位的情況時，將無法承受。**

韓國曾經發生一件家庭慘劇，一位畢業於一流大學、住在江南高級公寓的父親，將全家人一一殺害。即使帳戶存款還有八百萬元，父親卻以無法讓家人過著如此委屈的生活為由，殺害一家人。因為我是從新聞報導上接觸到這個事件，無法確知這位父親的精神狀況。不過就此情況推測，或許是父親希望給孩子最好的生活，卻因為這種心態而引發憾事。一般人如果帳戶存款有八百萬，頂多換間小一些的房子，減少開銷即可，這位父親想的竟是帶全家人一起自殺，不禁令人咋舌，不過對於這位父親而言，當時的情況也許帶給他生不如死的巨大痛苦吧。

如果讓孩子從小在一片讚美聲中長大，對於孩子提出的要求立刻給予回應，孩子將沒有機會經歷挫折。日後即使遇到一點微不足道的挫折，也像是天塌下來一樣。這時獻給孩子最好的一切，日後反倒毒害了孩子。

如果永遠將孩子在第一順位，孩子將無法認清自己的侷限。任何人都有自己的侷

限，重要的是認清自己最真實的模樣。如果不知道自己的侷限，孩子將高估自己的能力。再怎麼得到眾人親切的對待，職場生活上還是難免會有令人沮喪的事情，也有無法盡如人意的事情。因為高估自己的能力，以為自己到任何地方都能得到好的職位，然而事實並非如此。也許那位殺人犯父親也是這麼想的：「我不是該得到這種待遇的人！我不是在這種公司上班的人！」總是抱怨這個世界沒有我容身之處，自怨自艾。儘管下場淒涼，然而事實上他們大多也是不懂得感恩的人。人們必須認清現實中自己的侷限，這絕非屈辱，而是明智之舉。

因此在教養子女時，父母千萬要避免過當的稱讚，以免造成孩子過度自滿。稍有差池，孩子可能塑造出扭曲的自我形象。即便是拿到第一名，父母只要告訴孩子：「真棒。媽媽知道你比以前更努力了，這是你努力的結果。」做出這種程度的反應即可。接著告訴孩子：「儘管如此，日後還得繼續努力才行。」「有時儘管費盡千辛萬苦，也可能得不到第一。」「不必因為這些事情感到沮喪，最重要的是持續培養自己的實力，而不是得到第一。」

如果不能向孩子傳遞這樣的訊息，只是不斷重複「我兒子最棒，最厲害了！」的稱讚，孩子會以為第一名是自己的價值所在。當日後不再是第一名時，便以為自己得不到別人的肯定，得不到他人對我的愛。對孩子百般稱讚，最後卻導致孩子自尊心低落，失去信心。

自尊心強的孩子擅於容忍，也有能力戰勝挫折。他們懂得設身處地為他人著想，社交能力強，更重要的是不容易失控。不是非要將孩子放在第一順位服侍，孩子的自尊心才會因為父母總是把他捧在手掌心上而提高，反而父母以滿滿的愛包容孩子，同時給予適當的規範時，才能提高其自尊心。對孩子下達規範與指示時，有兩點必須注意。第一，對於孩子因為痛苦而出現不滿的情緒，父母不可表現出現具有攻擊性、過度激烈的反應；第二，在任何事件中，只要針對當下事件的問題提出反應。「你一直都不聽話」這種溯及既往的話千萬要避免。

人格教育上的忠言逆耳

如果要讓忍耐度低的孩子減少失控暴怒的行為，最應致力於「人格教育」。所謂人格教育，即是教導孩子基本做人道理，使其行為尚不至於偏差。在人際關係中能夠體諒、理解與同理他人，是人類與其他動物最大的區別。在我們應該退讓時不與人爭，犯下虧欠之事時勇於道歉，獲得幫助時開口道謝，這些都是與他人和諧相處之道。教導孩子具備上述人性的作為，即是「人格教育」。人品端正，我們就容易受他人保護，也樂於保護他人。最後這個世界更加安全，讓我們過得更幸福美滿。

人格教育不單只是禮節教育。不是帶孩子外出，聽見孩子對社區老奶奶說話無禮時，告誡孩子：「你為什麼這麼沒有禮貌？對老奶奶說話要尊重。」這不是人格教育，而是禮節教育。禮節是一個社會中根據地位而規範其行動的規矩或習慣。所以各個國家、各個時代的禮節不盡相同。人格教育是比禮節教育更廣泛的概念，也是必須優先重視的教育。表面守禮，內心卻不懷好意的人，不知有多少。真正人格的人則會發自內心尊重對方。當我們看見一位老奶奶推著裝滿重物的手推車，走在陡峭的斜坡路上，腦海中會出現「老奶奶真辛苦」的念頭，立刻上前幫忙，這就是善良的人格。

當我詢問家長孩子的課業和人格孰輕孰重時，所有人的回答都是人格比課業重要。但是事實並非如此。

原因如下。**第一，父母以為給予充足的愛，孩子自然會懂得父母的用心，人格自然提升。**那些積極讓孩子多方學習的父母，也是深愛子女的父母。好比經濟上的支援、四處送孩子上補習班的精神等，這些都是愛。如果沒有愛，父母不可能如此付出。所以因為深愛著孩子，便以為這種付出能引領孩子的人格成長。

第二，因為人格教育的成果無法快速見效，投資學業卻可以看見有形的成果。因為學業成就可經由分數量化呈現，立刻就能知道孩子是否能上好學校。但是人格教育的成果無法當下立見，因此父母鮮少持續投入其中。我能理解持續幫助孩子培養看不見的人格，對父母而言是個不易堅持的過程。但是人格教育終究是不可放棄的人生教育。

那麼，我們該如何對孩子進行人格教育？應從小隨時教導孩子，前文曾強調的三種道德觀，即「任誰都無權攻擊他人」、「誰都無權將自己解決不了的激烈情緒發洩在他人身上」、「他人的權利同等重要。即使與我的利益衝突，也必須欣然接受」。此外，父母也必須在孩子面前表現出遵守這三項道德觀的行為。換言之，父母不隨意動怒，才是對孩子最有效的人格教育。

如果自己是無意間經常暴怒的父母，建議立即尋求治療。不是只有向專家諮詢，而是真正徹底的精神治療，才能解決問題。獨自探尋自己內心的最深處，抑或是客觀且專注地觀看自我，都是極其困難之事。即使深入了內心，也可能是以嚴重扭曲的角度進入，或是未能觸碰到核心情緒。原因就在於這個過程令人痛苦且恐懼。撥開潛意識中層層堆疊的情緒，必將承受極大的痛楚，也難以獨自面對。專家能夠幫助我們減緩痛苦，以更客觀的角度深入核心情緒，因此狀況嚴重時，務必接受專業治療。

儘管禮節與人格並不相同，但是禮節教育與人格教育皆需透過父母學習。孩子是天生的模仿高手，會看著父母學習管理情緒。如果孩子沒有禮貌、品行不良，代表父母在日常生活中經常表現出類似的行為。父母不能只從觀念上教導孩子，也不能只有一次口頭教育，必須日復一日在生活中以自己的行動證明，讓孩子學到熟能生巧才行。

最重要的是，父母對孩子滿滿的愛

即將進入本書尾聲。如果各位在閱讀本書的過程中，發現了自己「暴怒」的原因，也清楚明白自己該如何管理暴怒的情緒，對我將是令人喜悅的好消息。如果「知道是知道了，但是還不知道該怎麼做才好」，也沒有關係，至少看見了希望的曙光。因為即使沒有立刻改變，知道與不知道之間已經產生了極大的差異。千萬不可貿然躁進。

也許有些讀者在閱讀本書時，覺得「依賴需求」一詞猶如芒刺在背般令人不安。甚至憂心忡忡：「那麼我該如何是好，我家孩子若有依賴需求的問題不要緊嗎？」其實無需過於恐慌。**父母只要依照孩子的年齡或各個發展階段扮演好自己的角色，就不會發生足已使人憂慮的問題。只要給孩子滿滿的、溫暖的愛，許多問題將迎刃而解。**

滿足依賴需求並非要求父母對孩子的需求照單全收，必須依照孩子的年齡，滿足其情緒上的、心理上的、生理上的需要。這裡有個重要的線索，即「依照孩子的年齡」去引導。在孩子周歲以前，盡量讓孩子吃飽穿暖，滿足孩子的各種基本需求，盡最大努力讓孩子感受到被照顧的溫暖。孩子一有不舒服，應立刻帶往醫院治療。孩子的所有不適感，例如該換尿布的時候，或是恐懼、害怕、疲累等情緒，都應盡可能快速排除。

當孩子年紀稍大，進入自主發展階段後，父母就可以幫助孩子發展自主性，即是滿足其依賴需求。孩子有能力完成的事情，父母不可替孩子完成；孩子提出的主張，父母也不可任意否決。若是如此，孩子的依賴需求將無法獲得滿足。

過三歲後，孩子必須學習凡事豈能盡如人意的道理。如果這段期間該學習的知識或規範沒能學習，將無法滿足孩子的依賴需求。而孩子到了可以自己吃飯的年紀，父母卻告訴孩子：「反正我也沒事做，現在有時間，我來餵你吃飯。」這並非滿足依賴需求的正確態度。教養與扶養子女，終究只是幫助孩子穩健地長大成人的過程。這個目標必須銘記在心。

依賴需求滿足與否與我們是否獲得父母充分關懷、疼愛的感受有關。一位父親錢賺得不多，家中經濟狀況不佳，買不起孩子學習時必須使用的評量。雖然買不起新的評量，這位父親到二手書店購買使用過的評量本，用橡皮擦擦拭乾淨後給了孩子。還是讓孩子的依賴需求獲得了滿足，這是因為孩子明白父親的用心。別人家的父親賺大錢、住豪宅，但是每天回到家裡，卻對家人怒吼：「你們知道我為了賺錢受了多少委屈嗎？你們懂我有多苦嗎？」這戶人家的孩子儘管過著經濟富裕的生活，依賴需求卻沒有獲得解決。

比起物質上的滿足，依賴需求其實與情感上的滿足關係更深。物質上再怎麼豐裕，如果得不到情感上的滿足，依然會造成孩子極大的打擊。反之，只要在情感上多照顧孩子、保護孩子，即使物質上稍微不足，也不會造成孩子依賴需求的匱乏。

如果想了解孩子的依賴需求是否有被滿足，父母可自我檢視。當孩子心中想著「我絕對不要變成像爸媽一樣的父母」時，父母必須反省自己是否是情緒過當的父母。可能是情緒上過度縱容的父母，也可能是動輒暴怒的父母，甚至可能是過度壓迫孩子的父母。這些都是讓忍耐不了的孩子，變成未來失控暴怒的大人的捷徑。

我們有可能盡善盡美地滿足孩子的依賴需求嗎？不可能。教養的重點並不在於完美與否，而是根據當時的狀況盡最大的努力。在此過程中，儘管可能出現不足或匱乏之處，然而這也將成為孩子學習的機會，並得以從中成長。

在閱讀親子教養書時，有時難免會感到懊悔，「原來我對孩子做錯這麼多事」。然而過度的自責有害教養。希望父母們別用過於悲壯的態度看待教養。在本書中，「這樣對待孩子，孩子就可能變成這樣」的說法，其實是先預測最極端的結果，藉此強調父母必須謹慎留意的地方，而非一次的教養錯誤，就會毀了孩子的一生。無論如何，教養錯誤隨時都能修正過來。即使該教導孩子的道理沒有教，以致於孩子出現令人擔憂的行為，仍不算太晚。意識到問題嚴重性的此時此刻起，便是教導孩子最重要的時刻。現在開始教就行。

最後，如果問我：「該怎麼做才能教好孩子？該怎麼做才能成為帶給孩子正面影響的父母？」我的回答是：每天一早睜開眼睛，好好思考以下三件事。

第一，今天無論發生什麼事，我絕對不生氣。
第二，孩子絕不可能乖乖聽話。
第三，美其名為管教的暴怒，絕非教育。

父母若能整天將這三件事放在心上，這天就能教好孩子。一天一天加以實踐，從這一刻起，你就已經成為能帶給孩子正面影響的父母了。

Bonus Page

擺脫壞脾氣的教養陰影！

——這樣做，遠離暴怒情緒的應變之道——

由於暴怒的性格積習已久，若想徹底根除暴怒自然也得耗費漫長的時間。至少因怒氣影響他人的行為，應設法努力改善。當我們行為改變，生活將隨之改變，若能持之以恆，個人的想法與情緒控管也可徹底改變。

情緒控管的黃金「十五秒」

生氣時，我們體內會產生變化。與憤怒相關的各種荷爾蒙，如腎上腺素或腎上腺皮質醇（Cortisol）等會開始分泌。然而這些荷爾蒙的數值達到最高點的時間，大約為十五秒。從情緒被點燃到大發雷霆，對孩子大喊「喂！」的時間，多為某個事件發生後十五秒左右。經過兩分鐘後，達到最高點的荷爾蒙數值將開始逐漸降低，逐漸歸於平靜。換言之，當你感到怒火攻心時，只要忍耐十五秒，就能度過危機。如果希望孩子未來成為懂得情緒控管的人，那麼從小就可讓他們與父母一起養成忍耐十五秒的習慣。以下是讓我們忍耐十五秒至兩分鐘，讓怒火有緩衝時間、自然歸於平靜的方法。

●緊閉雙嘴

當一個人暴怒時，其情緒爆發的速度總是出乎預期。多數人不會意識到「我現在要發火了」，怒火會在某個瞬間忽然出現。若要預防暴怒，不妨緊閉雙唇（雖然動作有些可笑），讓自己無法說出不當的言辭。此外，也可以刺激身體產生痛覺，藉此喚醒意識。如果覺得自己即將暴怒，請咬住嘴唇。接著思考這個問題：「現在發脾氣是為了我自己，還是為了孩子？是不是我按捺不住性子所致？」

●大口吸氣，從一數到三十，再大口吐氣

當我們意識到自己將要破口大罵之前，試著大口吸氣後，立刻閉上雙唇。接著在心裡數到三十。在暴怒的情緒下，數數的速度容易變快，因此必須數到三十才行。總之先大口吸氣，數到三十後，再大口吐氣。

●做出與原本相反的行為

在我們暴怒時，會出現衝動的行為。這時，如果想向前與對方理論，就改往反方向走去。

想大聲怒吼之前，改以低聲細語表達。氣得要瞪大雙眼前，將眼睛閉起來。想伸手指著對方之前，不如將雙手合十。

●加上搞怪的動作

幽默感能夠減少一個人暴怒的情緒。如果你已經對孩子大吼一聲「喂！」，趕緊接著喊「唉唷喂呀」。雖然舉止可笑，不過加點搞笑的言語或動作，會讓暴怒的情緒頓時無影無蹤。

●治療經前症候群

許多媽媽都表示，在月經前一週整個人會變得特別敏感。大幅增加對孩子發脾氣的頻率，怒氣也更強烈。如果已經有這種明顯被經前症候群影響身心的情況，最好接受治療。如果自己覺得還不到接受治療的程度，那麼在月經之前應先對自己最近會容易對孩子感到煩躁的情緒有所警覺。如果因為經前症候群，而感到煩心，可看著鏡子（別只是在心裡想），大聲對自己說；「我現在因為經前症候群特別煩躁，一點小事也可能暴怒。所以盡量少說點話，以免傷到孩子。」並且在生活中真正減少對孩子的碎唸。

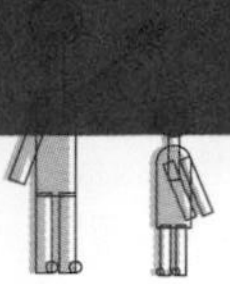

●在房間內隨著內心節奏跳躍

當你覺得氣到快要忍不住時，可試著將自己關在房間內，隨著內心的節奏「跳躍」。如果擔心噪音影響樓下住戶，以踏步代替也無妨。這是我經常向性急的人推薦的方法。

有時，單憑思緒不易察覺自己正變得急躁，不過運動時，便可立刻感受到。當你經過一陣跑跳後，全身熱汗直流，氣喘吁吁。這時也許會想：「原來我心裡的節奏這麼急。如果以這種速度催促孩子，一定會鑄下大錯。」對於容易急躁的人，健走也是個不錯的方法。

●撰寫自己的情緒日記

在內心平靜時，寫下自己什麼時候容易暴怒。記錄讓自己暴怒的情境，以及自己最容易對什麼類型的事件發火。換言之，即是撰寫自己的情緒日記。其實，不只是暴怒的情緒，也可詳細寫下每天自己的心情，此舉對於情緒控管大有幫助。我們也可以在口袋裡隨身攜帶一本小手冊，一旦出現不滿的情緒，立刻將情況記錄下來。熟能生巧後，即使不必寫下來，也能輕易理解自己當下的情緒。

●每天檢視自己煩躁的程度

若只累積一點不滿的情緒，就立刻如火山爆發般向外噴發，這正是暴怒的表現。如果不希望自己因為最後一點負面情緒而潰堤，平時可經常檢視自己煩躁的程度。光是心中這麼想：「唉唷，我最近特別容易煩躁。一不小心就可能遷怒他人。看來得當心了。」以此覺察，就能有效降低暴怒的頻率。

●對自我喊話，堅定意志

如果內心不滿的情緒水位偏高，暴怒的風險也將提高，因此必須降低平時的情緒水位。其實情緒將潰堤時，當事人自己也明白。這時應及早抽離「過度主觀的意識」，例如對自己喊話：「我如果希望孩子不要深受情緒化之苦，就不能再對他發脾氣。」或是「暴怒只會害了我自己，開啟人生不幸的大門。我一定要改掉這個壞習慣。」及早抽離過多的情緒，時時告訴自己「動怒的後果」，堅定自我意志，那麼暴怒的次數將可大幅減少。

國家圖書館出版品預行編目資料

再也不當吼爸吼媽：決定孩子一生的情緒教養課 / 吳恩瑛著；林侑毅譯 .
-- 臺北市：三采文化，2017.10
面；　公分 . -- (親子共學堂；29)
ISBN 978-986-342-871-8(平裝)

1. 親職教育 2. 情緒教育

528.2　　106011440

suncolor 三采文化集團

親子共學堂 29

再也不當吼爸吼媽！

決定孩子一生的情緒教養課

作者｜吳恩瑛　譯者｜林侑毅
副總編輯｜鄭微宣　責任編輯｜劉汝雯
美術主編｜藍秀婷　美術編輯｜徐珮綺　封面設計｜池婉珊
內頁編排｜新鑫電腦排版工作室

發行人｜張輝明　總編輯｜曾雅青　發行所｜三采文化股份有限公司
地址｜台北市內湖區瑞光路 513 巷 33 號 8 樓
傳訊｜TEL:8797-1234　FAX:8797-1688　網址｜www.suncolor.com.tw
郵政劃撥｜帳號：14319060　戶名：三采文化股份有限公司
初版發行｜2017 年 10 月 27 日　定價｜NT$360
14 刷｜2024 年 3 月 30 日